# CARRERAS:
## Casos en la comunidad

Mireya Pérez-Erdélyi, Ph.D.   College of New Rochelle
Gene S. Kupferschmid   Boston College

*ADVISORY COMMITTEE*
*Pedagogical Advisers*
Rodolfo Cortina   University of Wisconsin, Milwaukee
Donna Gustafson   San José State University
Micaela Misiego   Rutgers University, New Brunswick
Yolanda R. Solé   University of Texas, Austin
*Professional Advisers*
Veronica Frame, A.C.S.W.   New York, New York
Estela Pérez, L.I.C.S.W.   Boston, Massachusetts

HOUGHTON MIFFLIN COMPANY  Boston
*Dallas   Geneva, Illinois   Hopewell, New Jersey   Palo Alto*

# ACKNOWLEDGEMENTS

To the counselors, social workers, teachers, psychologists, lawyers, and students who shared their knowledge and expertise with the authors, we are ever grateful. Our sincere thanks go to the Advisory Committees and the many native speakers who read the manuscript during its various stages. Many other individuals as well deserve our appreciation for their help and support. Among them are Sister Dorothy Ann Kelly, President of the College of New Rochelle; and the following professionals who acted as consultants: Shelly Citrin, School Psychologist; John D. Frame, M.D., Columbia University School of Public Health; Camilo Pérez-Bustillo, Esq., Multicultural Training and Advocacy Project, Harvard University; Jaime Enrique Pérez, United Nations Senior Revisor, ret.; Bernice Piazza, Special Education Teacher; Martha Tapia, M.S.W., Casa Latina, Northampton, Ma.: María E. Torres, Ph.D., Dept. of Education, Michigan State University, Eda Rosenspire, Speech Therapist and Educational Evaluator; and Dr. Hortensia Amaro, Boston University. Very special thanks go to Matt, Karina and Maya Erdélyi for their constant support.

**CARRERAS SERIES COMPONENTS**

*Carreras: Medicina, Student Text and Instructor's Edition*
*Carreras: Leyes, Student Text and Instructor's Edition*
*Carreras: Negocios, Student Text and Instructor's Edition*
*Carreras: Casos en la comunidad, Student Text and Instructor's Edition*
*Gramática para la comunicación, Student Text*

Note: This book is written to provide accurate and authoritative information concerning the covered topics. It is not meant to take the place of professional advice.

Nota: Los contenidos de este libro presentan información correcta y autorizada sobre los temas tratados. Esta información no debiera ser tomada como consejo profesional.

© Copyright 1985 by Houghton Mifflin Company. All rights reserved. No part of this work may be reproduced or transmitted in any form or by any means, electronic or mechanical, including photocopying and recording, or by any information storage or retrieval system, except as may be expressly permitted by the 1976 Copyright Act or in writing by the Publisher. Requests for permission should be addressed in writing to Permissions, Houghton Mifflin Company, One Beacon Street, Boston, Massachusetts 02108.

Printed in the U.S.A.

Student's Edition ISBN 0-395-35277-0

Instructor's Edition ISBN 0-395-35282-7

Library of Congress Catalog Card Number: 84-82535

# Índice

**UNIDAD I** *La familia y la escuela* — **1**
  Caso 1 Con la trabajadora social — 3
  Caso 2 La historia familiar — 13
  Caso 3 La especialista en educación — 25
  Caso 4 Una entrevista con la psicóloga — 33
  Caso 5 Cerrando el caso — 43

    *CUADRO I Puerto Rico—USA*    51

**UNIDAD II** *Los adolescentes* — **79**
  Caso 6 El proyecto "Impacto" — 81
  Caso 7 El abandono de estudios — 89
  Caso 8 Ni de aquí ni de allá — 97

    *CUADRO II Hacia el Aztlán*    103

**UNIDAD III** *En la comunidad* — **129**
  Caso 9 La clínica del barrio — 131
  Caso 10 Violencia en la familia — 141
  Caso 11 En la junta de padres — 149
  Caso 12 Acción comunal provivienda — 157

    *CUADRO III A contraviento: el exilio cubano*    163

**UNIDAD IV** *El empleo* — **183**
  Caso 13 Solicitando trabajo — 185
  Caso 14 Preparándose para una entrevista — 195
  Caso 15 Un caso de inmigración — 201

    *CUADRO IV Tierra de promisión*    207

**APÉNDICE A**
*Vocabulario español-inglés* *231*

**APÉNDICE B**
*Bibliografía* *257*

# Introduction to the student

*Carreras: Casos en la comunidad* has been designed to serve a variety of learning objectives and types of student. The primary objective of this book is to teach the Spanish language within the professional context of social work. The language used through the book represents that of the various Hispanic communities living in the United States: Cuban, Puerto Rican, Chicano, and Central and South American. These dialectal variations are presented for recognition purposes only and students are only required to speak or write standard or international Spanish. The secondary emphasis is on presenting a global perspective of the historical, social, and economic factors that have led to the important and increasing Hispanic presence in the United States. At least one year of Spanish instruction should precede the use of these materials. For the native Spanish-speaking student, this book will offer the opportunity to relate his or her dialectal variation of the language to that of standard use in the Hispanic community, as well as to improve the skills of reading and writing.

The authors have attempted to meet the following criteria in the elaboration of this text: (a) To teach the Spanish language within the professional context of social service; (b) To illustrate the geographical, historical, and cultural backgrounds of the Hispanic communities in the United States; (c) To present actual cases and materials as researched and collected through interviews with Hispanics throughout the United States; (d) To recognize and validate the varieties of Spanish used in the United States today; (e) To offer a solid methodology for the practice of language skills and the development of cultural understanding.

Restaurante puertorriqueño en Nueva York. La fusión de dos culturas.

# UNIDAD I

# *La familia y la escuela*

# CASO 1

*Con la trabajadora social*

# Una visita con la trabajadora social

## *Vocabulario útil*

### SUSTANTIVOS

**el aprendizaje** *learning*
**la autorización** *authorization*
**el cariño** *affection*
**los celos** *jealousy*
**la cita** *date, appointment*
**el documento** *form, document*
**la entrevista** *interview*
**la falta** *lack*
**el/la incapacitado/a** *disabled person*
**el/la nene/a** *child*
**la prueba** *test*
**la rabia** *anger*
**la rabieta** *temper tantrum*

### VERBOS

**discutir** *to argue, to discuss*
**entrevistar** *to interview*
**firmar** *to sign*
**portarse** *to behave*
**reunirse** *to get together*
**saludar** *to greet*
**sentir(se)** *to feel*
**someter** *to go through, to undergo, to put through*

### ADJETIVOS

**agradecido/a** *grateful*
**castigado/a** *punished*
**culpable** *guilty*
**firmado/a** *signed*
**ocupado/a** *busy*

### EXPRESIONES ADVERBIALES

**de un momento a otro** *from one minute to the next*
**mientras tanto** *meanwhile*
**poco a poco** *little by little*
**por poco** *almost, nearly*
**recientemente** *recently*

### EXPRESIONES

**hacer daño** *to do harm*
**hijo/a único/a** *only child*
**no quiero nada con él** *I don't want to have anything to do with him*
**querer comerse (a alguien)** *to want to harm somebody*
**no se puede con él** *(you) can't do anything with him*
**no sirve para nada** *(It, he, she) is good for nothing*
**tener (algo, mucho, nada) que ver con** *to have (something, a great deal, nothing) to do with*

## *Notas culturales*

1. A counselor sensitive to the Latino culture will immediately extend his hand and introduce himself, including first name rather than formal title. So-called small talk at this initial meeting, and at the beginning of subsequent sessions, is believed to be very important with Latino clients to establish and maintain rapport. (Ruiz and Padilla, 1977)

**2.** Counseling initially demands that communication move from client to counselor. The clients are expected to take major responsibility in initiating conversation in the session while the counselor plays a less active role. Asian-Americans, Chicanos and native Americans, however, function under different cultural imperatives that make this difficult. These three groups may have been raised to respect elders as authority figures and "not to speak unless spoken to." (Sue and Sue, 1977)

**3.** Puerto Ricans experience qualitatively new types of stress-inducing life events: the need to learn a new language; the impact of bilingualism upon information processing, memory, cognitive abilities, personality characteristics, and world view; prejudice and discrimination; adaptation to the impersonal terms of a bureaucratized society; the demands of an agitated daily cycle of life in an urban metropolis; and the tribulations of daily interaction with persons outside the ethnic group. This qualitatively new constellation of changes in life events experienced by mainland Puerto Ricans conspires to produce emotional stress, more so than in the case of a person whose trajectory of life-event changes is circumscribed by constancy of membership in one sociocultural system. In this new environment, the family (the primary support network of the child) and the school, the two major social institutions expected to mediate stress for children, may lose themselves, become sources of stress for the child and lose their value as social support networks. We do not suggest that all Puerto Rican families are equally at risk, nor do we suggest that the exposure to stressors results inevitably in the development of pathological conditions. We do conclude, however, that Puerto Rican children experience stress either directly or indirectly from the sources cited above and are at risk to problems of mental health. (Canino et al., 1980)

## *Una visita con la trabajadora social*

*Todos los miércoles la señora Josefina Molina, trabajadora social del Comité para Incapacitados, trabaja en la escuela pública John F. Kennedy en un barrio modesto de casas de dos familias y edificios de apartamentos. Aquí conviven° muchos grupos étnicos, entre éstos, muchos hispanos.*    live together

     *El Comité para Incapacitados tiene la función de investigar y servir las necesidades de niños que tengan problemas físicos, emocionales o de aprendizaje. La ley ha dispuesto que cada distrito escolar° tenga un Comité para Incapacitados que haga recomendaciones a los padres y a la Junta° de Educación. Los miembros del Comité son un psicólogo escolar, un maestro o administrador experto en educación especial, un médico y el padre o la madre de un niño incapacitado que viva en el distrito. También puede haber otras personas nombradas por la Junta de Educación, como por ejemplo, una trabajadora social.*    school district / Board

*La señora Molina se encuentra en su oficina haciendo llamadas telefónicas.*

Sra. Molina: (Hablando consigo misma) Bueno, tengo cuatro clientes en la lista, vamos a ver si logro° comunicarme con todos. Empecemos por los Ramos. (Llamando por teléfono) Aló. ¿Hablo con la señora Ramos?    I manage

Ésta es una escuela bilingüe en Nueva York. Donde Ud. vive ahora, ¿hay necesidad de escuelas bilingües? ¿Para qué idiomas?

| | |
|---|---|
| Sra. Ramos: | Sí. |
| Sra. Molina: | Habla la señora Molina del Comité para la evaluación de Juanito. |
| Sra. Ramos: | Ah sí. Ya estaba esperando saber algo de ustedes. Hablé con la señora Stewart y me dijo que ustedes iban a someter a Juanito a unas pruebas. Mire, no es que Juanito sea bruto° ni nada, es que le dan esas rabietas y entonces no se puede con él. Ya ve usted que tiró° la silla en la clase y por poco le cae encima a Miss Lindsay. Bueno, si pueden ayudar a ese muchacho, yo estaría muy agradecida, porque la verdad es que no sé qué más hacer. |
| Sra. Molina: | Sí, ése es nuestro trabajo, ayudar a estos niños y hablar con usted sobre los programas que hay para ellos. Para esto es preciso° que usted venga a la oficina pues necesitamos cierta información para poder empezar la evaluación de Juanito. ¿Puede usted venir esta tarde a la una y media? |
| Sra. Ramos: | Bueno, sí, está muy bien. Pero ¿qué hago con la nena? Pues no sé si la puedo dejar con alguien. |
| Sra. Molina: | Si la puede dejar con alguien está bien. Pero no hay problema si la quiere traer a la oficina. |
| Sra. Ramos: | Bueno, muy bien. |
| Sra. Molina: | Entonces nos vemos esta tarde a la una y media. Bueno, ha sido un gusto saludarla, y hasta más tardecito. |
| Sra. Ramos: | Sí, hasta entonces. |

*stupid*
*threw*

*necessary*

## La señora Molina entrevista a la señora Ramos

*Esa tarde, a la una y media, la señora Molina ve frente a la oficina de la enfermera a una señora sentada con una niña en brazos.*

| | | |
|---|---|---|
| Sra. Molina: | Ah, señora Ramos, mucho gusto. Soy la señora Molina. Siga, por favor. Siéntese. ¡Qué linda que está la nena! ¿Qué edad tiene? | |
| Sra. Ramos: | Ésta es Teresita. Tiene tres meses. | |
| Sra. Molina: | Debe estar usted bien ocupada con una tan pequeñita y con Juanito de seis años. ¿Tiene otros niños? | |
| Sra. Ramos: | No, es que me esperé. Juanito es de mi otro esposo y esta nena es de mi esposo de ahora. | |
| Sra. Molina: | Juanito ha tenido varias experiencias nuevas recientemente: la hermanita, la escuela, la separación de su padre… | |
| Sra. Ramos: | ¡Uy! Le da una rabia cuando me ve alzar° a la nena. Es que me da miedo porque creo que se la quiere comer… | pick up |
| Sra. Molina: | Todos los niños sienten celos de sus hermanos, especialmente si han sido hijos únicos por bastante tiempo. Poco a poco eso va a cambiar y él puede convertirse en protector de su hermanita. Si le dice uno que él es fuerte y ella necesita que él la proteja° para que nadie le haga daño, entonces él se va a sentir muy importante y pueda que no sienta tantos celos. ¿Y el padre de Juanito? ¿Se ve con él? | protect |
| Sra. Ramos: | No, yo no quiero ni ver a ese sinvergüenza°, nunca me manda dinero ni nada. ¿Por qué le voy a dejar ver al hijo? Ese hombre no sirve para nada. Sólo me hizo sufrir y yo no quiero nada con él. | good-for-nothing |
| Sra. Molina: | Usted comprende que para el niño es un choque° muy grande que de repente° no sepa nada de su padre. Puede ocurrir que el niño piense que el padre no lo quiere, que por eso se fue; o el niño puede imaginarse que él es el culpable de la separación. A veces la rabia, la falta de control, el quererles pegar° a otros se debe a° una razón emocional y nada tiene que ver con la capacidad° del niño ni con su inteligencia. Como los niños no nos pueden explicar todo con palabras, muchas veces tratan de comunicarse con las acciones. | shock / suddenly / hit / is due to / capability |
| Sra. Ramos: | Bueno, eso puede ser. | |
| Sra. Molina: | Es posible que el mal genio° y la rabia de Juanito tengan mucho que ver con todo esto que usted me ha contado ahora acerca del padre. Un padre es una figura muy importante para un niño, y aunque ustedes se separaron por diferencias personales, esto no quiere decir que el niño no necesite el cariño de su padre. Especialmente ahora, que usted y su nuevo esposo tienen a esta nenita, puede que Juanito se sienta castigado, que nadie lo quiera, pues ni su propio° padre lo quiere ver. Entonces se porta mal para que ustedes se interesen por él, aunque sólo sea para llamarle la atención sobre su mala conducta. | temper / own |
| Sra. Ramos: | Bueno, yo no sé. Nunca he pensado en eso, pero ya que usted lo dice veo que puede que eso explique los ataques de rabia que Juanito ha tenido. | |
| Sra. Molina: | Eso es lo que queremos saber nosotros también y por eso vamos a someter a Juanito a ciertas pruebas. Lo que necesitamos primero es | |

Es frecuente que exista una brecha entre la escuela y la familia inmigrante. ¿A qué factores piensa Ud. que se debe esto?

|||||
|---|---|---|---|
| | | que usted dé su consentimiento°. Se necesita que usted firme esta autorización. Aquí está para que usted la pueda leer. Si me quiere dar la nena mientras tanto… | *consent* |
| | Sra. Ramos: | Oh, sí, gracias. *(Leyendo el documento)* Está bien, pero no sé si entiendo eso de los exámenes. | |
| | Sra. Molina: | Para hacer la evaluación los miembros del Comité le darán a Juanito cosas que hacer. El psicólogo le hará unas pruebas para saber si tiene algún problema emocional, el experto en educación le dará unos exámenes sobre cuestiones de aprendizaje y lenguaje. También se le hará un examen físico y, si es necesario, uno psiquiátrico. Cuando estén listos todos los resultados, se reunirá el Comité y entonces vendrá la evaluación de la que hablaremos con usted. Después se mandarán los resultados a la Junta de Educación. | |
| | Sra. Ramos: | Ah, bueno, ya está claro; entonces aquí tiene el documento firmado. *(Mirando a la niña)* Venga, nenita, venga con mami. | |
| | Sra. Molina: | *(Dándole la nena)* ¡Mire que la chiquita° conoce a su mamá! Pero qué nena tan buena, no lloró ni nada. | *little one* |
| | Sra. Ramos: | Es un puro angelito; no me causa molestia alguna. | |

**BOARD OF EDUCATION OF THE CITY OF NEW YORK**
110 Livingston Street, Brooklyn, N.Y. 11202
DIVISION of SPECIAL EDUCATION and PUPIL PERSONNEL SERVICES

Executive            **COMMITTEE ON THE HANDICAPPED**           Director

                                                                                    Regional Director

<u>CONSENTIMIENTO Y RENUNCIA</u>

Doy permiso para que mi hijo/a _____ sea evaluado con el fin de determinar si necesita servicios educacionales especiales.

Tengo entendido que el proceso de evaluación puede incluir una historia social y cualquier o todos los siguientes exámenes: psicológico, psiquiátrico, educativo, neurológico, y lenguaje. Me ha sido explicado el propósito de cada uno de estos exámenes.

Como parte del proceso de evaluación, autorizo al Comité de Impedidos a obtener y analizar las notas e informes existentes concernientes a mi hijo/a.

Si el Comité recomienda la asignación de mi hijo/a a un programa de educación especial, también doy autorización al programa de educación especial o bureau apropiado para analizar la información pertinente, con el fin de facilitar la pronta prestación de servicios educacionales a mi hijo. Si no existe un programa apropiado en el sistema escolar público para mi hijo/a, autorizo al Comité de Impedidos a ceder información acerca de mi hijo/a a las escuelas o instituciones apropiadas.

He sido informado/a de los derechos garantizados por la ley, para mi hijo/a y míos. Tengo entendido que tendré una oportunidad de reunirme con el Comité de Impedidos para comentar sus recomendaciones.

Nombre _____       _____
        (en letra de molde)                Firma del padre/madre o guardián

Dirección _____

           _____      _____
                                                Fecha

Teléfono _____      _____
                                                Testigo

# Ejercicios de comprensión

**A.** Complete las frases siguientes con el verbo apropiado de la lista. Dé la forma apropiada del verbo.

    entrevistar        firmar        portarse
    reunirse          saludar      sentir
    someter

1. La trabajadora social .................. con la madre para conversar sobre los problemas de Juanito.
2. Claro, cuando al nene le da una rabieta no .................. bien.
3. Después de estudiarla bien, la madre .................. la autorización.
4. La trabajadora social .................. a la madre sobre la vida de Juanito.
5. La falta del padre es un problema para el niño, y él .................. que es culpable.
6. La psicóloga va a .................. al niño a varias pruebas.
7. Cuando la madre llega, la trabajadora social la .................. , diciendo: "Mucho gusto".

**B.** Complete las respuestas a las preguntas con una expresión adverbial. Consulte el Vocabulario Útil de esta lección.

1. ¿Cuándo empezó Juanito a tener dificultad en leer? Empezó a tener dificultad ..................
2. ¿Tiene su hijo cambios bruscos de humor? Sí, su humor cambia ..............
3. ¿Va a aprender a leer rápidamente? No, aprenderá a leer ..................
4. ¿Qué hizo la madre cuando a Juanito le dieron rabietas? .................. le pegó?
5. ¿Le van a hacer una prueba ahora a Juanito? No, se la harán por la tarde. .................. puede estar en el salón de recursos.

**C.** Dé una descripción con la forma adjetival del verbo en cursiva.

1. Ella se *ocupa* de su familia. Siempre está ..................
2. ¿*Firmó* Ud. el documento? Sí, está ..................
3. ¿Comprende el niño por qué Ud. lo *castigó*? Creo que se siente .................. por ser el culpable.
4. ¿*Agradeció* Ud. los servicios del psicólogo? Sí, me siento muy ..................

**D.** En algunos distritos escolares, se envía una carta a los padres para concertar una cita. Traduzca esta carta al español.

    Dear Mrs. Ramos:

        As a member of the committee that will evaluate your son, Juanito, I would like to meet with you. Please let me know if it would be convenient for you to come to the school on Tuesday, October 3, at 10:00 A.M. I await your reply.

                                    Sincerely,

                                    Josefina Molina
                                    Social Worker

## *Ejercicios de análisis*

**A.** Analice el caso de Juanito contestando a las siguientes preguntas.

1. ¿Qué hace la señora Molina para que la señora Ramos se sienta cómoda al principio de la entrevista?
2. Según la entrevista con la señora Ramos, ¿sospecha Ud. que los problemas de Juanito se deben a factores emocionales o a dificultades de aprendizaje? Explique las razones de su respuesta.
3. ¿Qué experiencias recientes parecen haber afectado mucho a Juanito?
4. ¿Cómo parece haber reaccionado Juanito al nacimiento de su hermanita?
5. La madre pregunta: "¿Por qué le voy a dejar al padre de Juanito ver al hijo?" Contéstele como si Ud. fuera la trabajadora social.

## *Temas de conversación*

**A.** Exprese su opinión personal sobre los siguientes temas.

1. El divorcio de los padres no afecta mucho a los niños.
2. Por lo general, siempre hay problemas de celos entre los hermanos y hermanas.
3. Las visitas a los psicólogos son algo traumático para los niños.

**B.** Ud. es un/a trabajador/a social que quiere concertar una cita con la madre o el padre de un alumno. Ud. quiere hablar con esa persona en su oficina de la escuela el miércoles, 21 de octubre, a la una y media. Los padres prefieren tener la cita a las dos, y también quieren saber de qué se va a tratar. Con otra persona haciendo el papel del padre, haga la llamada y concierte la cita.

*Trabajadora*
*social:*        Sí, quisiera hablar con el Sr. o la Sra. X.
*Padre:*          Habla el Sr. X, ¿con quién hablo?

**C.** Una madre llega a su oficina con un niño en brazos. Salúdela, invítela a entrar, y empiece la conversación.

*Trabajadora*
*social:*        Buenas tardes, señora, ¿cómo está?
*Madre:*        ¡Hola, buenas tardes!

## Temas de composición

**A.** Escriba un breve resumen de la entrevista para sus archivos (files) como si Ud. fuera la trabajadora social. Incluya los datos importantes e indique cuál era la actitud de la madre.

**B.** Describa las circunstancias familiares de un niño que usted conozca en el vecindario donde vive. Hable sobre sus padres, su escuela y cualquier problema que tenga. Escriba sólo dos o tres párrafos.

… CASO 2

# La historia familiar

# La historia familiar

## *Vocabulario útil*

### SUSTANTIVOS

**el biberón**  baby bottle
**el catarro**  cold (illness)
**el desarrollo**  development
**el dolor de oído**  earache
**el embarazo**  pregnancy
**la guardería infantil**  day care center
**el nacimiento**  birth
**el pañal**  diaper
**el parto**  delivery (birth)
**el remedio**  medicine, remedy; solution
**el resfriado**  cold
**la roséola**  roseola
**la salud**  health
**el sarampión**  measles
**la vacuna**  vaccination, vaccine
**la varicela**  chicken pox
**la vista**  eyesight

### VERBOS

**abotonarse**  to button (one's clothes)
**adelantarse**  to advance, progress, get ahead
**brincar**  to skip, jump
**crecer**  to grow
**luchar**  to struggle, fight
**llorar**  to cry
**nacer**  to be born
**ponerse (ropa)**  to put on (clothes)
**quitarse**  to take off
**saltar**  to jump
**trepar**  to climb

### ADJETIVOS

**entrenado/a**  trained

### EXPRESIONES

**amarrarse los cordones de los zapatos**  to tie (one's) shoelaces
**comerse (las uñas)**  to bite (one's nails)
**chuparse el dedo**  to suck (one's) thumb
**hacerse daño**  to harm (oneself)

### VARIACIONES LINGÜÍSTICAS

**bibi**  baby bottle
**chavón**  mischievous, naughty, foolish (Puerto Rico)
**chiquitico**  little (P.R.)
**misi**  Miss, Mrs. (P.R.)
**"nursery"**  nursery (Anglicism)
**¡qué va!**  not at all!; what do you mean!; ba!

## *Notas culturales*

**1.** It is not unusual for Hispanic groups to be characterized by the tradition of an extended family system. The system has been described as a tightly knit organization of family members who provide support and acceptance to one another. (Carrillo, 1982)

**2.** To the Puerto Rican family, ties are in no way considered pathological. The Puerto Rican family is, in contrast to the American, an extended family; intimate relationships with the kinship system are of high value and a source of pride and security.

An extended family is a composite form of the nuclear family. Relationships are intense and frequent, even if the persons are not living in the same household. There are important mutual obligations and strict controls. In this patriarchal family, roles are clearly defined and strictly monitored. There are important mutual obligations, and each individual's worth is guaranteed by the fulfillment of these mutual responsibilities. The elderly are respected and the young are dearly loved. The Puerto Rican family, however, encompasses not only those related by blood and marriage, but also those tied to it through custom. The "compadrazgo" and "hijos de crianza" are important parts of the Puerto Rican family system. (Mizio, 1974)

**3.** One of the Puerto Rican's greatest fears is that of relinquishing his individuality to conform to the group. He is fatalistic about his destiny, and often responds to crisis with comments like, "Que sea lo que Dios quiera" or "Ay bendito"; the first, accepting God's will, and the second bemoaning his fate. Submissiveness, deference to others, and passivity are encouraged as the ultimate in civilized behavior, as opposed to the American value of aggressiveness. (Badillo Ghali, 1977)

## *Evaluación sociológica*

*En la escuela John F. Kennedy la trabajadora social, Josefina Molina, continúa entrevistando a la madre de Juanito, la Sra. Lourdes Ramos. Para poder escribir un informe completo sobre el caso, la Sra. Molina le pide a la madre ciertos datos sobre su familia y acerca del desarrollo y la salud de Juanito.*

| | | |
|---|---|---|
| Sra. Molina: | Como le dije por teléfono, para la evaluación necesito obtener ciertos datos° sobre Juanito y su familia. Su nombre completo, por favor. | *facts* |
| Sra. Ramos: | ¿El mío o el de Juanito? | |
| Sra. Molina: | El suyo, por favor. | |
| Sra. Ramos: | Lourdes Ramos. | |
| Sra. Molina: | ¿Y el del padre de Juanito? | |
| Sra. Ramos: | Jorge Díaz. | |
| Sra. Molina: | ¿Cuántas personas hay en la familia? ¿Qué edades tienen, por favor? | |
| Sra. Ramos: | Bueno, yo tengo 27 años, mi esposo, Héctor, tiene 30 años, la nena tres meses, Juanito 6 años y mi prima, Soledad, que vive con nosotros, tiene 32 años. | |
| Sra. Molina: | ¿Ésta es la primera vez que Juanito va a la escuela? ¿Fue a una guardería infantil o al kindergarten? | |
| Sra. Ramos: | No, ¡qué va! Lo llevé un día al kinder allá donde vivíamos, pero se empeñó° en que no quería ir; qué lloriqueo° y qué pataletas,° .... Pues no lo llevé más. Este año le dije que tenía que ir a la escuela porque si no, iban a venir por él. Ahí sí que le dio miedo. | *insisted on/ bawling/kicking* |

## *El desarrollo del niño*

| | |
|---|---|
| Sra. Molina: | Bueno, ahora le voy a preguntar sobre el nacimiento y el desarrollo de Juanito. ¿Cuántos años tenía usted cuando él nació? |
| Sra. Ramos: | Pues tengo 27 y eso fue hace 6 años. Entonces tenía 21 años. |

La comunicación entre la escuela y la familia es importante para la educación de los niños. Dé tres razones que apoyen la afirmación anterior.

| | | | |
|---|---|---|---|
| | *Sra. Molina:* | ¿Nació al término° de los nueve meses? | *at the end* |
| 5 | *Sra. Ramos:* | No, ése se me adelantó unas tres semanas. Fue todo de sorpresa, pues no lo esperaba para entonces. | |
| | *Sra. Molina:* | ¿Y su salud durante el embarazo? | |
| | *Sra. Ramos:* | Me fatigaba mucho. Es que engordé tanto que se me hincharon° los tobillos° y los pies. | *swelled* <br> *ankles* |
| 10 | *Sra. Molina:* | ¿Cómo fue el parto? ¿Hubo alguna complicación? | |
| | *Sra. Ramos:* | Muy largo: ése sí que me dio trabajo. Por poco me muero con esos dolores, y nada que salía… | |
| | *Sra. Molina:* | ¿Tuvo usted cesárea? | |
| | *Sra. Ramos:* | No, pero nació con instrumentos. | |
| 15 | *Sra. Molina:* | ¿Con forceps? | |
| | *Sra. Ramos:* | Creo que sí, lo tuvieron que jalar° para que naciera. | *pull out* |
| | *Sra. Molina:* | ¿Cuánto pesó° al nacer? | *weigh* |
| | *Sra. Ramos:* | Bueno, unas seis libras° y algo… | *pounds* |
| | *Sra. Molina:* | ¿Y cómo era la salud del padre de Juanito? | |
| 20 | *Sra. Ramos:* | Ése siempre ha sido fuerte; ni un catarro le da. | |
| | *Sra. Molina:* | ¿Y cómo era Juanito de niño? | |
| | *Sra. Ramos:* | ¡Ay Dios! qué niño para no dejarme en paz. Se la pasaba moviéndose°, no dormía nada y le daban unos dolores de barriga°… | *was very restless* <br> *stomachaches* |
| | *Sra. Molina:* | ¿Y qué decía el médico? | |
| 25 | *Sra. Ramos:* | Nada, que eran cólicos, que eso le pasaría y que le pusiera una bolsita de agua caliente°. | *hot water bottle* |
| | *Sra. Molina:* | ¿A qué edad se sentó sólo? | |
| | *Sra. Ramos:* | Ay, yo no sé si me acuerdo; por ahí a los siete meses. | |

| | Sra. Molina: | ¿Y cuándo caminó por primera vez? | |
|---|---|---|---|
| 30 | Sra. Ramos: | Bueno, de eso sí me acuerdo, a los once meses ya le daba la vuelta° a la mesita de la sala y trataba de soltarse°. | walked around<br>let go |
| | Sra. Molina: | ¿Cuándo dijo las primeras palabras? | |
| | Sra. Ramos: | Palabras como "mamá," "bibi," por ahí al año. | |
| | Sra. Molina: | ¿Cuándo dejó de tomar el biberón? | |
| 35 | Sra. Ramos: | Ése, todavía a los cuatro andaba pidiendo bibi. | |
| | Sra. Molina: | ¿A qué edad se acostumbró a ir solo al baño y a no usar pañales? | |
| | Sra. Ramos: | Bueno, ya completamente a los tres y medio. | |
| | Sra. Molina: | ¿Cuándo aprendió a abotonarse y a amarrarse los cordones de los zapatos? | |
| 40 | Sra. Ramos: | Como a los dos y medio no hacía sino quitarse y ponerse la ropa y los zapatos. | |

## La salud del niño

| | Sra. Molina: | ¿Qué enfermedades tuvo de niño? | |
|---|---|---|---|
| | Sra. Ramos: | La varicela, el sarampión que yo recuerde y no más porque yo hice que le pusieran todas las vacunas. | |
| 5 | Sra. Molina: | ¡Qué bien! ¿Sabe usted si comió alguna vez pedacitos° de pintura con plomo? | little pieces |
| | Sra. Ramos: | Yo no creo, pero le gustaba mucho pintar en la pared y a veces arrancaba° pedacitos de la pintura. Yo no sé si los comía o no. | tore off |
| | Sra. Molina: | ¿Ha sido hospitalizado alguna vez? | |
| 10 | Sra. Ramos: | Solamente cuando le dio una infección en el oído y le tuvieron que poner un tubo. | |
| | Sra. Molina: | ¿Ha tenido otras enfermedades o se ha hecho daño en alguna ocasión? | |
| 15 | Sra. Ramos: | Sólo que le afectan mucho los oídos cada vez que tiene un catarro. También recuerdo que una vez se cayó de un árbol. Estábamos visitando a mi hermana que vive allá en el campo y los niños estaban trepándose a un árbol y de pronto Juanito se vino de cabeza°. ¡Dios mío qué susto!° Y le salía sangre de la boca. Lo llevé al hospital y allí lo examinaron y encontraron que solamente se había cortado el labio° al caer. | fell head first<br>what a scare!<br><br>lip |
| | Sra. Molina: | ¿Ha tenido convulsiones? | |
| 20 | Sra. Ramos: | No, eso no. | |
| | Sra. Molina: | ¿Tiene el niño algún problema de salud ahora? | |
| | Sra. Ramos: | Lo único es que es muy chavón para comer. No tiene mucho apetito, sólo quiere tomar refrescos. | |
| | Sra. Molina: | ¿Tiene algún problema al hablar? | |
| 25 | Sra. Ramos: | Ése parece una cotorra°, siempre está hablando y diciendo cosas. Quiere saber todo. No hablaba mucho inglés, pero desde que está en la escuela ya sabe más que yo. | parrot, chatterbox |
| | Sra. Molina: | ¿El niño ha tenido problemas con la vista? | |
| | Sra. Ramos: | No, ve perfectamente. | |
| 30 | Sra. Molina: | ¿Qué me puede decir de la coordinación del niño? ¿Es ágil? | |
| | Sra. Ramos: | Sí, ése es como…como un mono°; se trepa en todas partes. | monkey |
| | Sra. Molina: | ¿Y sus hábitos de comer? | |

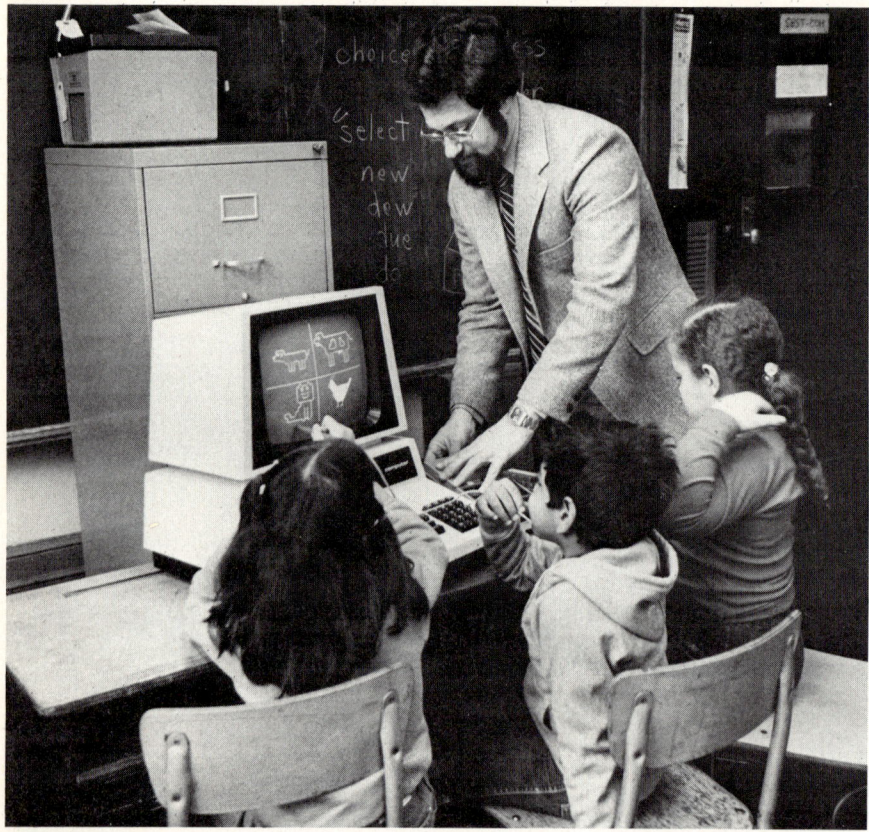

¿De qué manera cree Ud. que las computadoras afectarán el aprendizaje de las nuevas generaciones? ¿Cómo cree Ud. que ayudarían a Juanito?

| | | | |
|---|---|---|---|
| *Sra. Ramos:* | Como le dije, eso es un problema. Se llena de refrescos y después no prueba bocado°. | | won't eat a bite |
| *Sra. Molina:* | ¿Toma muchos refrescos? | | |
| *Sra. Ramos:* | Cuatro o cinco al día. | | |
| *Sra. Molina:* | ¿Ha tratado usted de darle jugos de fruta? Alimentan más y no tienen tanto azúcar como las sodas que pueden hacerle daño a los dientes. | | |
| *Sra. Ramos:* | Voy a ver si hago eso porque la verdad es que los batidos° de frutas le gustan mucho. | | shakes |
| *Sra. Molina:* | ¿Duerme bien? | | |
| *Sra. Ramos:* | Siempre está moviéndose, no se está quieto ni para dormirse. Es una lucha para que ese muchacho se acueste. | | |
| *Sra. Molina:* | ¿Usted le permite que juegue con otros niños después de las horas de la escuela? | | |
| *Sra. Ramos:* | Bueno, es que yo estoy ocupada con la nena y la casa y no lo puedo sacar siempre, y como él no puede salir solo… | | |
| *Sra. Molina:* | Los niños de esa edad están creciendo muy rápidamente… | | |
| *Sra. Ramos:* | Me lo va usted a decir. Si siempre se le está quedando chiquita° la ropa… | | getting too small |

| | Sra. Molina: | Crecen mucho a esa edad y tienen mucha energía; necesitan moverse, correr, saltar, brincar, y estar con otros niños. Si es posible, sáquelo al parque por un ratito°. También a la nena le aprovecha° el paseo. No sé si usted sabe que aquí tienen un programa de deportes para los niños después de la escuela. Le voy a dar la información. | *for a little while/ it does her good* |
|---|---|---|---|
| 55 | | | |
| | Sra. Ramos: | Eso sí me interesa. | |
| | Sra. Molina: | ¿El niño se come las uñas o se chupa el dedo? | |
| | Sra. Ramos: | No, nunca ha hecho nada de eso. | |
| | Sra. Molina: | ¿Llora sin motivo? | |
| 60 | Sra. Ramos: | No. | |
| | Sra. Molina: | Usted ha mencionado que le dan rabietas a Juanito. ¿Me puede decir algo más sobre éstas? | |
| | Sra. Ramos: | Cuando quiere algo y le digo que no, se pone como un toro de bravo° y hasta a veces empieza a tirar cosas como pasó aquí en la escuela. | *as mad as a bull* |
| 65 | Sra. Molina: | ¿Pero el resto del tiempo se porta bien en la casa? | |
| | Sra. Ramos: | Sí, el resto del tiempo no hay problemas, es bien mansito°. | *gentle* |
| | Sra. Molina: | ¿Qué cosas hace muy bien Juanito? ¿Qué intereses tiene? | |
| | Sra. Ramos: | Es feliz pintando° y lo hace bien bonito. También baila muy bien; la música siempre le ha gustado desde chiquitico. | *painting* |
| 70 | Sra. Molina: | ¿El niño está tomando algún remedio ahora? | |
| | Sra. Ramos: | Solamente cuando tiene esos dolores de oído. | |

## La familia y el niño

| | Sra. Molina: | ¿Han tenido otros miembros de la familia dificultades en aprender°? | *learning problems* |
|---|---|---|---|
| | Sra. Ramos: | Yo sólo estudié cinco años y me gustaba, pero no seguí porque tenía que ayudar a mis padres en el campo. El padre de Juanito sí terminó el High School y después hizo un curso de especialización en refrigeración. | |
| 5 | | | |
| | Sra. Molina: | ¿Cómo se lleva Juanito con su padrastro°? | *stepfather* |
| | Sra. Ramos: | Pues él lo quiere mucho y lo trata bien, y hasta lo lleva a ver béisbol. No hay problemas. | |
| | Sra. Molina: | ¿Usted trabaja fuera de casa ahora? | |
| 10 | Sra. Ramos: | No, solamente estoy cosiendo° un poco por las noches. Me pagan por pieza°. | *sewing by the piece* |
| | Sra. Molina: | Y su esposo ¿en qué trabaja? | |
| | Sra. Ramos: | Pues, él es el super del edificio°. | *building superintendent* |
| | Sra. Molina: | ¿Ha habido alguna ocasión en que Juanito hubiera estado separado de usted por una temporada° larga? | *period of time* |
| 15 | Sra. Ramos: | Cuando yo vine a este país de Puerto Rico vine sola y le dejé a Juanito a mi mamá, y luego a los tres meses ella vino con él. | |
| | Sra. Molina: | ¿Qué edad tenía Juanito entonces? | |
| | Sra. Ramos: | Unos cuatro meses. | |
| 20 | Sra. Molina: | ¿Qué aspiraciones tiene usted para su hijo? | |
| | Sra. Ramos: | Bueno, usted sabe, uno siempre quiere lo mejor para los hijos, que no tengan que luchar tanto como uno; por eso para mí la educación es muy importante para que él pueda conseguir un buen trabajo y llegue a ser alguien. | |

| | | | |
|---|---|---|---|
| 25 | Sra. Molina: | ¿Qué opina usted sobre lo que su hijo necesita de la escuela? | |
| | Sra. Ramos: | Ustedes son los expertos. Yo espero que ustedes me indiquen y me guíen° y que le den una buena educación a Juanito. | guide |
| | Sra. Molina: | ¿Qué sabe usted del programa de educación especial, de las clases especiales para su hijo? | |
| 30 | Sra. Ramos: | Bueno, eso que me explicó la misi, la profesora, que son más pequeñas, que ayudan a los niños con problemas. Eso me parece bien. | |
| | Sra. Molina: | Bueno, señora Ramos, le quiero dar las gracias por su colaboración. La psicóloga y la especialista en educación van a someter a Juanito a unas pruebas. Luego tendremos una reunión para estudiar los resultados y después de eso la llamaremos para comunicarle la opinión del Comité. | |
| 35 | Sra. Ramos: | ¿Eso es todo? ¿Cuándo voy a saber de las clases y de la ayuda especial para Juanito? | |
| | Sra. Molina: | Tan pronto° terminen con los exámenes de Juanito, entonces podemos hablar de lo que más le conviene. Muchas gracias por su ayuda. | as soon as |
| 40 | Sra. Ramos: | No, gracias a usted por su interés. | |
| | Sra. Molina: | Ha sido un placer. Que le vaya bien. | |
| | Sra. Ramos: | Muchas gracias. ¿Entonces ustedes me llaman? | |
| | Sra. Molina: | Sí, apenas° tengamos los resultados. Buenas tardes. (Se levanta y acompaña a la señora Ramos a la puerta). Adiós, nenita. (Le hace adiós° con la mano). | as soon as<br><br>waves goodby |

## *Ejercicios de comprensión*

**A.** Complete las siguientes frases usando palabras tomadas del Vocabulario Útil.

1. El embarazo termina con el ....................
2. Un lugar donde se cuidan a los niños es ....................
3. Para dar leche a una criatura se necesita ....................
4. El niño que ha aprendido a ir solo al baño no necesita ....................
5. Para prevenir algunas enfermedades infantiles se dan ....................
6. Si un niño está enfermo, el doctor le puede recomendar ....................
7. Algunas enfermedades contagiosas de la niñez son ....................
8. Es peligroso que los niños coman ....................
9. El médico pregunta por el .................... del niño y le examina los oídos y la ....................

**B.** Complete las frases para describir las actividades del niño. Utilice los verbos y las expresiones del Vocabulario Útil.

1. .................... el dedo.
2. .................... cuando quiere la atención de la mamá.
3. .................... rápidamente.
4. .................... las uñas.
5. .................... en la escuela.
6. .................... la camisa.
7. .................... con sus hermanos.
8. .................... en el parque.

9. .................. los zapatos.
10. .................. cuando juega con los amigos.
11. .................. el árbol.
12. .................. la chaqueta.

**C.** Lea las siguientes descripciones y luego escoja la oración que mejor resuma lo que ha dicho la madre de Juanito.

1. "Lo llevé un día al kinder allá donde vivíamos, pero se empeñó en que no quería ir. ¡Qué lloriqueo y qué pataletas"!
    a. Al niño le gustó el kindergarten y no protestó.
    b. El niño lloró mucho en el kindergarten, aunque había querido asistir.
    c. El niño protestó mucho cuando la madre lo llevó al kindergarten.
2. "Ése se me adelantó unas tres semanas. Fue todo de sorpresa, pues no lo esperaba para entonces".
    a. El niño nació temprano.
    b. El niño nació después de la fecha prevista.
    c. La madre no sabía cuándo esperar el parto.
3. "Me fatigaba mucho. Es que me engordé tanto que se me hincharon los tobillos y los pies".
    a. Fue un embarazo sin complicaciones.
    b. Ella no se sintió muy bien.
    c. Fue un embarazo con complicaciones graves.
4. "Ése siempre ha sido fuerte. Ni un catarro le da".
    a. Ese hombre no tiene buena salud.
    b. Ese hombre tiene buena salud.
    c. Siempre está enfermo.
5. "Uno siempre quiere lo mejor para los hijos, que no tengan que luchar tanto como uno; por eso para mí la educación es muy importante para que él pueda conseguir un buen trabajo y llegue a ser alguien".
    a. La vida de la señora Ramos ha sido difícil y ella quiere que la vida de su hijo sea mejor.
    b. Ella no quiere que sus hijos se peleen.
    c. Ella también quiere estudiar para conseguir un buen trabajo.

## *Ejercicios de análisis*

**A.** Responda a las siguientes preguntas basándose en la información contenida en la entrevista con la Sra. Ramos.

1. ¿Por qué no empezó la señora Molina a averiguar la historia del desarrollo del niño al principio de la entrevista?
2. ¿Por qué es importante que ella conozca la historia del desarrollo físico de Juanito?
3. ¿Qué importancia puede tener la información sobre el nivel educativo de los padres del niño?
4. ¿Piensa Ud. que la señora Molina habla desmasiado? Si Ud. fuera la señora Ramos, ¿cómo reaccionaría a las preguntas de la señora Molina?
5. ¿Tiene Ud. otras preguntas para hacerle a la señora Ramos? ¿Cuáles serían?

## Temas de conversación

**A.** Actuando como trabajador/a social, usted tiene una cita con otra madre y quiere terminar la entrevista con la señora Ramos. Interprete esta escena con una persona de la clase que hará el papel de la Sra. Ramos.

*Sra. Molina:* Señora Ramos, ha sido muy interesante hablar con Ud. …

**B.** La señora Ramos ha decidido llevar a Juanito a la biblioteca pública cerca de su casa. La bibliotecaria (librarian), la señora Adams, no habla español, pero Ana María Gutiérrez, una estudiante de secundaria que trabaja en la biblioteca, sirve de intérprete para las dos mujeres. Traduzca lo que dicen las dos.

*Sra. Adams:* May I help you?
*Sra. Ramos:* Sí. Me gustaría saber lo que tengo qué hacer para obtener una tarjeta para usar la biblioteca.
*Sra. Adams:* You just have to complete this form.
*Sra. Ramos:* ¿Y cuánto cuesta la tarjeta?
*Sra. Adams:* Oh, it doesn't cost anything. It's free.
*Sra. Ramos:* ¡Qué bien! ¿Y mi hijo puede sacar libros también?
*Sra. Adams:* Of course. The Children's Room has a large selection of books in both English and Spanish.
*Sra. Ramos:* Juanito, vete a mirar los libros mientras yo lleno esta planilla.

## Temas de composición

**A.** Haga una lista de las actividades que pueden hacer los padres con sus hijos durante los fines de semana. Suponga que se trata de familias de bajos ingresos°. *low income* Divida la lista en actividades apropiadas para niños de 2 a 5 años, de 5 a 8 años y de 8 a 12 años.

### HISTORIA DEL DESARROLLO

**B.** Los trabajadores sociales suelen usar formularios como el que sigue a continuación. Éstos se utilizan para poder estudiar de forma sistemática la información y los datos suministrados por los clientes. Complete el siguiente formulario como si usted hubiera participado en la entrevista con la Sra. Ramos. Consulte el diálogo para obtener datos precisos.

   A. Prenatal, parto y recién nacido. Complicaciones.

   B. Acontecimientos importantes del desarrollo (note edades y cualquier cosa fuera de lo común).
      1. Se sentó sin apoyo a los ………………
      2. Caminó solo a los ………………
      3. Usó palabras aisladas° a los ……………… *single*

4.  Usó frases completas a los ....................
  5.  Otras características ...................

C.  Alimentación. Anotar cualquier información en cuanto a preferencias, aversiones, costumbres y comportamiento en las horas de comida.

D.  Reacciones a enfermedades, accidentes, hospitalizaciones, y cualquier condición incapacitante aguda° o crónica.   *acute*

E.  Juego y desarrollo de la socialización.

F.  Otros factores ambientales° o experiencias en la historia del niño/a. Nota:   *environmental*
    separaciones largas o traumáticas.

# CASO 3

# *La especialista en educación*

# La especialista en educación

## Vocabulario útil

### SUSTANTIVOS

**la audición**  hearing
**el dibujo**  drawing
**el/la colega**  colleague
**la hipercinesis**  hyperkinesis (hyperactivity)
**el informe**  report
**la pérdida**  loss

### VERBOS

**alimentarse**  to eat (feed oneself)
**atrasarse**  to fall behind
**averiguar**  to find out, inquire into, check
**distraerse**  to be distracted; to entertain oneself
**fijarse (en)**  to pay attention to, notice, check
**gritar**  to shout, yell
**interrumpir**  to interrupt
**pegar**  to hit

### ADJETIVOS

**inquieto/a**  restless, fidgety
**zurdo/a**  left-handed

### EXPRESIONES

**a ver**  let's see
**en cuanto a**  as to, in regard to
**fuera de lo común**  out of the ordinary, unusual

### VARIACIONES LINGÜÍSTICAS

**ujú**  ah-ha (Puerto Rico)

## La especialista en educación

*Eva Klinger, especialista en educación, habla con su colega, Josefina Molina, la trabajadora social. Ambas se encuentran en la escuela John F. Kennedy tratando el tema de Juanito Ramos.*

E. Klinger: Cuéntame, ¿qué averiguaste del niño Ramos; alguna cosa fuera de lo común?

J. Molina: Bueno, sabes, en cuanto a la historia de su desarrollo, lo que más me llamó la atención° es que parece haber indicaciones de hipercinesis. La señora Ramos habló de que siempre ha sido muy inquieto. También parece que no se alimenta muy bien, bebe muchos refrescos y come dulces. Y lo que casi siempre pasa, que no juega con otros niños. Ah, se me olvidaba decirte, que sufre de infecciones del oído.   *noticed*

E. Klinger: Voy a fijarme en eso. ¡Quién sabe si ha sufrido alguna pérdida de audición! Ayer hablé con la maestra y me dijo que el problema más grande era que Juanito no podía controlarse; que no esperaba su turno, que interrumpía, que gritaba, que les pegaba a los otros niños. Parece que al niño le gusta pintar y va bien en aritmética, pero se ha atrasado en la lectura. ¡Ah, sí, me acuerdo de otra cosa!, que no puede concentrarse; se distrae muy fácilmente.

| | | |
|---|---|---|
| J. Molina: | Sí, ahora recuerdo lo que dijo la madre de unas rabietas que le dan, que el niño parece tener reacciones demasiado fuertes. | |
| E. Klinger: | Bueno, te agradezco el resumen;° hoy mismo le voy a dar las pruebas. Vamos a ver cómo reacciona pues siempre son largas. No se pueden dar en menos de dos o tres horas. | summary |
| J. Molina: | Lástima que no te pueda dar más detalles ahora. Ahí está el informe. Me voy porque tengo a la señora Cruz esperándome. | |
| E. Klinger: | Sí, Josie, mil gracias, te veo más tarde. | |
| J. Molina: | Sí, hasta entonces. | |

## Durante las primeras pruebas

*Eva Klinger, la especialista en educación, está reunida con Juanito Ramos para iniciar una prueba.*

| | | |
|---|---|---|
| E. Klinger: | Juanito, soy la señora Klinger. Voy a hablar contigo un rato y también vamos a hacer unas pruebas. Vas a jugar conmigo, ¿quieres? (Juanito mira al suelo° y no contesta). | floor |
| E. Klinger: | (Caminando por el pasillo junto al niño) ¿Tú sabes saltar en un pie? Muéstrame. | |
| J. Ramos: | (Todavía mirando al suelo). Ujú. | |
| E. Klinger: | Pues, a ver. Yo quiero verte saltar. | |
| J. Ramos: | Pues así, Misi (saltando pero sin mirarla). | |
| E. Klinger: | Muy bien, Juanito, y a ver otra cosa; ¿tú puedes caminar por esta línea recta°? | straight |
| J. Ramos: | (Indicando que sí con la cabeza) ¡Mire! (alzando° mucho la voz). | raising |
| E. Klinger: | ¡Qué bien! pero, sabes, habla más bajo. Ahora tenemos que bajar las escaleras. El salón queda en el otro piso. (Al bajar las escaleras, la Sra. Klinger observa si el niño alterna los pies). | |
| J. Ramos: | ¿Y adónde vamos, Misi? | |
| E. Klinger: | Mira, ya llegamos. Aquí damos las pruebas. Siéntate ahí, Juanito. Te voy a dar estos colores y lápices, y quiero que pintes. | |
| J. Ramos: | (Tocándole el pelo a la señora Klinger) ¡Qué bonito, tan suavecito! Me gusta el color rojo. | |
| E. Klinger: | Me alegro que te guste, Juanito. Puedes pintar lo que tú quieras…. (Juanito coge un lápiz y se pone a pintar. La Sra. Klinger observa que el niño es zurdo y que comienza a darle vueltas° al papel hasta colocarlo casi al revés°. La Sra. Klinger va hacia la pizarra y escribe el nombre de Juanito). | to turn around upside-down |
| E. Klinger: | Juanito, he escrito tu nombre en la pizarra y quiero que lo copies. (El niño sigue pintando. De pronto se sienta en el suelo y baja la cabeza y la voltea para mirar a la pizarra y empieza a copiar). | |
| E. Klinger: | Juanito, a ver lo que copiaste. | |
| J. Ramos: | Aquí está, Misi. (La Sra. Klinger observa que la "m" de Ramos está escrita como una "w"). | |
| E. Klinger: | Muy bien, Juanito, ahora vamos a hacer algo distinto. Yo te voy a mostrar unas tarjetas con retratos° de diferentes objetos. (La Sra. | pictures |

¿Cómo se muestra el niño en esta foto, contento o nervioso? ¿Qué significa para el niño esta entrevista a solas con la experta en educación?

| | | |
|---|---|---|
| | Klinger saca las tarjetas del Peabody Picture Vocabulary Test* en español). Te muestro la tarjeta y te digo los nombres de los objetos y tú me indicas a qué retrato corresponde. ¿Está bien? | |
| J. Ramos: | (Mostrando cierta impaciencia) Ujú. | |
| E. Klinger: | Vamos a hacer uno para ensayar° aquí. Si yo digo "martillo°", tú me muestras el dibujo del "martillo". (Juanito señala° con el dedo la tarjeta donde aparece el dibujo de un martillo). | to practice/hammer<br>points |
| E. Klinger: | Muy bien, muy bien. Ahora vamos a comenzar, el próximo es "tanque". | |
| J. Ramos: | Ése. | |
| E. Klinger: | Ahora, "escalera". | |
| J. Ramos: | Ése, ahí. | |
| E. Klinger: | "Horror". | |
| J. Ramos: | Eso es como feo, ¿no? | |
| E. Klinger: | "Hueso°". | bone |
| J. Ramos: | Mírelo, es ése. (Juanito empieza a ponerse inquieto y a mirar las cosas en el salón). | |
| E. Klinger: | Ahora, Juanito, pasamos a otra prueba. Pero tienes que escuchar muy bien. Te voy a decir que hagas unas cosas, pero tienes que escuchar bien, porque no voy a repetir. ¿Estás listo? (El niño indica que sí con la cabeza). | |
| E. Klinger: | Bueno, aquí va. Pon el lápiz encima del cuaderno. Levántate. Ve al estante de libros° y saca el libro rojo y me lo traes. | bookcase |
| J. Ramos: | ¿Y qué más? (Arrugando° la nariz) | wrinkling |
| E. Klinger: | Ya, eso es todo. Mira, ¡haz lo que te dije! | |

---

*Form of IQ test based on the ability to associate and recognize a word or concept with its pictorial representation.

|           |              |                                                                                                                                                                                    |               |
|-----------|--------------|------------------------------------------------------------------------------------------------------------------------------------------------------------------------------------|---------------|
|       60  | J. Ramos:    | Um, um, primero me levanto. ¡No, eso no es! (Mirándola y arrugando la nariz) ¿Cómo era? Ay, Misi, dígame otra vez. (La Sra. Klinger repite las instrucciones. Por fin el niño termina los mandatos). |               |
|           | E. Klinger:  | Muy bien, Juanito. Mira, ahora te voy a leer de este libro. Acuérdate que tienes que poner atención.                                                                               |               |
|           | J. Ramos:    | Ah, éso me gusta, los cuentos.                                                                                                                                                     |               |
|       65  | E. Klinger:  | Yo te voy a leer y luego quiero que me repitas el cuento con tus propias palabras. Me dices lo que pasó, ¿eh?                                                                      |               |
|           | J. Ramos:    | Ujú. Pero, ¿en inglés?                                                                                                                                                             |               |
|           | E. Klinger:  | No importa. En inglés o en español, como tú quieras. Escucha: Había una vez un sitio muy bonito, muy bonito, donde vivían muchos animales. Allí había muchos árboles y flores y plantas de todas clases. Pero resulta que ni las flores ni los árboles tenían color porque el Ogro Maléfico° se los había robado. Un día…(La Sra. Klinger acaba el cuento y se dirige a Juanito)…Ahora me dices lo que pasó. | *evil monster* |
|           | J. Ramos:    | Pues, era un ogro y las flores no tenían color y entonces…entonces…                                                                                                                |               |
|       75  | E. Klinger:  | Con calma, con calma, Juanito.                                                                                                                                                     |               |
|           | J. Ramos:    | Y había un tren que era bien grande y llevaba a…a…                                                                                                                                 |               |
|           | E. Klinger:  | Sí, vas muy bien.                                                                                                                                                                  |               |
|           | J. Ramos:    | Y entonces, entonces llegaron…. Ay, Misi, yo nunca me acuerdo de nada.                                                                                                             |               |
|       80  | E. Klinger:  | Piensa. A ver…unos minutos.                                                                                                                                                        |               |
|           | J. Ramos:    | Ah, sí…iba la girafa° y dijo…. (Con la ayuda de las preguntas de la Sra. Klinger, Juanito acaba de contar el cuento).                                                              | *giraffe*     |
|           | E. Klinger:  | Muy bien, Juanito. ¿Sabes qué? Vamos a hacer otra prueba. Te voy a decir una palabra y tú me dices la palabra opuesta°. Por ejemplo si yo digo "caliente", ¿tú qué puedes decir?    | *opposite*    |
|           | J. Ramos:    | ¿Frío?                                                                                                                                                                             |               |
|           | E. Klinger:  | Sí, muy bien. Bueno, vamos a empezar. "Arriba".                                                                                                                                    |               |
|           | J. Ramos:    | "Abajo".                                                                                                                                                                           |               |
|           | E. Klinger:  | "Día".                                                                                                                                                                             |               |
|       90  | J. Ramos:    | "Noche". (Ella repite este ejercicio durante cinco minutos).                                                                                                                       |               |
|           | E. Klinger:  | Juanito, ahora vas a escuchar una cinta y cada vez que oigas un sonido "beep", tú alzas° la mano. ¿Está claro? (Pasan unos minutos).                                               | *raise*       |
|           | J. Ramos:    | Éstos son como juegos, ¿no?                                                                                                                                                        |               |
|           | E. Klinger:  | Sí, son juegos para aprender.                                                                                                                                                      |               |
|       95  | J. Ramos:    | Ujú. Esto me gusta. ¿Por qué no hacemos cosas así en la escuela?                                                                                                                   |               |
|           | E. Klinger:  | Bueno, eso es difícil cuando hay sólo un maestro y muchos niños. Pero, vamos a continuar. Dime una cosa, Juanito, ¿a ti te duelen los oídos a veces?                               |               |
|           | J. Ramos:    | Ay, sí. A veces me despierto por la noche porque me duelen tanto que quiero gritar.                                                                                                |               |
|           | E. Klinger:  | ¿Y te ha examinado el médico?                                                                                                                                                      |               |
|           | J. Ramos:    | Sí, en el hospital.                                                                                                                                                                |               |
|           | E. Klinger:  | ¿Te dio algún remedio?                                                                                                                                                             |               |
|      105  | J. Ramos:    | Sí, es rosado° y sabe° bien dulce. Pero sabe, una vez estaba tan malo que me quedé en el hospital y me pusieron unos tubos. Eso no me gustó.                                       | *pink/tastes* |

Estos niños se educan en una escuela Montessori en Nueva York. ¿Conoce Ud. a alguien que haya ido a una escuela Montessori? ¿Qué opina de esta metodología?

|  |  |  |
|---|---|---|
| E. Klinger: | ¿Y el remedio te ayuda? | |
| J. Ramos: | Ay sí, bien rapidito se me quita el dolor°. | pain |
| E. Klinger: | ¡Qué bien! Bueno, Juanito, ya hemos hecho las pruebas. Otro día vamos a jugar más. | |
| J. Ramos: | Ujú (sonriendo). Me gusta aprender así, cuando no hay tantos niños. | |
| E. Klinger: | Por eso te damos estas pruebas, para ver si es mejor que estés en una clase con menos niños. | |
| J. Ramos: | ¡Ay, yo quiero eso! | |
| E. Klinger: | Ven, Juanito, ya tenemos que llevarte a la clase (la Sra. Klinger sonríe y toma a Juanito de la mano). | |

## Ejercicios de comprensión

**A.** Escoja las frases de la Columna B que mejor combinen con las expresiones de la Columna A para describir a Juanito.

| Columna A | Columna B |
|---|---|
| 1. Siempre ha sido | controlarse. |
| 2. Es zurdo, es decir | se manifiesta en las rabietas. |
| 3. Le es difícil | infecciones del oído. |

| | | |
|---|---|---|
| 4. | Su falta de control | puede concentrarse. |
| 5. | Es posible que haya sufrido alguna | usa la mano izquierda. |
| 6. | Suele tener | atrasado en la lectura. |
| 7. | Anda distraído y no | muy inquieto. |
| 8. | Está | pérdida de audición. |

**B.** Complete las frases con la forma correcta de un verbo apropiado de la lista.

pegar                poner atención        gritar
averiguar          fijarse               distraerse
interrumpir

1. Los miembros del equipo de especialistas .................. cuáles son los problemas de Juanito.
2. La psicóloga .................. en los detalles que son fuera de lo común.
3. Según su madre, Juanito .................. fácilmente y frecuentemente no ..................
4. A veces Juanito .................. la conversación.
5. Su maestra dice que .................. a otros niños, y .................. cuando tiene rabia.

## *Ejercicios de análisis*

**A.** Responda a las siguientes preguntas basándose en la información contenida en el diálogo entre Juanito y la señora Klinger.

1. ¿Cuáles son las indicaciones de hipercinesis que se notan en Juanito Ramos?
2. ¿Qué problema puede resultar de las infecciones del oído?
3. ¿Qué le gusta comer a Juanito?
4. ¿Qué le gusta hacer a Juanito en la clase?
5. ¿Cómo va Juanito en aritmética? ¿Cómo está su nivel de lectura?
6. ¿Qué pruebas de coordinación física le hace la señora Klinger?
7. ¿Por qué le gusta a Juanito estar con ella?

## *Temas de conversación*

**A.** Juanito le dice varias cosas a la señora Klinger. Ahora Ud. es la experta en educación que la reemplaza. Responda a Juanito usando sus propias palabras.

*Juanito:*     ¿Y adónde vamos, Misi?
*Usted:*       …
*Juanito:*     ¡Qué bonito es su pelo! Me gusta el color rojo.
*Usted:*       …
*Juanito:*     ¡Cómo era? Ay, Misi, dígame otra vez.
*Usted:*       …
*Juanito:*     Ah, eso me gusta…los cuentos…
*Usted:*       …
*Juanito:*     Ay, Misi, yo nunca me acuerdo de nada…

|             |                                                              |
|-------------|--------------------------------------------------------------|
| *Usted:*    | …                                                            |
| *Juanito:*  | Estos son como juegos, ¿no?                                  |
| *Usted:*    | …                                                            |
| *Juanito:*  | Esto me gusta… ¿por qué no hacemos cosas así en la escuela?  |
| *Usted:*    | …                                                            |
| *Juanito:*  | Me gusta aprender así, cuando no hay tantos niños.           |

**B.** Converse con un compañero de clase sobre los recuerdos que tiene de sus experiencias en la escuela primaria. Utilice las siguientes preguntas como puntos de partida para el diálogo.

1. ¿Tuvo alguna vez experiencias similares a las de Juanito Ramos?
2. ¿Cómo se llevaba con sus profesores?
3. ¿Cuáles eran sus asignaturas favoritas?
4. ¿Qué recomendaciones le haría usted a un maestro de escuela primaria, según las experiencias que tuvo?

## Temas de composición

**A.** Con otra persona de la clase traduzca este diálogo entre la Sra. Molina y la Sra. Klinger.

| | |
|---|---|
| *J. Molina:*  | How did Juanito react to the tests? |
| *E. Klinger:* | Quite well, I would say. He certainly is a very friendly little fellow. |
| *J. Molina:*  | That's true. But did he get fidgety while he was taking them? |
| *E. Klinger:* | Yes, after a while he got restless and had a hard time sitting still. |
| *J. Molina:*  | But were you able to finish all the tests? |
| *E. Klinger:* | Yes, we managed. |
| *J. Molina:*  | I'll be interested in knowing the results. |
| *E. Klinger:* | So will I. |

**B.** La señora Klinger escribe un breve informe sobre el estado físico de Juanito. Escríbalo como si Ud. fuera la señora Klinger.

# CASO 4

# *Una entrevista con la psicóloga*

# Entrevista con la psicóloga

## Vocabulario útil

### SUSTANTIVOS

**el abandono**  abandonment
**el coraje**  anger; bravery, courage

### VERBOS

**alcanzar a + inf.**  to manage to
**guardar**  to keep; put away
**relacionarse**  to relate

### ADJETIVOS

**despierto/a**  alert, lively, clever
**exacto/a**  exact, accurate

### EXPRESIONES

**ahora mismo**  right now
**estar listo/a**  to be ready

**el mal de ojo**  evil eye
**le cuesta trabajo (concentrarse)**  it's difficult for him (to concentrate)
**llamar la atención**  to attract attention
**me toca (darle)**  it's my turn (to give him/her)
**el trastorno mental**  mental disorder

### VARIACIONES LINGÜÍSTICAS

**chévere**  great (Caribbean)
**pleygraun**  playground (Anglicism)

## Notas culturales

1. *Personal Space.*  The study of proxemics refers to perception and use of personal and interpersonal space. Hall (1966) has identified the following four interpersonal distance zones characteristic of Anglo culture: intimate, from contact to 18 inches; personal, from 1½ feet to 4 feet; social, from 4 feet to 12 feet; and public (lectures and speeches), that is, greater than 12 feet. However, different cultures dictate different distances in personal space. For Latin Americans, Africans, and Indonesians, conversing with a person dictates a much closer stance than normally comfortable for Anglos. A Latin American client may cause the counselor to back away. The client may interpret the counselor's behavior as indicative of aloofness, coldness, or a desire not to communicate. On the other hand, the counselor may misinterpret the client's behavior as an attempt to become inappropriately intimate or as being pushy. (Sue and Sue, 1977)

2. *Eye Contact.*  Another important aspect of nonverbal communication is the meaning ascribed to eye contact (gaze holding and directness). Knapp (1972) and Kendon (1967) found that Anglo-Americans rely heavily on eye contact as indicating whether a person is listening or tuned out.
   Among Mexican-Americans and the Japanese, avoidance of eye contact may be a sign of respect or deference. For the counselor to unknowingly ascribe to

them motives such as inattentiveness, rudeness, aggressiveness, shyness, or low intelligence is extremely hazardous. This warning is emphasized because mental health professionals often use eye contact as a diagnostic sign. (Sue and Sue, 1977)

3. *Conversation Conventions.* Jaramillo (1973) observes that Latin Americans never greet one another without some form of body contact. Padilla et al (1975) also find this to be true for American Latinos and recommend some form of body contact in greeting Chicano clients. (Sue and Sue, 1977)

4. *Examiner Ethnicity and Language.* Garcian and Zimmerman (1972) investigated the relationship of examiner ethnicity and language to the performance of bilingual Chicano children. Their findings were that children performed significantly better when the examiner was of the same ethnic background and spoke the same language as they did. (Ramírez, et al., 1978)

## La psicóloga y la experta en educación

*En la cafetería de la escuela, Carmen Suárez, psicóloga, habla con su colega Eva Klinger sobre el caso de Juanito. Durante la conversación hablan de las pruebas a las que someterán al niño, que serán: la prueba* Rorschach, *usada para medir los sentimientos° y conflictos de la persona; la prueba* WISC *(*Wechsler Intelligence Scale for Children*), que da un total del coeficiente intelectual (IQ, Intelligence Quotient). La prueba* WISC *se compone de dos subtotales, un coeficiente intelectual verbal y un coeficiente intelectual de actuación. La Dra. Suárez también piensa darle la prueba llamada* Peabody Picture Vocabulary Test, *la cual es un tipo de prueba de inteligencia basado en la habilidad del examinado en asociar y reconocer una palabra o concepto que se presenta en forma oral, con su representación pictórica. Por último, se menciona la prueba* Bender Gestalt *que es un examen de percepción visual. Al cliente se le pide que copie formas geométricas que son fáciles para una persona normal, pero una tarea imposible para gente con problemas neurológicos.*

° feelings

| | |
|---|---|
| C. Suárez: | Oye, Eva, ¿qué me puedes decir de Juanito Ramos? |
| E. Klinger: | Mira, Juanito es simpático y despierto. Tiene buena coordinación pero le cuesta trabajo concentrarse. Le tuve que llamar la atención varias veces. Pero casi no se quería ir. Me dijo que le gustaron mucho las pruebas. |
| C. Suárez: | ¡Ajá! |
| E. Klinger: | Creo que se trata de algo que hemos visto tantas veces; quieren mucha atención. |
| C. Suárez: | Sí, así es. |
| E. Klinger: | Y es algo nuevo que alguien les hable por tanto tiempo. |
| C. Suárez: | Verdad que sí. Pero mira, Eva, dime otra cosa, ¿te dio alguna explicación sobre el motivo de las rabietas? |
| E. Klinger: | Bueno, no exactamente. Me parece que se relacionan con la frustración que siente al no poder expresar su ira por el abandono de su padre. En la entrevista de Josie, la trabajadora social, creo que eso está bien claro. |

| | | | |
|---|---|---|---|
| 30 | C. Suárez: | Ajá. Pero óyeme, realmente hasta ahora no podemos descartar° la posibilidad de algún trastorno mental, ¿verdad? | rule out |
| | E. Klinger: | Claro, tienes razón. | |
| | C. Suárez: | Eva, me voy volando, me toca darle las pruebas ahora mismo. | |
| | E. Klinger: | ¿Y vas a poder darle el WISC también? | |
| 35 | C. Suárez: | Mira, Eva, ¿quién sabe? Todo depende del tiempo que me tome darle los otros. En todo caso le doy el Bender y si me alcanza° el tiempo el Rorschach o el WISC. O a lo mejor ambos. Bueno, te veo más tarde, me voy corriendo. | suffice |
| | E. Klinger: | Sí, Carmen, hasta más tarde. | |

## *La psicóloga y el niño*

*El segundo paso en el proceso de evaluación por parte de los miembros del Comité de Incapacitados consiste en la entrevista del niño con la psicóloga. La Dra. Carmen Suárez se encarga de la entrevista y de someter a Juanito a varias pruebas psicológicas.*

*La doctora Suárez va a la clase por Juanito Ramos, y lo lleva al salón que le han*
5 *asignado para darle las pruebas.*

| | | | |
|---|---|---|---|
| | C. Suárez: | Mira, Juanito, sé que ya has tomado varias pruebas, ¿verdad? | |
| | J. Ramos: | Ujú (sonriendo y mirando hacia abajo). | |
| | C. Suárez: | Pues mira, hoy primero vamos a hablar un poquito. Yo te quiero conocer un poco antes de darte las pruebas que creo te van a gustar. | |
| 10 | J. Ramos: | Ujú. | |
| | C. Suárez: | Bueno, Juanito, ¿qué cosas te gusta hacer? | |
| | J. Ramos: | (Sonriendo y sin mirar a la doctora) Yo no sé. | |
| | C. Suárez: | Niño, el ratón te comió la lengua°. Dime, ¿te gustan los deportes? | the cat's got your tongue |
| | J. Ramos: | (Empieza a moverse en la silla y a mover los pies) Sabe, a mí me gusta el béisbol… | |
| 15 | | | |
| | C. Suárez: | ¿Y tú lo juegas a veces? | |
| | J. Ramos: | Pero, no hay dónde. Bueno, los grandes juegan en el pleygraun de la escuela, pero allá no puedo ir yo. Con mi papá a veces iba. ¡Ay! eso era chévere cómo le daban duro°. La bola iba bien rápido…una vez fuimos a un parque bien grande y ahí jugamos. Eso me gustó. | they hit it hard |
| 20 | | | |
| | C. Suárez: | A mí también me gusta el béisbol. Y cuéntame una cosa, ¿qué te gusta hacer cuando llegas de la escuela? | |
| | J. Ramos: | Siempre llego con mucha hambre: entonces me gusta comer y entonces…entonces veo mis programas. | |
| 25 | C. Suárez: | Te gusta mucho la televisión, ¿verdad? Y ¿qué te gusta ver? | |
| | J. Ramos: | "Spiderman," los "Flintstones," los muñequitos°. | cartoons |
| | C. Suárez: | ¿Ves muchos programas? | |
| | J. Ramos: | Ujú, a mí me gustan. Bueno, a veces no miro pero es que la televisión siempre está prendida°. | turned on |
| 30 | C. Suárez: | Mira, Juanito, ¿y a veces tú juegas con otros nenes después de la escuela? | |
| | J. Ramos: | No, porque es que me quedo en casa con mami y la nena. | |

La figura del padre es importante en la educación de los hijos. ¿Defiende Ud. o rechaza la afirmación anterior? ¿Por qué?

| | | |
|---|---|---|
| C. Suárez: | Y los sábados y domingos, ¿qué haces generalmente? | |
| J. Ramos: | Pues, vamos a pasear y a hacer visitas, usted sabe.... Ah, y los domingos voy a misa° con mis primos. | mass |
| C. Suárez: | Muy bien, Juanito. Ahora te voy a dar papel y creyones para que te pongas a pintar. Te gusta eso, ¿verdad? | |
| J. Ramos: | Ujú. | |
| C. Suárez: | Mira, Juanito, te voy a pedir que pintes unas cosas. | |
| J. Ramos: | (Mirando los creyones) ¡Qué bonitos!... están nuevecitos. | |
| C. Suárez: | Mira, Juanito, a ver cómo tú pintas una persona. | |
| J. Ramos: | ¿Pero grande? | |
| C. Suárez: | Sí, grande está bien. (El niño hace un dibujo a toda página y se lo enseña a la psicóloga). | |
| J. Ramos: | ¿Y así está bien? | |
| C. Suárez: | Muchacho, tú vas a ser un artista. Ahora, ¿sabes qué? Me pintas una niña. | |
| J. Ramos: | Uy, no me está quedando° tan bonita. | coming out |
| C. Suárez: | Niño, ya hablas como un pintor. Muéstrame, a ver... mira, ¡qué bonita! Bueno, señor pintor, y ahora una casa. | |
| J. Ramos: | (Sonriendo) Como las de Puerto Rico, ¿verdad? | |
| C. Suárez: | Así está bien. Bueno, Juanito, y lo último es un árbol. Veo que realmente te gusta pintar. | |
| J. Ramos: | Ay, sí, en la casa yo pinto mucho. | |

| | | |
|---|---|---|
| 55 | C. Suárez: | Pues, ¿sabes qué? Ahora vas a pintar un poco más, pero va a ser algo diferente. Te voy a mostrar unos retratos y tú los vas a copiar lo mejor que puedas, ¡eh! |
| | J. Ramos: | Ujú, (Indicando que sí con la cabeza). |
| | C. Suárez: | Mira, fíjate bien, aquí está el primero, (saca la primera tarjeta del test Bender). |
| 60 | | |
| | J. Ramos: | Mire, lo copié exacto, ¿verdad? |
| | C. Suárez: | Pintas muy bien Juanito. Ahora también vas a copiar, pero va a ser de memoria. Te muestro una tarjeta, la miras por un rato y después yo la guardo y tú la pintas como te acuerdes. ¿Estás listo? |
| 65 | J. Ramos: | Ujú. (La Dra. Suárez le muestra una tarjeta al niño, pero éste, después de un tiempo, deja de prestar atención y se pone a° mirar alrededor de la habitación). |
| | C. Suárez: | Pero, niño, ¿qué es lo que tú haces? Tienes que mirar la tarjeta bien si la quieres copiar después, ¿no es verdad? |
| 70 | J. Ramos: | Ujú (mirando la tarjeta). Me gusta este juego. |
| | C. Suárez: | ¿Quieres ahora hacer otro? Mira, éste también es divertido. (La Dra. Suárez saca una tarjeta Rorschach y se la muestra). Ahora tú. Mira bien estos dibujos y me dices qué hay dibujado. |
| | J. Ramos: | Ujú (asintiendo con la cabeza). |
| 75 | C. Suárez: | Bueno, mira, aquí tienes el primero. |
| | J. Ramos: | Digo a qué se parece, ¿verdad? (La Dra. Suárez dice que sí con la cabeza). |

° begins to

¿Favoreció su escuela una educación creativa, científica o deportiva? ¿Cómo influyó su escuela elemental y secundaria en sus decisiones como adulto/a?

| | | |
|---|---|---|
| *J. Ramos:* | Uy, eso parece una nube°. | *cloud* |
| *C. Suárez:* | ¿Y éste? | |
| *J. Ramos:* | Ay, es como un río. | |
| *C. Suárez:* | ¿Y este otro? | |
| *J. Ramos:* | Uy, así es el mal de ojo. Ése no lo quiero mirar más. | |
| *C. Suárez:* | ¿Y aquí? | |
| *J. Ramos:* | ¡Qué feo! Es un animal. | |
| *C. Suárez:* | Bueno, Juanito, has trabajado muy bien (sonriéndole y pasándole la mano por el pelo). Ven, te llevo a la clase, y para que sigas pintando tan bonito quiero que te lleves estos creyones. | |
| *J. Ramos:* | ¿Y no me tiene que dar otra prueba? | |
| *C. Suárez:* | No, hoy ya hemos terminado. | |

## *Ejercicios de comprensión*

**A.** Según la información contenida en la entrevista entre la psicóloga y Juanito, responda a las siguientes preguntas.

1. ¿Cuáles son algunos de los problemas que Juanito tiene?
2. Según la psicóloga, ¿cuáles son las características de la personalidad de Juanito?
3. ¿Qué tiene que hacer Juanito durante las pruebas?
4. ¿Cómo sabemos que le cuesta trabajo concentrarse?
5. ¿Qué pruebas le da la psicóloga?
6. ¿Cómo se siente Juanito al hacer las pruebas?

**B.** Hay expresiones que usamos para llamar la atención, para indicar nuestro asentimiento (agreement), para pedir información, y para relacionar dos ideas. Escoja las expresiones de la lista que mejor completen las frases siguientes. Más de una expresión puede combinarse con cada frase.

1. Cuando quiero llamar la atención, empiezo la frase diciendo....
2. Cuando quiero indicar que estoy de acuerdo, digo....
3. Cuando quiero pedir información, digo....
4. Para relacionar dos ideas, uso la(s) expresión(es)....

| | | |
|---|---|---|
| además | cuéntame una cosa | pero, óyeme |
| ajá | dime | por otra parte |
| así es | fíjate bien | pues ¿sabes qué? |
| ¡ay! | mira | sabes |
| bueno | muy bien | verdad que sí |
| cuéntame | oye | |

**C.** Al volver a su clase, Juanito quiere explicarle en inglés a un compañero por qué ha estado ausente. Traduzca al español esta conversación entre Juanito y su amigo.

| | |
|---|---|
| *Chico:* | Where were you? |
| *Juanito:* | With Doctor Suárez in a special room. |
| *Chico:* | What did you do? |

| | |
|---|---|
| *Juanito:* | Oh, lots of things. We talked, I drew, she showed me pictures… |
| *Chico:* | What did you talk about? |
| *Juanito:* | Baseball, television, what I do… |
| *Chico:* | Was Doctor Suárez nice? |
| *Juanito:* | Oh, yes, she's very nice. |
| *Chico:* | Was it fun? |
| *Juanito:* | Yes, much more fun than this class. |
| *Chico:* | How come you get to go to the special room and we don't? |
| *Juanito:* | The doctor said she was giving me some tests. |
| *Chico:* | What kind of tests? |
| *Juanito:* | I don't know. |

## Ejercicios de análisis

**A.** Comente con la clase sus respuestas a las preguntas siguientes.

1. ¿Cree Ud. que está justificada la intervención del equipo de expertos en el caso de Juanito? ¿Por qué?
2. ¿En qué casos suele intervenir el equipo de expertos de una escuela?
3. ¿Se suelen aburrir y mostrar frustrados los niños demasiado inteligentes (gifted children)?
4. ¿Cree Ud. que Juanito pudiera ser un niño demasiado inteligente para su clase?
5. ¿Qué opina Ud. de las circunstancias en que se encuentra ahora Juanito? ¿Justifican esos cambios su comportamiento?
6. ¿Para qué cree Ud. que sirven las pruebas que le están haciendo al niño?

**B.** Diga si está de acuerdo o no con las siguientes opiniones sobre el caso de Juanito Ramos. Explique su respuesta.

1. La doctora Suárez no logró llevarse muy bien con Juanito.
2. El objetivo principal de las pruebas que hace Juanito es el de averiguar si es un niño con tendencias antisociales.
3. A Juanito parecen gustarle las pruebas porque son actividades diferentes a las que hace en la clase.

## Temas de conversación

**A.** Al principio de su entrevista con Juanito, a la doctora Suárez le cuesta trabajo conseguir respuestas a las preguntas que le hace. Después de un rato también le es difícil mantener la atención del chico. Haga el papel de la psicóloga y complete los siguientes diálogos tratando de estimular al niño para que responda a las preguntas.

| | |
|---|---|
| *Doctora:* | Bueno, Juanito, ¿qué cosas te gusta hacer? |
| | Juanito: Yo no sé. |
| *Doctora:* | … |
| *Doctora:* | Te gusta mucho la televisión, ¿verdad? Y ¿qué te gusta ver? |
| *Juanito:* | "Spiderman," los "Flintstones," los monitos… |
| *Doctora:* | … |

| | |
|---|---|
| *Doctora:* | Mira, Juanito, te voy a pedir que pintes unas cosas… |
| *Juanito:* | ¡Qué bonitos creyones! Y están nuevecitos… |
| *Doctora:* | … |
| *Doctora:* | Te muestro una tarjeta y la miras por un rato. Después yo la guardo y tú piensas cómo era y la pintas así. ¿Estás listo? |
| *Juanito:* | Ujú. |
| *Doctora:* | Muy bien. Acuérdate de mirarla bien… (de pronto Juanito deja de mirar la tarjeta, empieza a moverse y a mirar por el salón). |
| *Doctora:* | … |
| *Doctora:* | Bueno, Juanito, has trabajado muy bien. Ven, te llevo a la clase, y para que sigas pintando tan bonito quiero que te lleves estos creyones… |
| *Juanito:* | Y no me tiene que dar otra prueba, ¿verdad? |
| *Doctora:* | … |

**B.** Imagínese una reunión entre la Dra. Suárez y la madre de Juanito. La Sra. Ramos se encuentra algo nerviosa y desea saber cuál ha sido el resultado de las pruebas. Haga usted el papel de la doctora y trate de tranquilizarla, informándole que los resultados han sido positivos. Un compañero de clase debe hacer el papel de la Sra. Ramos.

| | |
|---|---|
| *Sra. Ramos:* | Mire doctora, espero que no haya salido nada malo en esos exámenes. |
| *Dra. Suárez:* | … |

## Temas de composición

Haciendo uso de la información en las *Notas Culturales*, escriba dos o tres párrafos en los que se hagan recomendaciones a una trabajadora social. Sugiera formas cómo deberían tratarse los clientes hispanos que llegan a su oficina para establecer buenas relaciones.

# CASO 5

# Cerrando el caso

# Cerrando el caso

## *Vocabulario útil*

### SUSTANTIVOS

**el ajuste**   adjustment
**la habilidad cognoscitiva**   cognitive skill
**la habilidad verbal**   verbal skill
**el historial**   history, record
**el informe**   report
**la meta**   goal, aim
**la ortografía**   spelling
**el resultado**   results, outcome, score

### VERBOS

**cumplir(se)**   to fulfill, to carry out
**medir**   to measure
**mejorar**   to improve
**seguir**   to follow; to continue
**seguir adelante**   to go forward
**volver a + inf.**   to (verb) again

### ADJETIVOS

**igual**   equal, the same

### EXPRESIONES

**estar de acuerdo**   to agree
**dejarse de esas cosas**   stop thinking like that
**menos mal**   thank goodness
**no hay problema**   no problem
**para eso están**   that's what they're here for
**ya sabe(s)**   you know

### VARIACIONES LINGÜÍSTICAS

**ajibararse**   to become shy, to feel self-conscious (P.R.)
**enredarse**   to become confused (P.R.)

## *Notas culturales*

**1.** The end part of many (Puerto Rican) conversations...end with smiles which often substitute for verbal expressions, particularly for "Thank you." In fact, the word "Thank you," which is ever-present in American speech, sounds terribly stand-offish, remote, and formal to Puerto Ricans. (Nine Curt, 1979)

**2.** The "compadrazgo" is the institution of "compadres" ("companion parents"), a network of ritual kinship whose members have a deep sense of obligation to each other for economic assistance, encouragement, support, and even personal correction. Sponsors of a child at baptism and confirmation assume the role of "padrinos" ("godparents") to the child and "compadres" to the parents. Witnesses at a marriage or close friends also assume this role. "Hijos de crianza" ("children of upbringing") is the cultural practice of assuming responsibility for a child, without the necessity of blood or even friendship ties, and raising this child as if it were one's own. There is no stigma attached to the parent for surrendering his child or to the child who is given up. This may be a permanent or temporary arrangement. (Mizio, 1974)

Cada experto/a en educación estudia un aspecto del desarrollo intelectual del niño o niña. ¿Quiénes son esos expertos? ¿Qué estudia cada uno?

## *En la sala de espera*

*Después de analizar los resultados de las pruebas que le hicieron a Juanito, el equipo de expertos se reúne con la Sra. Ramos para presentar sus recomendaciones. Mientras espera el comienzo de la conferencia, Lourdes Ramos habla con su comadre Nilda Colón.*

| | | |
|---|---|---|
| 5 L. Ramos: | Mira, Nilda, menos mal que estás aquí. No sabes lo nerviosa que estoy. Siempre me ajibaro tanto con toda esa gente, y quién sabe lo que me van a decir de ese nene. | |
| N. Colón: | Ven acá, Lourdes, déjate de esas cosas. Tú eres la madre y si tú no estás de acuerdo, pues no pueden hacer nada. Necesitan tu permiso para todo, ya te lo explicó la Misi Molina, ¿verdad que sí? | |
| L. Ramos: | Sí, muchacha, pero tú sabes uno se enreda° con todo esto. | gets confused |
| N. Colón: | Mira, yo me acuerdo cuando vine para la conferencia de Luisito. Yo ni sabía qué podía opinar ni nada. Pero la Misi Molina me explicó todo antes de comenzar y así, pues cuando no entendía, pues yo preguntaba. Pues para eso están, ¿no? para explicarle a uno. | |
| L. Ramos: | Ay, muchacha, verdad que sí. Pero óyeme, y ¿qué debo preguntar? | |
| N. Colón: | Mira, Lourdes, pregunta lo que tú quieras saber. Ya tú sabes, los resultados de las pruebas y qué recomiendan y todo eso… | |
| L. Ramos: | Ah, verdad. Oh, mira, ya parece que van a empezar. Mira, y también la Misi Lindsay, la maestra. Ay, Nilda, tú me ayudas, ¿verdad? | |
| N. Colón: | Sí, niña, no te dejes llevar° por esos nervios. Ya tú sabes, aquí estoy. | get carried away |

HISTORIA SOCIAL

Fecha de entrevista:   10|21|82|

Nombre del niño:   Juanito Ramos     Sexo: M    Edad: 6

Fecha de nacimiento:   7|4|76     Caso: 451

Dirección:   Calle 103  #9-21     Tel: 594-1048

Padres:   Nombre de la madre   Lourdes Ramos   Dirección: Calle 103  #9-21

　　　　　Nombre del padre   Jorge Díaz   Dirección: Ave. Cowper #52-65

　　　　　　　　　　　　　　　　　　　　　　　Tel:   454-1150

Razón para ser remitido:   Problemas de comportamiento en clase.

Escuela actual: JFK    grado 1     Distrito  4

　　　　　　　　　　　　　　　　　　　　Tel:   454-2974

Trabajadora del Bureau of Child Welfare:

　　Josefina Molina                    Tel:   454-1579

Miembros de la familia:

　　Lourdes Ramos - madre

　　Héctor Ramos - padrastro

　　Teresita - mediahermana

　　Soledad - prima


Historia de la escuela:

　　Pelea con sus compañeros y no participa en las actividades de clase

　　No presta atención

　　Atrasado en lectura

　　Le pegó a la maestra y a otros niños

　　Le cuesta trabajo controlarse

　　Hasta hace poco el niño se mostraba simpático y se llevaba bien con otros niños

## Las recomendaciones de la escuela

*La conferencia tiene lugar en una sala de clase de la escuela John F. Kennedy. A ella asisten los miembros del Comité para Incapacitados: Josefina Molina, trabajadora social; Eva Klinger, experta en educación; Carmen Suárez, psicóloga; y también Lourdes Ramos, madre de Juanito y Nilda Colón, su comadre.*

| | |
|---|---|
| J. Molina: | Muy buenas tardes a todos. Quiero agradecerles su asistencia a esta reunión que tiene el propósito° de comentar la evaluación de Juanito Ramos.... |
| | Señora Ramos, me alegro que haya podido venir. Doña Nilda, ¿vino Ud. a acompañarla? ¿Cómo está? Hace tiempo que no la veo. |
| N. Colón: | Muy bien, muy bien. Aquí, acompañando a mi comadre… |
| J. Molina: | Bueno, creo que debemos comenzar. Me parece que lo mejor sería seguir el mismo orden en que hemos hecho las entrevistas. Primero yo les haré un resumen del historial social, después vendrá Eva Klinger y finalmente la Dra. Suárez. |

*purpose* (line 6)

## La conferencia

*Josefina Molina, la trabajadora social, empieza la conferencia leyendo un resumen del historial social de Juanito Ramos.*

| | |
|---|---|
| J. Molina: | Me parece que a Juanito le cuesta trabajo controlarse y son frecuentes las rabietas. No presta atención en la clase, les pega a los otros niños y a la maestra y se ha atrasado en la lectura. La madre piensa que su hijo estaría mejor en una clase más pequeña. ¿Sigues tú, Eva? |
| E. Klinger: | Le di al niño pruebas de coordinación física, de audición, y otras para medir sus habilidades verbales y cognoscitivas. Juanito tiene buena coordinación y no tiene problemas serios de audición. Tiene habilidades verbales correspondientes a su edad, pero se ha atrasado en la lectura posiblemente debido a problemas de ajuste al medio° escolar y por razón de su bilingüismo. Trabajaría mejor en un medio más individualizado. |
| J. Molina: | Bueno, y ahora el informe de la psicóloga, la doctora Suárez. |
| C. Suárez: | El niño tomó las pruebas del Bender, Rorschach y otras proyectivas. Se mostró muy interesado en las pruebas y se esforzó° por cumplir las tareas. Noté cierto problema en el proceso mental para recibir, organizar y recordar información posiblemente debido a factores emocionales de ajuste personal. Expresó miedo a las clases grandes y preferencia por el trabajo individual. El niño necesita mejorar las relaciones con sus compañeros de clase y con los adultos. |
| J. Molina: | En vista del resultado de los informes y las entrevistas, recomendamos colocar° al niño en una clase más pequeña, en compañía de otros estudiantes que comparten los mismos problemas. |
| L. Ramos: | Bueno, y ¿qué servicios se le ofrecerán allá? |
| J. Molina: | Es una clase más pequeña, sólo hay de 12 a 15 niños, con un maestro experto en educación especial. Se le dedica más tiempo a cada niño en trabajo individual y en grupos pequeños. |

*environment* (line 11)

*made an effort* (line 16)

*to place* (line 23)

| | | |
|---|---|---|
| | L. Ramos: | Ya veo, allí recibe más atención. |
| 30 | J. Molina: | Sí, eso mismo. |
| | L. Ramos: | ¿Y lo ayudan con la lectura también? |
| | J. Molina: | Sí, ésa es una de las metas del plan educativo. |
| | L. Ramos: | Oh, ¡qué bien! |
| | N. Colón: | Y Juanito, ¿qué más va a aprender allí? |
| 35 | J. Molina: | Pues todo lo demás es lo mismo que ahora, aritmética, ortografía. Lo único es que aquí se hace con menos niños. |
| | L. Ramos: | ¿Y cuánto tiempo va a estar mi nene en esa clase? |
| | J. Molina: | El plan se hace por un año, y al cumplirse éste se vuelve a hacer una evaluación para saber cómo va el niño…si debe volver a la clase normal o continuar en la clase especial. |
| 40 | | |
| | L. Ramos: | Oh, ya veo (sonriendo). ¿Y lo van a ayudar a controlar esos ataques de rabia? |
| | J. Molina: | Sí, Juanito tendrá unas sesiones individuales con la doctora Suárez. |
| | L. Ramos: | Oh, ¡qué bien! Pero, óiganme, yo no quiero que el nene vaya a otra escuela. Eso no. Yo quiero que mi hijo se quede en esta escuela. |
| 45 | | |
| | J. Molina: | Señora, no hay problema, la clase es aquí mismo. No tiene que ir a otra escuela. |
| | L. Ramos: | Ah, entonces así está bien, ¿verdad, Nilda? |
| | N. Colón: | Ya lo creo, Lourdes, ya lo creo. |
| 50 | J. Molina: | Lo que necesitamos entonces, Señora Ramos, es su permiso para seguir adelante con el plan educativo de Juanito. Le mandaremos una copia del plan y si tiene alguna pregunta siempre me puede llamar. |

## *Ejercicios de comprensión*

**A.** Responda a las siguientes preguntas sobre lo que sucede en la conferencia del equipo de especialistas.

1. ¿Cómo se siente la madre de Juanito antes de comenzar la conferencia? ¿Por qué?
2. ¿Qué hace su comadre Nilda Colón?
3. ¿Cómo comienza la conferencia?
4. ¿Cuáles son algunas de las recomendaciones que hacen los especialistas?
5. ¿Qué le piden a la Sra. Ramos para poder implementar el plan educativo de Juanito?

**B.** La carta enviada por el Comité a la señora Ramos está escrita en inglés. Tradúzcala al español.

Dear Mrs. Ramos:

The Committee on the Handicapped of District #24 will meet on Tuesday, November 8th, 1982 to discuss the educational needs of your child. The meeting will be held at:

PS15 - SBST/COH - 60 Lane
City        State
Room 207 - at 1:00 p.m.

You may bring anyone you like with you to this meeting. If you are not able to attend, you may send any information or statement to the Committee in writing at the address listed above. A final recommendation will be mailed to you.

Sincerely,

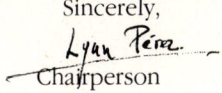

Chairperson

## *Ejercicios de análisis*

**A.** Haga un resumen de la evaluación hecha por los especialistas sobre el caso de Juanito Ramos. Refiérase a los siguientes puntos.

1. El ajuste social
2. La audición
3. La coordinación física
4. La concentración mental
5. Las habilidades verbales
6. Las habilidades cognoscitivas

## *Temas de conversación*

**A.** Como representante del equipo de especialistas, Ud. tiene que presentar los resultados de la evaluación a Lourdes Ramos. Otra persona hará el papel de Lourdes. Explíquele los resultados y preséntele las recomendaciones que el grupo de expertos tiene para su hijo.

*Representante:* Señora Ramos, hemos recomendado que su hijo estudie en otra clase.
*Sra. Ramos:* ¿En otra escuela?
*Representante:* …

**B.** Como ya hemos visto, hay una relación de mucha confianza entre Lourdes Ramos y su comadre, Nilda Colón. Con otra persona, imagínese la conversación entre las dos mujeres después de la conferencia.

*Lourdes:* ¡Ay, Nilda! Menos mal que estuviste conmigo.
*Nilda:* …

## *Temas de composición*

**A.** Como miembro del equipo de especialistas que estudia el caso de Juanito Ramos, complete la *Historia Social* que aparece en la página 46. Añada una sección titulada *Resultado de los exámenes y pruebas* y escriba sus conclusiones en un mínimo de cinco frases.

**B.** En dos o tres párrafos explique cuáles son sus opiniones personales sobre las recomendaciones del grupo de especialistas.

CUADRO 1

*Puerto Rico—U.S.A.*

# ¿Por qué vinieron?: Entrevistas con puertorriqueños de Nueva York

### ☐ *Héctor Vega*

Llegó en 1959, dueño de un restaurante en el barrio hispano de Harlem, 48 años.

"Mire, el día que yo llegué a esta ciudad tan fría y tan sucia, decidí esto no es pa'° mí, yo me regreso ya. Pero, sabe, mi primo, Manny, me lo tenía todo arreglao°. Él trabajaba de *busboy* en "Las noches tropicales", un restaurante, y había hablao° con su *boss*, y me tenía un puesto en la cocina. Además, no me quedaba ni un chavo°, me lo había gastao° todo en el pasaje°. Bueno, eso fue hace veinticinco años, y aquí me tiene todavía. Pero, sabe, a veces me pongo a pensar de mi pueblo y me duele aquí"... (señalándose al corazón).

*para*
*arreglado*
*hablado*
*cent*
*gastado/fare*

### ☐ *Aida Colón*

Llegó en 1969, costurera en Washington Heights, 55 años.

"Uy, eso fue hace tiempo. Es que primero vino mi tía Carmencita y su familia. Allá yo empecé a trabajar. Tengo buenas manos para esto. Mi tía me pidió porque aquí pagaban más y ella no quería que una muchachita como yo no viera más mundo. Bueno, ya me ve, soy operaria° y como puedo sacar las piezas bien seguiditas°, me gano mis buenos chavos".

*sewing machine operator/rapidly*

### ☐ *Jorge Luis Delgado*

Llegó en 1977, psiquiatra en Manhattan, 31 años.

"Al terminar mis estudios de medicina vine para seguir mi especialización en psiquiatría. Al principio me hallaba bien extraño° aquí, pero poco a poco he venido a gozar verdaderamente no sólo de las oportunidades profesionales que se me brindan° aquí, sino también de las actividades culturales y el ámbito° tan libre en el cual puede uno realizarse° aquí".

*felt very strange*
*offer*
*environment*
*fulfill*

### ☐ *Luis Dávila*

Llegó en 1983, desempleado en el Lower East Side de Manhattan, 23 años.

"Uno piensa que todo va a ser mejor aquí, que si se trabaja puede uno tener unos chavos. Pero qué va, llevo cinco meses buscando y nada. A veces consigo un trabajito por ahí, pero eso es apenas° para poder darle algo a mi hermana y cuñado° que me están ayudando. Yo no sé, aquí la situación está muy mala. Mejor me vuelvo pa' allá; por lo menos no se muere uno de frío".

*hardly/brother-in-law*

Los puertorriqueños contribuyen a la cultura del continente.

## ☐ *Julia Vázquez*

Llegó en 1962, profesora de español en Brooklyn, 26 años.

"Pues, yo tenía cuatro años cuando vine con mi mamá. Mi papá había venido unos años atrás, y mandó por nosotras cuando ya tenía un buen puesto guiando° un camión para una panadería. Eso sí, pan nunca nos faltó (se sonríe). Así que para mí no fue cosa de escoger; me trajeron y para mí la isla no es más que un recuerdo y un sitio a donde voy a visitar. Esto es *home*". *driving*

## Puerto Rico: La perla de las Antillas

Puerto Rico es la isla más pequeña de todas las Antillas Mayores, que incluyen Jamaica, Cuba, La República Dominicana y Haití. De oriente° a occidente° mide° aproximadamente cien millas, mientras que de norte a sur tiene sólo una extensión *east/west/measures*

de 30 millas. Su costa norte mira hacia el Océano Atlántico y la costa sur hacia el Mar
Caribe. La isla está situada a unas quinientas cincuenta millas al norte de Venezuela y a más de mil millas del continente. Por razones no solamente geográficas, sino también históricas y culturales, Puerto Rico se encuentra más cerca de los países latinoamericanos que de los Estados Unidos.

## ☐ Puerto Rico y España

Casi un siglo antes de la llegada de los colonizadores ingleses a Massachusetts, Juan Ponce de León fundó en 1510 la primera población de la isla llamada Caparra. Ponce de León, cuyo nombre será siempre asociado a la búsqueda° de la "Fuente° de la Juventud", había acompañado a Cristóbal Colón en su segunda expedición al Nuevo Mundo en 1493. El diecinueve de noviembre del mismo año llegaron a la isla de Borinquen, como la llamaban sus habitantes indios, los tainos. Colón le dio a la isla el nombre de San Juan, en honor de San Juan Bautista, pero años más tarde éste llegó a ser° el nombre de la capital, y a la isla se le llamó Puerto Rico por sus riquezas° en oro, frutas y especias°.

    *quest/fountain*

    *became/riches*
    *spices*

En la primera fase del período colonial de la isla, los españoles tomaron posesión de las tierras que pertenecían° a los indios tainos e implantaron el sistema de la encomienda. Según éste, a cada agricultor° español le era asignado un determinado número de indios, quienes trabajaban en los cultivos° como esclavos°. Cualquier intento de rebelión por parte de los tainos fue rápidamente contenido. Debido a° enfermedades y a los malos tratos° que recibían por parte de los colonizadores, la población indígena se fue reduciendo hasta que a mediados del siglo XVI había sido casi totalmente erradicada.

    *belonged*
    *farmer*
    *farms/slaves*
    *due to*
    *mistreatment*

En el período siguiente, Puerto Rico se convirtió en un centro militar y comercial de gran importancia estratégica para España. Pero en vista de que los habitantes de la isla sólo podían comerciar con la madre patria, surgió° el comercio clandestino, o el contrabando, que benefició a un sector muy pequeño de la población.

    *emerged*

La dominación española continuó hasta el siglo XIX, a pesar de° los muchos intentos por parte de los ingleses, holandeses y corsarios de apoderarse de° la isla. A comienzos de este siglo comenzaron a surgir por primera vez en la isla, voces de protesta en contra del régimen español.

    *despite*
    *to take over*

Las guerras de independencia en los Estados Unidos y en Latinoamérica, así como la revolución francesa y la rebelión de los esclavos de 1791 en Haití tuvieron su impacto en la isla. Tanto Puerto Rico como Cuba, por ser las últimas colonias españolas en ultramar°, se convirtieron en refugio para muchos españoles exiliados de los países latinoamericanos recién liberados. Al mismo tiempo, sin embargo, el fermento revolucionario sirvió de modelo para trabajadores, esclavos, comerciantes° y profesionales puertorriqueños quienes, cansados de la tiranía° española, querían la independencia de Puerto Rico. El más notable entre estos fue Ramón Emeterio Betances, conocido como el líder espiritual del movimiento pro-independentista y llamado "el padre de la patria".

    *overseas*

    *business people*
    *tyranny*

Betances, educado en Francia, quedó profundamente influído° por los ideales de la revolución francesa, al igual que Bolívar anteriormente. Al terminar sus estudios de medicina en París, regresó a Puerto Rico y dedicó sus esfuerzos° a combatir la epidemia de cólera que en 1855 había causado la muerte a más de 30.000 personas. Viajando por el país, llegó a conocer la ignorancia y la pobreza° en que vivía gran

    *influenced*

    *efforts*

    *poverty*

parte del pueblo. Decidió que el gobierno de la isla necesitaba un cambio fundamental para poder acabar° con esa miseria. Abogando° por la independencia y por la abolición de la esclavitud°, Betances se convirtió en° el líder ideológico del movimiento independentista. El gobierno español lo consideró su enemigo, y lo condenó al exilio en 1856. Desde la República Dominicana escribió el primer manifiesto independentista, "Los diez mandamientos° de la libertad", en los cuales se exigían° los derechos° civiles para los puertorriqueños y la abolición de la esclavitud. En 1868 llegó el momento que deseaban los patriotas. El 29 de septiembre, día de la fiesta de San Miguel, se organizó una insurrección pro-independentista. El comité revolucionario escogió° el pueblo de Lares, en el interior de la isla, como el lugar más estratégico para iniciar el ataque. Lares era una población° aislada°, sin buenas vías° de comunicación con la capital, lo cual demoraría° la llegada de tropas° españolas. Además, allí podrían contar con el apoyo° de los esclavos y de los campesinos que trabajaban en los cultivos de café.

*finish/advocating*
*slavery/became*

*commandments/ demanded/rights*

*chose*
*town/isolated/roads*
*would delay/troops*
*support*

Por toda la isla los patriotas se preparaban para lanzarse° a la lucha° revolucionaria. Desde el exilio en Santo Domingo, Betances había logrado° equipar un barco, "El Telégrafo", con quinientos rifles y seis cañones. Sólo se esperaba la señal° de ataque. Pero una semana antes de la fecha acordada°, las autoridades llegaron a tener conocimiento° de los planes para el levantamiento° y detuvieron a Betances en Santo Domingo. El barco y los armamentos fueron confiscados. Este duro revés° no paralizó al comité revolucionario que decidió atacar inmediatamente. El 23 de septiembre los patriotas, armados con machetes° y unas cuantas armas de fuego, cercaron° Lares y, después de una corta batalla°, tomaron el pueblo y formaron un gobierno provisional. Ese día se alzó° por primera vez la bandera° de un Puerto Rico independiente. Junto a la bandera se alzó también otra de color blanco con el lema° "Muerte o Libertad, Viva Puerto Rico Libre".

*to plunge into/ struggle*
*managed*
*signal*
*agreed upon*
*found out/uprising*
*setback*

*large knives/ surrounded*
*battle*
*was raised/flag*
*slogan*

Pero la libertad de Puerto Rico duró° un sólo día. A las 24 horas los españoles se apoderaron° de Lares y encarcelaron° a los insurgentes°, poniendo así fin a la rebelión.

*lasted*
*took over/jailed/ rebels*

☐ ☐ ☐

Eugenio María de Hostos fue otro luchador° incansable por la independencia de Puerto Rico. Abogado°, escritor, filósofo y pedagogo°, viajó por las Américas en busca de apoyo° para las aspiraciones de sus compatriotas y luchó enérgicamente en contra de la represión del colonialismo español.

*fighter*
*lawyer/educator*
*support*

Después de la derrota° de Lares, Hostos y otros patriotas puertorriqueños se refugiaron en Nueva York. Trabajaron con el líder independentista cubano, José Martí, para organizar la revolución cubana en 1895. Martí reconoció que las metas eran similares y que los cubanos y puertorriqueños debían unirse para lograr° la libertad de sus patrias.

*defeat*

*achieve*

Pero a pesar de los esfuerzos por parte de Hostos y otros patriotas, no había en Puerto Rico el apoyo necesario para otra insurrección armada. En vista de esto, los líderes puertorriqueños optaron por un compromiso: aceptar la autonomía bajo el protectorado español. Los puertorriqueños negociaron con España hasta conseguir la autonomía. Esto significó que los puertorriqueños tenían derecho a su propia ciudadanía°, y podían controlar sus relaciones comerciales y el presupuesto° gubernamental, aunque estaban obligados a servir en el ejército° español. Cuando apenas daba los primeros pasos el nuevo estado, estalló° en 1898 la guerra entre España y Estados Unidos con consecuencias nuevas para la historia de la isla.

*citizenship/budget*
*army*
*broke out*

MÉXICO, AMÉRICA CENTRAL Y LAS ANTILLAS

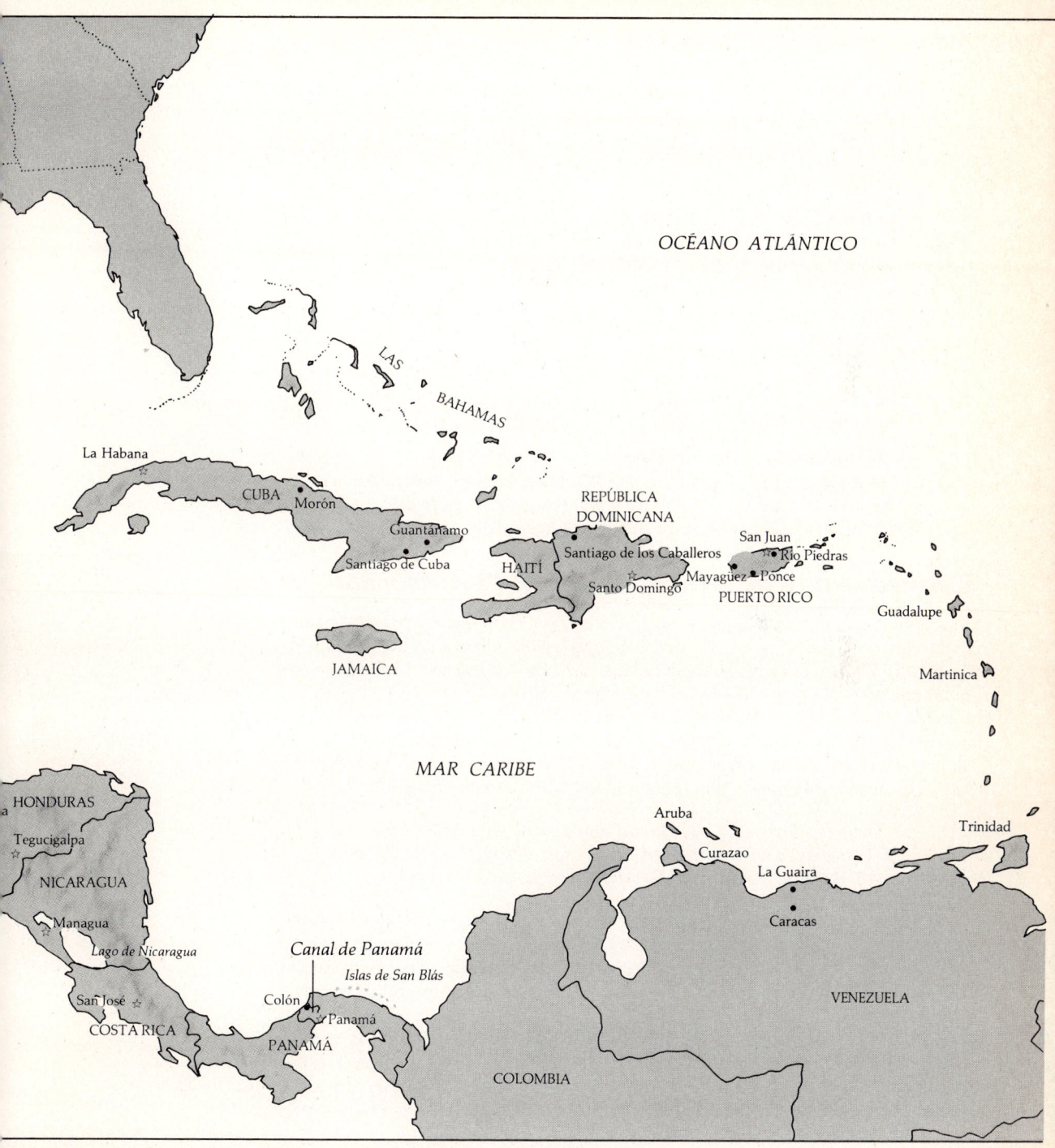

## Actividades de comprensión

**A.** Identifique los siguientes nombres y explique su significado en el contexto de la historia de Puerto Rico.

1. San Juan. ¿Qué lugar llevaba este nombre? ¿Qué lugar lleva este nombre hoy en día?
2. Borinquen. ¿Qué lugar llevaba este nombre? ¿Cómo se llama hoy día?
3. Juan Ponce de León. ¿Cómo figura en la historia de Puerto Rico?
4. Los taínos. ¿Quiénes eran?
5. Ramón Emeterio Betances. ¿Quién era? ¿Qué hizo?
6. Lares. ¿Qué pasó en esta ciudad?
7. Eugenio María de Hostos. ¿Quién era? ¿Qué papel tuvo en la historia de Puerto Rico?

**B.** Explique las semejanzas y las diferencias que hay entre la historia de Puerto Rico y la de los Estados Unidos con respecto a los siguientes factores:

1. Las relaciones con la madre patria.
2. Los motivos que llevaron a los patriotas a luchar por la independencia.
3. Puerto Rico y los Estados Unidos como refugio para exiliados.
4. Los resultados de las insurrecciones en Lares, Lexington y Concord.

## ☐ Antecedentes históricos del estado libre asociado

La infantería de marina estadounidense desembarcó el 25 de julio de 1898 en Guánica, Puerto Rico para participar en una de las últimas batallas de la guerra entre España y los Estados Unidos. La guerra se había declarado en abril de ese año, como reacción al hundimiento° del barco Maine en la bahía° de La Habana.   *sinking/bay*

Los Estados Unidos se encontraban en una etapa° de expansión y de crisis económica. Era muy popular entonces el concepto del destino manifiesto°, que hizo su primera aparición en el *Democratic Review* y en el *New York Morning News* en 1845. Un artículo escrito por John L. Sullivan lo expresó de esta manera:   *stage* / *Manifest Destiny*

> Our destiny [is] to overspread and possess the whole of the Continent which Providence has given us. (Pratt, J.W. "Origin of Manifest Destiny," American Historical Review, Vol. 32.)

Figuras tan notables como el senador Henry Cabot Lodge y Theodore Roosevelt apoyaban el concepto del destino manifiesto. Además, los Estados Unidos consideraban que Puerto Rico, por su posición geográfica, era el lugar estratégico para la construcción de una base naval norteamericana. Por otra parte, por su clima tropical, la isla era un sitio ideal para el desarrollo del turismo.

El primero de diciembre de 1898 los Estados Unidos y España firmaron el Tratado° de París. España cedió las Filipinas, Guam y Puerto Rico a los Estados Unidos al tiempo° que Cuba se convirtió en un protectorado estadounidense. A pesar del convenio° de autonomía entre España y Puerto Rico, no se consultó a ningún puertorriqueño sobre° el futuro político de la isla.   *treaty* / *at the same time* / *pact* / *about*

El Decreto Foraker de 1900 estableció en la isla un gobierno civil, en el cual el

Llegada de las tropas estadounidenses a Puerto Rico en 1912.

gobernador, el gabinete°, y la mitad del cuerpo legislativo eran nombrados por el presidente norteamericano. Los puertorriqueños tenían derecho a elegir° un representante ante el Congreso en Washington, pero éste sólo tenía voz, no voto. Nuevamente los puertorriqueños se encontraban en una posición ambigua: ni eran ciudadanos° de un país independiente, ni tenían los mismos derechos que los ciudadanos norteamericanos.

En 1917, un mes antes de comenzar la primera guerra mundial, los Estados Unidos otorgaron° el derecho a la ciudadanía estadounidense a los puertorriqueños. La posición estratégica de Puerto Rico era importante para la defensa del Caribe en un momento histórico en el que muchos barcos alemanes merodeaban° el Océano Atlántico. Por otra parte, los puertorriqueños no estaban contentos con la ambigüedad de su situación política y aspiraban a una mayor° autodeterminación. La concesión de ciudadanía, por lo tanto, fue una medida° para asegurarse la lealtad° de los puertorriqueños en la defensa del hemisferio.

El dos de marzo de 1917 el presidente Woodrow Wilson firmó el decreto Jones-

*cabinet*
*to elect*

*citizens*

*granted*

*roamed*

*greater*
*measure/loyalty*

Shaforth, concendiéndoles a los puertorriqueños la ciudadanía norteamericana, requiriéndoles el servicio militar y eximiéndoles° de pagar impuestos° federales. Al mismo tiempo adquirieron° el derecho de elegir representantes a ambas cámaras° del gobierno local, pero no podían votar en elecciones presidenciales o legislativas a menos° que residieran en el continente. Pero para muchos el deseo de independencia para su patria no había desvanecido. En 1930, Pedro Albizú Campos tomó la dirección del Partido Nacionalista Puertorriqueño en una campaña a favor de la independencia. Por estos actos se le condenó a quince años de cárcel en 1938 junto con otros miembros de su partido. A su regreso continuó apoyando la causa independentista. En 1950 es nuevamente encarcelado por haber promovido un levantamiento popular. Albizú Campos murió finalmente en 1965.

Luis Muñoz Marín, jefe del senado de la isla y líder del Partido Democrático Popular (conocido como "Los Populares") fue elegido primer gobernador puertorriqueño. Muñoz Marín y "Los Populares" se habían hecho famosos con su proclamación ¡"Jalda arriba"!, un llamamiento de protesta contra la pobreza y la injusticia social. Adoptando como símbolo el sombrero de paja° de los jíbaros° y usando el lema "Pan, Tierra y Libertad", Muñoz Marín se convirtió en el líder del Movimiento Autonomista que proponía establecer el Estado Libre Asociado (ELA). La aprobación del ELA le daría a la isla un gobierno autónomo, que le permitiría mantener la relación política con los EEUU.

El cuatro de julio de 1950, el presidente Harry S. Truman firmó el acta pública 600 que les permitió a los puertorriqueños elaborar una constitución que proclamaba a Puerto Rico Estado Libre Asociado. Los puertorriqueños aprobaron° la constitución del nuevo gobierno el 3 de marzo de 1952 con un voto de 374.000 a favor y 82.000 en contra. El nuevo gobierno garantizaba° la autonomía puertorriqueña en cuanto a° la enseñanza° y al nombramiento del gabinete y de los jueces°. El gobierno federal continuaría haciéndose cargo° de la defensa militar, de las relaciones exteriores° de los servicios postales° y aduaneros°.

## Actividades de comprensión

**A.** Complete las siguientes frases para dar una explicación breve de la historia de las relaciones entre Puerto Rico y los Estados Unidos.

1. El concepto del destino manifiesto propone la hegemonía de ...............
2. El Tratado de París fue firmado en ................... por España y ........... En ese tratado, España ....................
3. El Decreto Foraker de 1900 estableció en Puerto Rico un gobierno civil en el que se representaba a .................... a .................... También los puertorriqueños tendrían .................. en el Congreso de los Estados Unidos, pero su participación se limitaba a ....................
4. Con el decreto Jones-Shaforth de 1917 los puertorriqueños adquieren .................... y .................... Tenían que ...................., pero no podían .................... No tenían que ....................
5. El acta pública 600 de 1950 les permitió a los puertorriqueños ...............
6. La constitución puertorriqueña de 1952 garantizaba la autonomía de Puerto Rico en cuanto a .................. . El gobierno federal continuó a ....................

¿Cuáles son los objetivos del partido nacionalista puertorriqueño? ¿Qué opina Ud. de sus objetivos políticos?

## ☐ *Realidad política actual*

La situación política actual° entre Puerto Rico y los Estados Unidos es, para muchos, ambigua. Ciertos sectores de la sociedad puertorriqueña ven el Estado Libre Asociado como una situación de transición. El propio° Muñoz Marín, defensor de la creación de un estado libre asociado, reconoció que Puerto Rico había iniciado un proceso
5 político flexible, capaz° de evolucionar y desarrollarse. La dirección de este desarrollo y el futuro de la isla son los temas que dominan la política puertorriqueña a finales del siglo XX.

    Las dos fórmulas reconocidas como soluciones posibles para definir la identidad política de la isla son la independencia o la estadidad°. Estadidad significa la integración
10 política de Puerto Rico como estado de la Unión. Independencia significa separación de los Estados Unidos y autonomía. El Partido Independentista Puertorriqueño (PIP), el Movimiento Pro-Independencia (MPI) y el Partido Socialista, entre otros, apoyan la independencia para la isla. El Partido Nuevo Progresista (PNP) y el Partido Popular Democrático (PPD), están a favor de la estadidad. Pero tanto unos como otros° están
15 de acuerdo en que los puertorriqueños no disfrutan de° todos los derechos como ciudadanos norteamericanos y consideran que esta inferioridad política no debe continuar.

*present-day*

*same*

*capable*

*statehood (as used in Puerto Rico)*

*both groups*
*enjoy*

En las elecciones de 1980 un 94,54% de los votantes° apoyaron la continuación del estado libre asociado. Muchos puertorriqueños ven ventajas en la asociación con los EEUU, y no quieren romper esos lazos°. Aceptarían la independencia si los privilegios de que gozan—libre movimiento entre la isla y el continente y favorables acuerdos comerciales°—pudieran ser mantenidos. Si se optara por la independencia, se tendría que resolver también la cuestión de la ciudadanía de los casi dos millones de puertorriqueños que viven en el continente.

Y sin embargo, aunque hay más apoyo para la estadidad que para la independencia, varios factores económicos y culturales dificultan esta alternativa. Según la mayoría de los expertos, a menos de que se encuentren alternativas para los acuerdos económicos vigentes°, Puerto Rico no está preparado para asumir las responsabilidades de un estado. Hay que considerar también que la alta tasa de nacimiento° de la isla le aseguraría más votos en la cámara de representantes° a Puerto Rico que a veinte estados de la Unión. Por otra parte, la integración amenazaría° a la cultura y al idioma de los puertorriqueños al ser absorbidos en el proceso asimilativo necesario para participar en la vida nacional.

Pero la solución al problema de la identidad política puertorriqueña depende legalmente de la actitud que tomen tanto los Estados Unidos como los mismos puertorriqueños.

*voters*

*ties*

*marketing arrangements*

*existing*
*birth rate*
*House of Representatives*
*would threaten*

## Actividades de comprensión

**A.** Conteste a las preguntas siguientes.

1. ¿Cuáles son las ventajas de mantener las relaciones con los Estados Unidos? ¿Cuáles son los problemas que habría que resolver?
2. ¿Cuáles son las dificultades económicas que se presentan con la estadidad? Si Puerto Rico fuera un estado, ¿qué consecuencias tendría la alta tasa de nacimiento? ¿Cuáles serían las desventajas culturales?

**B.** Mesa redonda. Dividan la clase en tres grupos: un grupo se mostrará a favor del Estado Libre Asociado, otro grupo estará en pro de la independencia, y el tercer grupo defenderá la estadidad. Discutan las ventajas y desventajas de cada posición.

## ☐ *Realidad económica*

Desde la época de la colonia la economía de Puerto Rico estuvo basada en la extracción del oro. Al agotarse° los yacimientos° se sustituyó la minería° por el cultivo de la caña de azúcar°. El gobierno español también apoyó el desarrollo de pequeños cultivos° de café, maíz, plátano° y frutas que eran la base de subsistencia para una gran mayoría de la población.

En las últimas décadas del siglo XVI, debido a que° el transporte entre la isla y España era tan deficiente, disminuyó la producción de azúcar, y en su lugar adquirió importancia el cultivo del tabaco y del jengibre°. También aumentó la cría° de caballos y de ganado vacuno°.

La singular situación geográfica de la isla desempeñó° un papel° importante. Puerto Rico se transformó en aquella época en una fortaleza° y llegó a ser conocida

*exhausting/deposits/ mining*
*sugar cane/crops*
*plantains*

*due to the fact*

*ginger/raising*
*cattle*
*played/role*
*fortress*

¿Qué cultivos favoreció España en Puerto Rico? ¿Qué cultivo favorecieron los Estados Unidos en la isla? ¿Qué supuso este cambio para la economía puertorriqueña?

como "La Llave° de las Indias." La isla defendió la entrada al Caribe de los ataques de *key*
los corsarios al servicio de Inglaterra y Francia, enemigos de España. Años más tarde
los Estados Unidos también verían la importancia militar de la isla dada su posición
15 estratégica entre los dos continentes.

Bajo el control de los EEUU la agricultura puertorriqueña, basada en el minicultivo
español, se transforma en una economía agrícola° de producción masiva que *agricultural*
monopoliza el cultivo de la caña de azúcar. Como consecuencia, Puerto Rico se
convierte en un país que depende exclusivamente de la venta° de un sólo producto. *sale*
20 Los pequeños agricultores no podían competir con las grandes compañías norteame- *peasants; poor*
ricanas, y muchos jíbaros° se vieron obligados a abandonar sus cultivos para trabajar *farmers*
en los grandes ingenios° azucareros. Empieza así el decaimiento° de la vida rural, *plantations/decline*
pues ya el campesino no produce su propia comida, sino que depende del salario
que pueda ganar en los pocos meses de trabajo que ofrecen los ingenios. Disminuye
25 la producción de arroz, maíz y plátano y aumenta la tasa° de desempleo. Miles de *rate*
puertorriqueños se ven forzados° a trabajar con sueldos muy bajos. La situación *forced*
empeora° aún más debido a la depresión de la década de los años treinta, y a la *worsens*
desolación causada por los huracanes de 1928 y de 1932 que arrasaron° miles de *razed*
árboles cafeteros°, que ocasionaron daños° por más de 125 millones de dólares. *coffee bushes/caused damages*
30 Después de la segunda guerra mundial, después de que los Estados Unidos
construyó grandes bases aéreas en la isla, se concibió el programa de desarrollo,

*Operation Bootstrap*, o "Fomento," como se le conoció en Puerto Rico. Este programa se propuso° industrializar la isla y se dividió en dos fases°. La primera intentó fomentar° la construcción mediante° la creación de un núcleo de fábricas° de cemento, vidrio° y cartón°, y en la segunda etapa se quiso atraer° a industrias estadounidenses, ofreciéndoles incentivos como impuestos reducidos y una mano de obra° abundante y barata.

    Durante las décadas de los cincuenta y sesenta Puerto Rico se transformó de una isla rural en una industrializada. La industria de refinamiento de petróleo° reemplazó a la azucarera, señalando el hundimiento° definitivo de la agricultura. Por estas razones empezó una emigración masiva hacia los centros urbanos donde se encuentran las nuevas industrias.

    En esta época se empezó a explotar también la belleza° natural de la isla. Sus playas, una vegetación exuberante y su clima tropical habían sido admirados desde la época del descubrimiento, pero sólo fue en los años cuarenta cuando se empezaron a construir proyectos urbanísticos con el fin° de atraer turismo en gran escala° a la isla. La proximidad al continente y la facilidad para los norteamericanos de viajar a la isla sin visados ni pasaportes fueron factores importantes en el desarrollo de esta industria. En 1949 se inauguró el primer gran hotel de lujo°, el Caribe Hilton, y pronto el sector del Condado en San Juan se convirtió en el centro turístico de la isla. La nueva industria empleó a miles de puertorriqueños como oficinistas, criados°, meseros°, y botones°. Después de la revolución cubana, la industria tomó aún más auge°, porque Puerto Rico recibe ahora el turismo que antes iba a Cuba. A finales de los años sesenta los ingresos° del turismo llegaron a más de doscientos millones de dólares.

    La rápida industrialización y urbanización de la isla han tenido múltiples consecuencias. Por una parte, Puerto Rico se ha convertido en el país latinoamericano que goza de ingresos más altos per cápita. Pero si estos ingresos se comparan a los de otros estados de la Unión, resulta el más pobre. Por otra parte, aunque las nuevas industrias han ofrecido oportunidades de empleo a muchos puertorriqueños, la falta de entrenamiento° técnico y administrativo le ha cerrado las puertas a muchos otros, tanto en la industria petrolífera como en los centros turísticos. Puerto Rico hoy día tiene una tasa de desempleo que oscila entre el 30 y el 40 por ciento. Muchos de los desempleados° que llegaron a las ciudades procedentes del° campo no pueden encontrar trabajo en los centros urbanos. Ni pueden regresar al trabajo agrícola, que hoy en día ha desaparecido casi completamente.

    Muchos otros aspectos de la isla han sido afectados por esta transformación. Hay un grave problema de contaminación° del aire y del agua, que se hace evidente no sólo en los centros urbanos sino también en las zonas rurales donde la erosión causa la pérdida° de los bosques°. Los problemas del tráfico son cada día peores, debido a que hay un automóvil por cada 5 personas. Puerto Rico también se ha convertido en una sociedad consumidora°, en la cual la tasa adquisitiva° per cápita es mucho mayor° que la del Canadá, el principal comprador° de productos americanos. Hoy día, Puerto Rico importa la mayoría de sus comestibles°. En 1970 tuvieron que importar plátanos y en 1971 no había suficiente café para el consumo de la isla, situación que quedó grabada° para siempre en la siguiente frase popular:

> *Pronto tendremos que importarlo todo: piñas de Hawaii,*
> *mangos de Florida y puertorriqueños de Nueva York.*

    Por otra parte, sin embargo, ha habido adelantos° considerables en los servicios médicos y educativos. El analfabetismo° ha disminuido de un 31,5 por ciento en 1940

Estas niñas juegan en un parque de San Juan en Puerto Rico. ¿Qué problemas tendrán que afrontar en su madurez, en el año 2.000?

a menos de un 15 por ciento en 1970. El promedio de vida° aumentó° de cuarenta y seis años en 1940 a más de setenta años en la actualidad. *life expectancy/ increased*

El incremento del promedio de vida ha coincidido con un alza° en la tasa de nacimiento que alarma a los demógrafos. De 1950 a 1960 la población puertorriqueña aumentó un 15 por ciento, y se calcula que para el año 2.000 la actual población de tres millones se habrá duplicado. Si se tiene en cuenta° que Puerto Rico es uno de los lugares más densamente poblados del mundo, podemos comprender por qué los puertorriqueños dicen, haciendo uso del humor, que habría que hacerle otro piso° a la isla para acomodar a las futuras generaciones. *rise* *considering* *floor*

Todos estos factores, la transformación rural-urbana, la alta tasa de desempleo y el aumento de la población, son motivos del proceso de migración hacia el continente. Los pasajes° baratos y la falta de restricciones en los viajes de la isla al continente también facilitan esta migración. *fares*

## Actividades de comprensión

**A.** Escoja las tres palabras de cada grupo que puedan completar la frase apropiadamente.

1. Algunos productos agrícolas que se cultivan en Puerto Rico son ............, ............... y ...............
(la caña de azúcar; el oro; el plátano; el tabaco)

2. La industria turística emplea a muchos ................, ................
   y ................
   (jíbaros; botones; criados; meseros)
3. En los años recientes la producción agrícola de Puerto Rico ha, ............,
   o ha ................, o ha ................
   (bajado; declinado; disminuido; aumentado)
4. Algunos factores que afectan los ingresos de una persona son ............,
   ................ y ................
   (el desempleo; el analfabetismo; la producción; la población)

**B.** Describa brevemente la situación de Puerto Rico en cada una de las siguientes etapas económicas.

1. Bajo el dominio de España
2. Al pasar a los Estados Unidos
3. Con el programa "Operation Bootstrap" ("Fomento")
4. En el desarrollo del turismo
5. Con el desarrollo de la industria

**C.** Conteste a las preguntas siguientes.

1. ¿Cómo afecta a la isla el problema de la contaminación?
2. ¿Cuáles han sido los resultados de la "Operation Bootstrap"?
3. ¿Cuál es la relación actual entre la producción y el consumo en Puerto Rico?
4. ¿Cuáles son los factores que influyen en la migración de la isla al continente?

## ☐ *En las entrañas*

*No hay playas como las nuestras. Pero no se pueden comer.... La Estatua de la Libertad y el Empire son muy lindos, pero tampoco se pueden comer.*

*Harlem todos los días*, Emilio Díaz Valcárcel

Según los datos° más recientes hay 1,8 millones de puertorriqueños en el continente, y de ésos más de un millón viven en Nueva York. Esto quiere decir que una tercera parte de los puertorriqueños viven fuera de la isla. Hay más puertorriqueños en Nueva York que en San Juan, y la población puertorriqueña de ciudades como Hoboken, Chicago y Hartford sobrepasa° la de otras ciudades isleñas.

Como vimos anteriormente, el éxodo de la isla puede explicarse en parte por el desplazamiento° del campesino hacia los grandes centros urbanos en el proceso de industrialización. Los motivos principales de la migración puertorriqueña son la búsqueda de mejores empleos, el deseo de darles a sus hijos una mejor educación y, en consecuencia, asegurarse un mejor porvenir°.

El factor económico es el que más pesa° ya que, según las estadísticas, cuando hay trabajo en el continente aumenta la migración. En épocas° de depresión económica, como en la década de los años setenta, el movimiento es a la inversa, es decir, mayor número de puertorriqueños regresan a la isla que vienen al continente. No se puede olvidar, por supuesto, la importancia que ha tenido la proximidad al continente.

*figures*

*exceeds*

*displacement*

*future*
*weighs most heavily*
*periods*

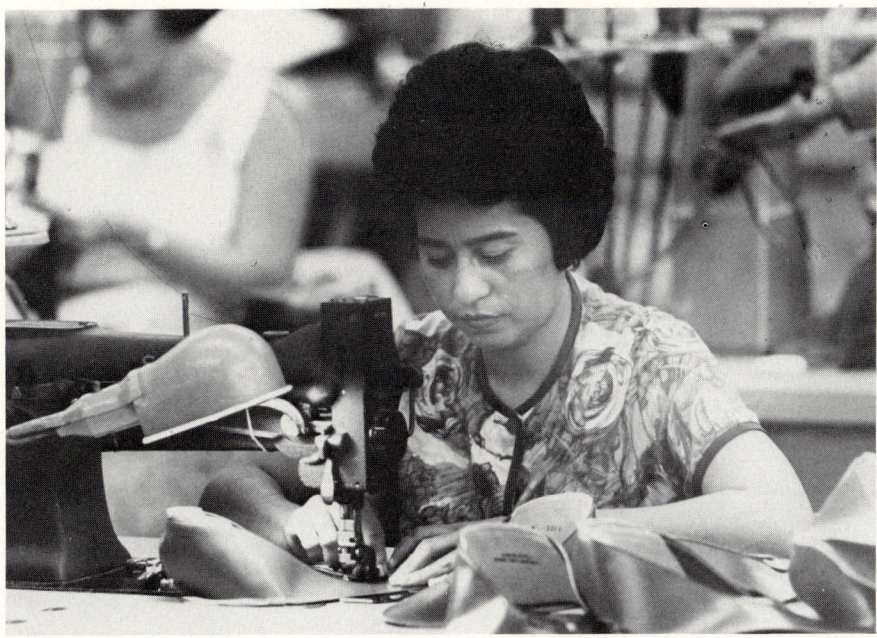

Esta mujer puertorriqueña trabaja en una fábrica de zapatos en Nueva York. Describa imaginativamente un día de su vida en N.Y.

Los puertorriqueños, en vista de los precios bajos de los pasajes aéreos y del hecho que pueden viajar sin pasaportes, van y vienen a Puerto Rico con mucha frecuencia. Precisamente es este constante ir y venir el que caracteriza la migración de la isla. Es frecuente que el puertorriqueño vaya a la isla para participar en las fiestas patronales°, para celebrar bodas matrimoniales o, inclusivo, para que sus hijos nazcan allí.

*saints' days*

Los puertorriqueños de los Estados Unidos hoy día representan a diferentes migraciones. Hay un grupo que emigró antes de 1940 que forma el estrato° del grupo más anciano° del país. El grupo más numeroso está formado por los emigrantes de la posguerra cuyos hijos han nacido en el continente. Éstos ya tienen sus propios hijos que representan la segunda generación puertorriqueña.

*stratum*
*oldest*

Actualmente°, una gran parte del grupo migratorio está compuesto por jóvenes de 15 a 24 años con un promedio° de educación muy bajo y sin preparación alguna para trabajos técnicos. Muchos no hablan inglés, lo cual dificulta más su adaptación a la vida en el continente. Tienen la tasa de desempleo más alta (11%); el ingreso medio° más bajo ($9.900); y el nivel° de enseñanza° más bajo, y por lo tanto son el grupo minoritario° que disfruta de menos ventajas en los EEUU.

*presently*
*average*

*average income/level/ education*
*minority*

Con un promedio de edad de diecinueve años, más de la mitad de los puertorriqueños en el continente son niños o adolescentes. Es un grupo, por lo tanto, que está creciendo muy rápidamente y que tendrá un impacto extraordinario en la economía y en la política de ciudades como Hoboken, Cleveland, Hartford, Chicago, Boston y Nueva York, centros de masiva población puertorriqueña.

Familia puertorriqueña en Nueva York.

⁴⁰ Aunque los problemas económicos pesan sobre los puertorriqueños, la comunidad le ha dado prioridad a la educación por existir un problema muy serio de abandono de los estudios° entre los jóvenes de catorce a diecisiete años. Existen asociaciones comunitarias y organizaciones cívicas y culturales que intentan motivar a los jóvenes para que continúen sus estudios. — *dropping out of school*

⁴⁵ También se ha hecho un gran esfuerzo para mejorar los servicios médicos en las localidades donde se concentra la población puertorriqueña. Las agencias sociales, escuelas e iglesias han creado muchos programas de orientación sobre los servicios médicos en los vecindarios° puertorriqueños. Se ha puesto un énfasis especial en combatir el problema de la narcomanía° entre los adolescentes. También ha habido ⁵⁰ campañas° para advertir° a los padres sobre los efectos del saturnismo°, una enfermedad común entre los niños que viven en edificios viejos. — *neighborhoods / drug addiction / campaigns / to warn / lead poisoning*

A diferencia de los Estados Unidos, las razas° india, negra y europea se han mezclado° en Puerto Rico con mayor frecuencia. No existe en la isla el estigma racial de la misma forma como lo encontramos en el continente. Muchos puertorriqueños, ⁵⁵ al llegar por primera vez a los Estados Unidos, se encuentran con actitudes discriminatorias por el color de su piel°. De esta manera, los puertorriqueños que vienen al — *races / mixed / skin*

Los grupos artísticos puertorriqueños como éste, el Teatro Rodante Puertorriqueño, presentan sus espectáculos tanto en inglés como en español. ¿Conoce Ud. a otros artistas bilingües?

continente se encuentran triplemente marginados: por la falta del inglés, su deficiente preparación y por su tipo racial.

En otros casos, la falta de inglés en los padres crea° una barrera° y una falta de equilibrio° en las relaciones entre padres e hijos. A medida que° los hijos empiezan a aprender inglés, los padres comienzan a depender de ellos en sus tratos° con entidades oficiales como hospitales, agencias sociales y estatales. Mientras más dependen del inglés de los hijos, más temen° que van a perder la autoridad y el respeto que se les debe° como padres. Esta brecha° se ha hecho más visible hoy día, particularmente entre los padres que han nacido en la isla y sus hijos que han nacido y se han criado° en el continente.

Esta segunda generación se ha denominado Nuyorican. No porque sean de Nueva York, aunque la mayoría vive allí, sino porque son nuevos puertorriqueños, hijos del continente. Estos hijos de puertorriqueños en muchos casos no conocen la isla ni hablan correctamente el español. Se expresan con más facilidad en inglés que en español. Pero mezclan palabras españolas en su inglés, y toman palabras inglesas y las españolizan. Este fenómeno lingüístico se conoce como Spanglish.

Sin embargo, a pesar de los obstáculos y las barreras que han encontrado, hay cada vez más puertorriqueños que desempeñan° un papel activo en la vida política, intelectual y artística del continente. En la política, Hermán Badillo y Robert García han representado a los puertorriqueños en el congreso. El alcalde° de Miami, una de las ciudades de más numerosa población hispana, es Maurice Ferré, un puertorriqueño. Joseph Monserrat se ha destacado° como jefe de la Junta de Educación de Nueva York y como director de la División de Migración del Estado Libre Asociado. Amalia V. Betanzos, activa en muchas organizaciones, sirvió como directora del Puerto Rican

*creates/barrier*
*imbalance/as*
*dealings*

*fear*
*owed/gap*
*raised*

*play*

*mayor*

*has stood out*

Development Project. La primera mujer admitida como miembro del cuerpo de bomberos° de Nueva York es la puertorriqueña, Zaida González. Hay también muchos eminentes académicos puertorriqueños como los hispanistas María Teresa Babín, Iris M. Zavala y Efraín Barradas, la historiadora Olga Jiménez de Wagenheim, y el sociólogo Lloyd S. Rogler. Puertorriqueños también son los actores José Ferrer, Rita Moreno, Raúl Julia y Miriam Colón, directora del Teatro Rodante° Puertorriqueño. Entre los escritores puertorriqueños en el continente se destacan Miguel Algarín, Clemente Soto Beles, Sandra María Esteves, Pedro Pietri, Tato Laviera, Víctor Fernández Cruz, Carmen Valle, Luz María Umpierre y Víctor Fernández Fragoso. En la música se han hecho célebres Tito Puente, José Feliciano, Eddie y Charlie Palmieri, y los ídolos de la juventud, Menudo. Conocidos por su trabajo en la televisión son Marife Hernández, del programa semanal° "The Puerto Rican New Yorker", y el abogado y reportero Geraldo Rivera.

*fire fighters*

*Traveling*

*weekly*

## *Actividades de comprensión*

**A.** Conteste a las preguntas siguientes.

1. ¿Cuáles son los factores que impulsan la migración desde Puerto Rico al continente?
2. ¿Cuáles son las características de la población puertorriqueña con respecto a los siguientes factores?
   a. la edad
   b. la educación
   c. la lengua
   d. el empleo
3. Según estas características, ¿qué papel desempeñarán los puertorriqueños en el futuro?
4. ¿Cuáles son algunos de los problemas urbanos que deben afrontar los puertorriqueños?
5. ¿Cuáles son los problemas familiares causados por la migración?
6. ¿Cuáles son las medidas que se han tomado para mejorar la situación o para combatir los problemas?

## Reflejos culturales

### ☐ *Lamento borincano,* por Rafael Hernández

Esta popular canción fue compuesta por el maestro Rafael Hernández, una de las figuras más importantes de la música contemporánea en Puerto Rico. La canción refleja la difícil situación económica por la que pasaba la isla durante el proceso de industrialización. El gobernador Muñoz Marín le pidió a Hernández que cambiara la letra°, para no exponer los problemas económicos puertorriqueños. Hernández rehusó° porque la canción expresaba su fervor patriótico, y no su crítica de la isla.

*lyrics*
*refused*

## LAMENTO BORINCANO

Sale, loco de contento°         *overjoyed*
con su cargamento° para la ciudad,     *load*
sí, para la ciudad.
Lleva en su pensamiento
todo un mundo lleno de felicidad
sí, de felicidad.

Piensa remediar la situación
del hogar que es toda su ilusión.
Alegre, el jibarito va, cantando así,
riendo así, diciendo así por el camino,
si yo vendo la carga, mi Dios querido
un traje a mi viejita° voy a compar.     *old lady, wife (slang)*

Pasa la mañana entera sin que nadie quiera
su carga comprar, ay, su carga comprar.
Todo, todo está desierto y el pueblo
está lleno de necesidad, ay, de necesidad.
Se oye este lamento por doquier°,     *everywhere*
en mi desdichada° Borinquen, sí.     *unfortunate*

Y triste el jibarito va, hablando así,
diciendo así, llorando así por el camino,
qué será de Borinquen mi Dios querido
qué será de mis hijos y de mi hogar.

Borinquen la tierra del Edén     *poeta romántico*
la que al cantar el gran Gautier°,     *puertorriqueño*
llamó la perla de los mares°,     *pearl of the sea*
ahora que tú te mueres con tus pesares°,     *sorrows*
déjame que te cante yo también,
yo también.

## Comprensión cultural

**A.** Conteste a las preguntas siguientes.

1. ¿Cuál es el sentimiento que se expresa en la primera estrofa de la canción?
2. En la segunda estrofa, ¿qué hace el jibarito?
3. "…nadie quiera su carga comprar." ¿Por qué?
4. ¿Cuáles eran las esperanzas del jibarito cuando iba al pueblo?
5. ¿Cuáles son las dos frases que describen a Puerto Rico en la canción?
6. ¿Cree que la letra de la canción puede aplicarse a la situación económica actual de Puerto Rico?

## ☐ *El negrito bonito, por Roy Brown*

Compuesta por Roy Brown, esta canción del disco "Viva Puerto Rico Libre" expresa la experiencia de muchos campesinos en sus migraciones dentro de la isla y hacia el continente.

### EL NEGRITO BONITO

El Negrito Bonito se va pa' San Juan,
Buscando trabajo, buscando más pan,
No sabe en serio qué va hacer,
Pero esto sí sabe, no va a volver
    A picar° la caña en la llamarada°,     *cut/blazing sun*
    Luchando con nada, sin saber porqué.

Acaba en Relincho buscando a Jacinto
Encuentra al compay° tirado° en la calle     *compañero/lying*
y hablándole de cosas que no se pueden ver,
Diciendo entre baba°, "No voy a volver     *slobber*
    A picar la caña…"

¿Qué típo de música asocia Ud. con la cultura puertorriqueña?

El Negrito Bonito no encuentra trabajo,
Está dolombrado°, se siente muy bajo.     *depressed*
Un tipo muy listo° le dice al bonito     *very clever guy*
Que allá en Nueva York, todo es mejor.
    No se pica caña, no hay llamarada
    No se lucha con nada, sin saber porqué.

El Negrito Bonito no encuentra abrigo.
Se siente acosado°, se muere de frío.     *pursued*
Allá en Nueva York, donde todo es mejor,
Se siente gimiendo°, "Fe estoy perdiendo     *moaning*
    Aunque no se pica caña…"

Acaba en Relincho El Negrito Bonito,
Buscando al compay, tirado en la calle,
Y hablándole de cosas que no se pueden ver,
Diciendo entre baba, "No voy a volver
    A picar la caña…"

## *Comprensión cultural*

**A.** Conteste a las preguntas siguientes.

1. ¿Por qué va El Negrito Bonito a San Juan?
2. ¿Qué encuentra en San Juan?
3. ¿Por qué se va a Nueva York?
4. ¿Qué encuentra en Nueva York?
5. ¿Qué hace El Negrito Bonito después de su experiencia en Nueva York?
6. ¿Cómo se relacionan estas dos canciones con los datos históricos presentados en el texto?

**B.** Contrastes culturales. Tradicionalmente la canción folklórica narra los sucesos que afectan al pueblo y expresa sus actitudes y sentimientos de una manera muy sencilla. ¿Conoce Ud. alguna canción folklórica norteamericana o de otra cultura que sea parecida a éstas dos? Cuéntela o cántela a la clase. Luego explique la historia de la canción.

## ☐ *Another poem for García Lorca,* por Noel Rico

En este poema el poeta puertorriqueño, Noel Rico, compara a Nueva York con la ciudad que describió el poeta español, Federico García Lorca, cuando éste vivió un año (1929-1930) en esta ciudad. Rico también se refiere a los símbolos que aparecen con frecuencia en la poesía de Lorca como la luna, los gitanos° y los caballos, y utiliza     *gypsies*
el estribillo° "A las cinco de la tarde" el cual, en el poema de Lorca "Llanto por     *refrain*
Ignacio Sánchez Mejías," es el momento que marca la muerte de un torero° valiente     *bullfighter*
en una corrida°.     *bullfight*

## ANOTHER POEM FOR GARCÍA LORCA

you found neither toreros
nor Andalusian ponies
in Nueva York, Poeta,
your moon followed you here
only to have its face
estrujada° por las                          *crumpled*
manos negras poured
into the air by smokestacks,
its brightness smudged
like glass with fingerprints
all over it, fue
un milagro° que no perdiste              *miracle*
el ritmo de tu España here
where the rhythms of many
are smashed out of shape
como huesos° entre dos martillos°      *bones/hammers*
running into one another,
Lorca aquí your "Verde que te quiero verde"
summons nothing to los ojos but
the rotten meat
sold to Puertorriqueños                 *mercado en la Calle*
in La Marketa°, Federico,                  *116, en Nueva*
Federico aquí                                 *York*
el gitano herido° es el boricua°,         *wounded/puertorri-*
la Jara° the artisans                        *queño*
of their sufrimiento not                  *cops (slang)*
la Guardia Civil Española,
oye esto Lorca
aquí en el Lower East Side
a las cinco de la tarde
mataron un dealer por vender baby
powder en vez de la verdadera° cosa     *real*
aquí a las cinco de la tarde              *drug addict/injects/*
un tecato° se puya° a estupor goteando°      *dripping*
de la punta° de su aguja°                *tip/needle*
aquí a las cinco de la tarde
dos jóvenes sniff glue en la esquina
de la Avenida A y la Calle Seis
aquí a las cinco de la tarde
la muerte ha acabado de arrojar°        *throwing*
su sombra° sobre el barrio rodeando°   *shadow/surrounding*
todo lo que está a su alcance°           *within its reach*
aquí a las cinco de la tarde
sus alientos° agarraron° a todo          *breaths/grabbed*
el mundo como la tinta° agarra un pañuelo blanco   *ink*
García Lorca aquí a las cinco

de la tarde la muerte como en España habla
el mismo lenguaje: Español / Spanish, pero con
un poquito de Inglés / but with a little bit of English.

## Comprensión cultural

**A.** En el poema, Noel Rico se refiere a los símbolos, las metáforas y a otros aspectos de la poesía de García Lorca, pero les da otro significado. Explique lo que significan los siguientes términos que aparecen en el poema.

   a. la luna
   b. el ritmo
   c. el gitano
   d. la sombra
   e. "A las cinco de la tarde"

**B.** Haga una lista de adjetivos para describir la actitud del poeta y el contenido del poema.
   MODELO:   *enojado*
             *desilusionado*

**C.** Escriba un poema que describa a su ciudad, incorporando la frase "A las cinco de la tarde".

## ☐ *Rubbish,* por Luz María Umpierre

Nació en San Juan y vino al continente en 1974. Actualmente es profesora de literatura caribeña en la Universidad de Rutgers. Sus poemas se han publicado en *Revista Chicano-Riqueña, Taller Literario,* y *Bilingual Review*. Tiene dos libros de poesía: *Una puertorriqueña en Penna,* y *En el país de las maravillas°*.  	*wonders*

### RUBBISH

| | | |
|---|---|---|
| Vivo en el país de los amaestrados° | | *tame; trained* |
|    I beg your pardon, excuse me, I'm sorry | | *single file/bus (PR)/* |
| Fila india° para coger la guagua° | pisotón° | *step on someone's* |
|    I beg your pardon | | *foot* |
| Ir por la calle siempre a la derecha | encontronazo° | *collision* |
|    Excuse me | | |
| Hablar siempre en voz baja | ¡CARAJO°! | *damn!* |
|    I'm sorry | | |
| No dejar que un papelito se te caiga en la acera° | FLOP | *sidewalk* |
|    Excuse me | | |
| Coger un número y esperar | ¡Colao! | |
|    I beg your pardon | ¡Déjalo ahí | |
| Estacionar° a quince pies, ni uno menos, del fire-hydrant | al frente! | *to park* |

Twelve inches from the curve
    Excuse me
Caminar siempre de prisa
    I'm sorry
        I b-e-g yul paldon, escuismi
        am sorri pero yo soy latina
        y no sopolto° su RUBBISH.

¡Párate en la curvita!
¡Acángana!

° soporto

## Comprensión cultural

**A.** Según la poeta, ¿cómo se comportan los estadounidenses en las siguientes situaciones?

1. Cuando tienen que tomar el autobús . . . . . . . . . . . . . . . . . .
2. Cuando andan por la calle . . . . . . . . . . . . . . . . .
3. Cuando hablan . . . . . . . . . . . . . . . . .
4. Cuando dejan caer algo en la calle . . . . . . . . . . . . . . . . . .
5. Cuando estacionan el coche . . . . . . . . . . . . . . . . .
6. Cuando caminan . . . . . . . . . . . . . . . . .
7. Cuando pisan a una persona o chocan . . . . . . . . . . . . . . . . . .

**B.** La poeta dice "Vivo en el país de los amaestrados". Exprese su acuerdo o desacuerdo con esa frase y justifique su respuesta con un ejemplo.

**C.** ¿Qué significa el título del poema?

Mural al este de Los Ángeles. La afirmación de una identidad.

## UNIDAD II

# *Los adolescentes*

CASO 6

# El proyecto "Impacto"

# El proyecto "Impacto"

## Vocabulario útil

### SUSTANTIVOS

**el/la agente judicial de vigilancia**  probation officer
**el caso**  case
**el/la juez**  judge
**la juventud**  youth
**la libertad condicional**  probation
**el/la menor**  minor (person), juvenile
**el tratamiento**  treatment
**el tribunal**  court

### VERBOS

**estar a cargo de**  to be in charge of
**platicar**  to chat, talk

### ADJETIVOS

**encargado/a (de)**  in charge (of)

### VARIACIONES LINGÜÍSTICAS

**ándale**  so long; hurry up (MA=Mexican-American)
**el bato**  guy (MA)
**la corte**  court
**estar muy padre**  it's great (MA)
**la jura**  law; police (MA)
**la ley**  police (MA)
**muy de aquellos**  out of sight (MA)
**nomás**  right away; only, just (MA)
**el pichón**  pushover, easy mark (MA)
**la Raza**  the Race (term used by Chicanos to identify themselves as a group)
**rifa (adj.)**  the best (MA)
**simón**  sure (MA)
**suave**  great, fine
**testiar**  to test (MA)

## Notas culturales

Among Hispanics there is a large differential in the probability of going on probation associated with whether or not the offense is drug related. Thus, in the case of Puerto Ricans, the probability of the non-drug offender being placed on probation is higher than for other Hispanics (though other Hispanics also evidence a similar relationship) while the nature of the offense makes little difference to the control group. Hispanic offenders are more likely to go on probation if they have not committed a drug related offense; this is particularly and significantly true of Puerto Ricans. (Sissons, 1979)

## El proyecto "Impacto"

Para ayudar a la juventud de La Raza, se creó° el proyecto Impacto en una ciudad del suroeste donde el número de chicanos asciende a casi el cincuenta por ciento de la población total. Impacto es un programa diseñado° para jóvenes de 11 a 19 años que han sido enviados por las escuelas, agencias sociales, o los tribunales de menores°. El personal de Impacto consiste en un médico, un psicólogo (que es a la vez agente judicial de vigilancia), dos trabajadores sociales, y varios instructores del

°was created

°designed

°juvenile courts

Barrio Logan, San Diego, California. La comunidad hispana ayuda a sus miembros, integrándolos en proyectos que reafirmen su identidad.

programa de recreo. Estos profesionales prestan servicios médicos y ofrecen terapia individual y de grupo a los jóvenes participantes.

Pete Estrada, de quince años, fue enviado a Impacto por el juez del tribunal de menores como uno de los requisitos de la libertad condicional que le fue concedida. El psicólogo y agente judicial de vigilancia, el Dr. Juan Segura, está a cargo del caso de Pete.

| | |
|---|---|
| J. Segura: | Ah, Pete, eres tú. Sí, sí, entra y siéntate ahí nomás. (Pete Estrada ha llegado temprano a su cita. Mira al suelo y se muestra muy callado). Bueno, pues, ya que estás aquí vamos a platicar un poco, ¿no? |
| P. Estrada: | Mire doctor, nomás estoy aquí porque la corte me mandó. Yo no hice nada que no hacen todos. Mire, así es en el barrio. Todos los batos, todo el *gang*, se ponen a testiar a la ley. Eso no es nada nuevo. |
| J. Segura: | Pete, mira, si sigues así vas derecho para la cárcel°.   *prison, jail* |
| P. Estrada: | A mí la jura no me asusta. |
| J. Segura: | Esto me preocupa, Pete, y te voy a decir que yo lo he visto, la penitencia° no es ningún pichón. Y lo peor son ésos que vas a   *jail* |

conocer ahí. Ésos son unos tiburones° que se devoran al que entra y  °sharks
después, ni los huesitos quedan°. Pero dejemos eso ahora. Quiero  °not even the bones
hablarte de la decisión del juez, sobre tu libertad condicional y de lo  remain
que la corte espera de ti.

P. Estrada: Esa corte es como la penitencia. Todo es contra uno. Uno no puede hablar ni nada.

J. Segura: Muy bien, Pete, vamos a hablar claro aquí. La cosa es que el juez te puso en libertad condicional y esto quiere decir algo muy específico. Mira, estás en un programa de tratamiento bajo la supervisión del agente judicial de vigilancia: ése soy yo. Te la dieron por tres años, lo que quiere decir que durante ese período estarás bajo mi supervisión. La sentencia puede ser reducida si el agente lo recomienda, pero esto depende del comportamiento y la actitud del individuo. Así que empezando la semana que viene nos vamos a reunir todas las semanas aquí.

P. Estrada: ¡Supervisión! ¿Qué es eso?

J. Segura: Mira, Pete, quiere decir que yo tengo que saber cómo vas en la escuela, en la casa y en el trabajo. Es decir, me tienes que mantener informado sobre tus actividades. Si hay algún problema tengo que informar al juez; pero el agente no sólo hace eso sino que también puede ayudar con otras cosas. Si tienes algún problema en la casa o la escuela, podemos platicar. Yo estoy encargado de tu caso y así que vamos a trabajar juntos. Esto de la supervisión quiere decir también que yo voy a hablar con tus maestros, con los de tu casa y con otros para saber cómo vas. Quiero que lo sepas ya y por eso te lo digo. No te voy a espiar° pero eso es parte de la libertad condicional.   °to spy upon

P. Estrada: Ajá.

J. Segura: Tal vez quieras saber algo de *Impacto*. Aquí es donde nos vamos a reunir todas las semanas y donde vendrás después de la escuela.

P. Estrada: Es como un club, ¿no?

J. Segura: Sí, para ti y para los otros jóvenes del barrio tenemos deportes, clases de música, dibujo°, *video-tape*, computadoras. También hay bailes, °drawing
películas...

P. Estrada: ¿Y karate?

J. Segura: Sí, tres veces por semana; también hay judo, tai chi y aikido.

P. Estrada: ¡Eso está muy padre!

J. Segura: Mira, estos folletos° describen los programas deportivos que   °pamphlets
ofrecemos. Aquí hablan del karate. Ven, te quiero mostrar los diferentes salones y que vayas conociendo lo que hay aquí.

P. Estrada: ¡Muy de aquéllas!

J. Segura: Quiero advertirte que las citas nuestras van a ser los jueves a las cuatro aquí mismo, todas las semanas.

P. Estrada: ¿Y el karate?

J. Segura: No hay problema. Hay clases los lunes, miércoles y viernes. Bueno, Pete, entonces recuerda que el próximo jueves a las cuatro nos vemos. Pero, mira, yo estoy aquí todos los días si me quieres ver. Aunque sea sólo para saludar, si no estoy ocupado podemos platicar un poco.

P. Estrada: Simón.

J. Segura: Entonces...

Estos jóvenes construyen una cerca para un parque en la comunidad hispana en San Francisco, durante un campamento de verano. ¿Cree que estos campamentos debieran ser fomentados (*promoted*) entre los jóvenes?. ¿Por qué?

| | | |
|---|---|---|
| P. Estrada: | Eh, eh, y esas pláticas, pos° ¿de qué vamos a hablar? | pues |
| J. Segura: | Pues, de lo que piensas y de lo que pasó. | |
| P. Estrada: | Ah, así nomás. | |
| 75 J. Segura: | Sí, platicando. Pero ven, vamos a ver los salones. | |
| P. Estrada: | Eh, eh, mire… | |
| J. Segura: | Sí, Pete. | |
| P. Estrada: | Mire, es que…¿le puedo decir por su nombre? | |
| J. Segura: | Claro, Pete, me parece muy bien. | |
| 80 P. Estrada: | Sabe, yo no quería venir a esto, pero, mire, esto es muy rifa y usted Juan, también es de San Antó°, ¿verdad? | San Antonio |
| J. Segura: | Sí, tenemos mucho de que hablar. Ándale, Pete. | |
| P. Estrada: | Sí, mano, suave. | |

## Ejercicios de comprensión

**A.** Complete los espacios en blanco con palabras tomadas del Vocabulario útil.

Juan Segura es un .................. que trabaja con la .................. del barrio. También hace .................. Tiene un nuevo .................., el de Pete Estrada. Como Pete tiene menos de 18 años, es un .................. Por eso, el doctor Segura ........................... él. El caso de Pete fue referido a Juan por el ................. El .................. le impuso a Pete tres años de libertad condicional.

**B.** Cada mes Juan Segura tiene que enviar un informe sobre Pete al tribunal de menores. Tradúzcalo al español.

> Pete Estrada is supposed to see me for counseling and supervision once a week. The first time I spoke with him he was intransigent and aggressive. The second week he did not come to our meeting. Therefore, I have only seen him twice since our first interview. He is beginning to understand the terms of probation and to take an interest in the activities of *Impact*, especially in the karate classes.

## *Ejercicios de análisis*

**A.** Analice el caso de Pete Estrada respondiendo a las siguientes preguntas.

1. ¿En qué consiste el proyecto *Impacto*?
2. ¿Conoce usted un programa parecido?
3. ¿Cuáles son las responsabilidades del Dr. Juan Segura en el caso de Pete?
4. En su opinión, ¿cómo reacciona Pete a las instrucciones del agente judicial?
5. ¿Por qué se siente atraído Pete al proyecto *Impacto*?

## *Temas de conversación*

**A.** Supongamos que la conversación que el Dr. Segura y Pete tienen al principio de este caso toma otro rumbo (*goes in another direction*) y que Pete se muestra intransigente. Con un/a compañero/a de clase, hagan los papeles del Dr. Segura y Pete y completen el siguiente diálogo.

*Dr. Segura:* Mira, Pete, esto de la supervisión quiere decir también que yo voy a platicar con tus maestros, con los de tu casa y con otros para saber cómo vas. Quiero que lo sepas ya y por eso te lo digo: no te voy a espiar, pero todo esto es parte de la libertad condicional.
*Pete:* ¿Y eso es no espiar? ¡Es como estar en la cárcel!
*Dr. Segura:* Escúchame bien, Pete.
*Pete:* ¿Y si no me da la gana? (*don't feel like it*)
*Dr. Segura:* …

**B.** El jueves Pete no cumplió su cita con el Dr. Segura. Pero una semana más tarde llegó a las cuatro en punto. Con un/a compañero/a de clase, hagan los papeles del Dr. Segura y Pete y completen el siguiente diálogo.

*Dr. Segura:* Pete, ya pensaba ir a tu casa…
*Pete:* Pos, no vine la semana pasada porque…

*Dr. Segura:* Pero yo te había dicho que…
*Pete:* ¿Y qué me puede pasar si no vengo?
*Dr. Segura:* …

## Temas de composición

**A.** Escriba un breve ensayo sobre las sugerencias que usted propondría para solucionar el problema de la delincuencia juvenil.

**B.** La semana que Pete faltó a su entrevista, el Dr. Juan Segura le escribió una carta avisándole de su obligación de presentarse a las citas. Escriba la carta como si Ud. fuera el agente judicial.

Querido Pete:

Te escribo para…

# CASO 7

# *El abandono de estudios*

# El abandono de estudios

## Vocabulario útil

### SUSTANTIVOS

**la beca**  *scholarship*
**el/la compañero/a**  *companion, friend, classmate*
**la destreza**  *skill*
**la mente**  *mind*
**la meta**  *goal*
**el propósito**  *aim, purpose*
**la voluntad**  *will, willpower*

### VERBOS

**abandonar**  *to abandon, leave*
**aprobar**  *to pass (a course or law)*
**compartir**  *to share*
**dirigir**  *to address; to direct*
**proponer**  *to propose*
**triunfar**  *to triumph, win*

### ADJETIVOS

**agradecido/a**  *grateful*
**verdadero/a**  *true, real*

### EXPRESIONES

**el abandono de estudios**  *dropping out of school*
**correr por su cuenta**  *to be the responsibility of*
**sacar una nota**  *to get a grade*

## Notas culturales

1. In 1980 approximately 26.7 percent of the students enrolled in the nation's public elementary and secondary schools were minorities. As mentioned previously, blacks, Chicanos, Native Americans, and Puerto Ricans have a much higher high school non-completion rate than whites and leave school earlier. By age 14 or 15, 8 percent of Hispanics have dropped out of school, despite mandatory education laws, and 2.5 percent of 14 to 15-year old blacks and 1.7 percent of whites are not enrolled in school. In 1981, school enrollment among Hispanics was 83 percent for 16 and 17-year olds compared to 91 percent for blacks and whites. Only 38 percent were enrolled at ages 18 and 19, in contrast to roughly 50 percent for blacks and whites. Some 36 percent of Hispanics aged 18 and 19 were not enrolled in school and were also not high school graduates; i.e., they were dropouts. This was more than double the figure for whites of that age (16 percent) and almost double that of blacks (19 percent). (Minorities in Higher Education, 1983)

2. Latino children often have their first significant interaction with Anglo culture in the public schools. The fact that this experience is seldom a positive or productive one is documented by the past and present high drop-out rates of Puerto Rican and Mexican-American youth in the United States. According to Vega and Valle (1980), the schools' failure to understand and involve the Spanish-speaking family interferes with academic attainment. They also fail to understand the importance of linking the educational experience to existing Latino cultural values and strengths. Latino

La familia hispana valora y fomenta la educación de sus jóvenes.

families seldom perceive the school and other institutions as agencies that belong to them and to their children. On the contrary, their involvement is frequently discouraged. (Andrade, 1983)

## *El abandono de estudios*

El proyecto Amanecer° tiene el propósito de ofrecer terapia de grupo a los adolescentes hispanos que tengan problemas médicos y emocionales, o que hayan abandonado sus estudios. Dos trabajadores sociales dirigen el grupo, integrado por° doce jóvenes que se reúnen todas las semanas en el centro La Familia.

*dawn*

*made up of*

⁵     Nellie Morales y Frank Díaz, directores del grupo, organizan un programa especial para celebrar el Día de la Raza°.

*celebrated on October 12th*

| | |
|---|---|
| N. Morales: | Frank, ¿te acuerdas de la película que proyectamos en New Jersey, la que les mostramos a los presos° de la cárcel estatal? |
| F. Díaz: | Sí, me acuerdo muy bien. Era sobre un delincuente que llega a ser abogado. |
| N. Morales: | Pues estaba pensando que si tuvimos una reacción tan buena, tal vez podríamos hacer algo similar con los muchachos. Presentarles un modelo positivo que les sirva de ejemplo. |
| F. Díaz: | Me parece buena la idea. Ésa es la base del concepto de la imitación en el proceso educativo. ¿En qué estabas pensando? |

*prisoners*

| | | |
|---|---|---|
| N. Morales: | Yo creo que en vez de una película deberíamos invitar a una persona muy especial, a alguien cuyas experiencias les sirvan de modelo. | |
| F. Díaz: | Ya veo lo que propones. Pero, ¿tienes a alguien en mente? | |
| N. Morales: | Esa parte corre de mi cuenta. Yo me encargaré de encontrarla. | |
| F. Díaz: | Muy bien, te ayudo en lo que necesites. | |
| N. Morales: | Está bien. | |

(Una semana más tarde el grupo se encuentra reunido durante los festejos° del Día de la Raza). — *celebration*

N. Morales: Bueno, ésta es una noche muy especial. Quiero presentarles a una compañera que compartirá con nosotros algunas de sus experiencias. Es una historia que me ha servido de inspiración y creo que les servirá a ustedes también. Ángela Esparza, ingeniera, profesora, y miembro del Comité Legislativo en Washington, D.C., es un verdadero ejemplo para toda la juventud hispana. Tengo mucho gusto en presentarles a una hija de la Raza, Ángela Esparza.

A. Esparza: Estoy muy agradecida por esta invitación que me han hecho. Para mí significa algo muy especial estar aquí. Como dijo Nellie, soy de la Raza y mi vida comenzó no muy lejos de aquí. Mi familia era pobre; lo más importante para ellos era conseguir el pan de cada día. Realmente no había mucho tiempo para pensar en la importancia de la escuela, y para mí como mujer, pues aún menos. En la casa hablábamos español y por eso la entrada a la escuela no fue nada fácil. No sabía nada de inglés, no entendía nada. Mi padre lo hablaba un poco, pero no lo había aprendido en la escuela. Mi madre no sabía más que unas palabritas pues en la colonia° no tenía necesidad. La escuela me causaba pánico. No podía hacerme entender en inglés y nos prohibían que habláramos en español. Pero los problemas grandes comenzaron cuando llegué a High School. En el segundo año me rajaron° en todo: F en todos los cursos y perdí las esperanzas. Cuando cumplí los 17 me salí de la escuela. — *community* / *flunked*

A los 18 me casé y pronto tuve un niño. A los 19, ya estaba divorciada, una historia como tantas otras, ¿no····? Tenía que ganar dinero pero sin ninguna destreza no podía conseguir un empleo. Terminé el High School y después, como que se me despertó° algo en mí, una sed° de saber y decidí trabajar durante el día en una oficina y estudiar por la noche en uno de los *community colleges*. No fue nada fácil pero hice un pacto conmigo misma, o sacaba buenas notas o abandonaba los estudios. Saqué notas tan buenas que me nombraron al *Dean's List*. Pero lo más importante es que aprendí el secreto. Ya sabía cómo triunfar y lo básico era la VOLUNTAD. Yo me podía hacer mi propio futuro, dependía de mi voluntad, y esto me dio fuerza. — *awakened* / *thirst*

Después continué en el programa graduado con una beca y más adelante hice las prácticas en Washington. Pero ya es hora de que pueda usar lo que aprendí para ayudar a mi propia gente. Por eso regreso en enero para trabajar con el gobierno de la ciudad.

Y cuando Nellie me invitó, sabía que sería una oportunidad muy especial para mí hablar sobre mi propia vida y decirles que, aunque el camino parece imposible, SÍ, SE PUEDE TRIUNFAR.

Estas mujeres hispanas, graduadas de U.C.L.A., y alguna ya Dra. en psicología, son un ejemplo vigoroso y feliz para su raza.

## Ejercicios de comprensión

**A.** Busque los sinónimos adecuados para cada palabra.

    beca                          meta
    compañero            voluntad
    destreza                propósito

1. .................. aptitud, capacidad, habilidad
2. .................. camarada, colega, amigo
3. .................. término, final, objetivo
4. .................. determinación, intención, fuerza
5. .................. ayuda, honor, reconocimiento
6. .................. gana, deseo, intención

**B.** Complete el párrafo con la forma correcta del verbo apropiado.

    abandonar          correr             sacar
    aprobar              dirigir             triunfar
    compartir

      Es muy importante no .................. sus estudios porque la única forma de .................. es por medio de la educación. Por eso quiero

.................... con Uds. mi propia experiencia. Escuchen a los consejeros que .................... al proyecto *Amanecer*, traten de .................... buenas notas, no se desanimen si no .................... un curso. Acuérdense de que su futuro .................... por su cuenta.

**C.** El siguiente caso se publicó en un periódico de Boston. Tradúzcalo al español para los estudiantes del proyecto *Amanecer*.

> Manuel Rivera is a high school drop-out. Rivera, who is 17, left school after the eighth grade. He has lived in New York, Puerto Rico and Boston. He speaks English and Spanish, but he fell behind in reading and writing while in school. He has looked for work but has found nothing because he has no special skills. Now he is studying for his high school equivalency exam at *La Alianza Hispana*, a community agency in Boston.
>
> "Traveling made me leave school. Every time I got to a new school, I couldn't adapt so I got angry," he said. "I want to go to college because I want to have a better life. And I'm going to make it!"

## *Ejercicios de análisis*

**A.** Analice el programa del proyecto *Amanecer* respondiendo a las siguientes preguntas.

1. ¿Cuál es el propósito principal del proyecto?
2. ¿Qué objetivo tiene la charla que presenta Ángela Esparza a los jóvenes?
3. ¿Cuáles son algunos de los motivos por los cuales los jóvenes abandonan sus estudios?
4. ¿Por qué es tan importante la educación en el éxito personal de un individuo?
5. Según Ángela Esparza, ¿qué cualidades hay que tener para triunfar?

## *Temas de conversación*

**A.** Con un/a compañero/a de clase haga una entrevista periodística en la que usted hace el papel de periodista y su compañero/a el de Ángela. Represente la entrevista en frente de la clase.

**B.** Imagínese que un/a compañero/a de clase quiere abandonar la escuela. Converse con él o ella para tratar de disuadirlo/a.

*Compañero/a:* Estoy cansado/a de tanto estudiar y estudiar. No veo ningún propósito en esto. Me voy de viaje la próxima semana...
*Usted:* ¿Pero cómo vas a hacer eso? ...

## *Temas de composición*

**A.** ¿Conoce Ud. a una persona que ha triunfado a pesar de muchas dificultades? ¿Ha leído Ud. una biografía de una persona que haya sobresalido en su vida? Escriba un resumen sobre la vida de esta persona.

**B.** Busque en la guía de teléfonos de su ciudad, pregunte a sus profesores, investigue en la biblioteca o averigüe en su ciudad si existen proyectos como *Amanecer* en su comunidad.

1. Si existen, pídales información y presente a la clase los resultados de su investigación.
2. Si no existen, presente a su clase un informe sobre lo que Ud. hizo para obtener esa información.

# CASO 8

# *Ni de aquí ni de allá*

# Ni de aquí ni de allá

## Vocabulario útil

### SUSTANTIVOS

**la brecha**  gap
**la costumbre**  custom

### VERBOS

**crecer**  to grow
**emborracharse**  to get drunk
**pertenecer**  to belong
**recoger**  to pick up
**suceder**  to happen, occur

### ADJETIVOS Y ADVERBIOS

**aún (adv.)**  even, yet, still
**minoritario/a**  minority

### EXPRESIONES

**a fondo**  in depth
**a la vuelta**  around the corner
**al frente**  in front
**darse cuenta de**  to realize, notice
**dar pena**  to feel embarrassed, hurt
**el modo de ser**  way of being
**ni a la una ni a la otra**  to neither one nor the other
**tener confianza**  to have confidence

### VARIACIONES LINGÜÍSTICAS

**el acabóse**  end (Regionalism)
**la barra**  bar (Anglicism)

## Notas culturales

1. The Hispanic woman is introduced to the role expectations of women by observing the behavior of her mother. In Hispanic culture, the mother holds the highest respect. The Hispanic mother models behaviors that define her role as focused around the denial of all her needs and the absolute pursuit of the satisfaction of everyone else. The female is expected to be submissive in relation to the male. She is protected by the males in her family and is expected to be pure and held in high esteem by the extended family and the community. (Carrillo, 1982)

2. Premarital chastity is the zenith of feminine virtue. The norm of premarital virginity prevails, although its enforcement may prove more difficult today than in the past. Thus the behavior and character of the contemporary Chicana, like that of her ancient forebears, is circumscribed by role expectations which limit her activities to the domestic sphere. (Mirandé and Enríquez, 1979)

3. Rogg and Cooney (1980) studied the adaptation and adjustment of Cubans in West New York, New Jersey. Their findings show that the primary group interaction with relatives, although still an important feature of Cuban life in that city, is declining. (Andrade, 1983)

## Ni de aquí ni de allá

*En la oficina de la consejera de estudiantes minoritarios de un pequeño* college *en Florida, Haydé Sánchez, consejera, habla con tres estudiantes, Beatriz Caro, Miriam Martínez y Nayda Guzmán. Dos son cubanas y una es chicana.*

| | | |
|---|---|---|
| B. Caro: | Mira chica, yo prefiero quedarme en el colegio. Aquí puedo salir sola y decidir qué quiero hacer. | |
| N. Guzmán: | Entiendo lo que dices. Yo, hasta° en vacaciones quiero quedarme aquí. | even |
| B. Caro: | Es que vuelvo a mi casa y no se dan cuenta que ya soy grande. Mami quiere que le pida permiso para salir. | |
| N. Guzmán: | Además no se descansa. A mí me toca ayudarle a mami, y empiezan mis hermanos, que si quieren un vaso de agua…que si les plancho° una camisa. Ellos no hacen nada en la casa y a mí me toca recoger el reguero° que ellos forman. | iron<br><br>mess |
| M. Martínez: | La otra cosa es que empiezan con las averiguaciones°: ¿que adónde voy?, ¿con quién?, ¿a qué hora? Y lo peor es que toda mi familia vive en la misma cuadra. Mi tía vive al frente, mi abuela del otro lado, mi tío a la vuelta de la esquina… | checking up |
| B. Caro: | Todo el mundo sabe lo que uno hace o deja de hacer… | |
| M. Martínez: | Lo peor para mí es que cuando salgo, mami no se acuesta hasta que yo vuelva. Se queda sentada en la sala esperando. | |
| B. Caro: | ¡Ay! Mi mamá es lo mismo y lo que más vergüenza° me da es cuando abre la puerta en bata de casa°. ¡Qué pena me da! | shame<br>bathrobe |
| Consejera: | Es difícil para los padres darse cuenta de que sus hijos han crecido. | |
| N. Guzmán: | Es que no tienen confianza en uno. | |
| B. Caro: | ¡Tienen una malicia! Siempre piensan lo peor. | |
| Consejera: | ¿Qué es lo peor que puede suceder? | |
| Todas en coro: | Perder la virginidad. ¡Uy! | |
| B. Caro: | ¡Mi hijita! Eso sí es el acabóse! | |
| M. Martínez: | ¡Dios! Crece uno con todos esos cuentos de fruta manoseada°. | spoiled fruit |
| Consejera: | Bueno, y ¿cómo hablan Uds. de estas cosas con sus amigos de aquí? ¿Qué dicen ellos de sus costumbres? | |
| B. Caro: | Vive uno al margen de las dos culturas. Para mí es muy difícil. | |
| N. Guzmán: | Ve uno cosas que hacen las americanas aquí en el *college* y algunas de ésas fueron un choque° para mí. | shock |
| M. Martínez: | Van a las barras…no sé…. Una mujer decente no va a las barras; así me enseñaron… | |
| B. Caro: | ¡Y se emborrachan! Los jueves por la noche es *drinking night*. Es algo que todavía me cuesta trabajo aceptar. | |
| N. Guzmán: | También, no les importa salir una noche con uno y otra con otro. | |
| Consejera: | Bueno, creo que hay mucho aquí que debemos tratar más a fondo. Creo que ustedes generalizan demasiado. | |
| M. Martínez: | Es un conflicto porque en nuestras familias existe todo un mundo, las costumbres, el modo de ser, y en la sociedad americana todo es diferente. | |

Irma es chicana, vive en Santa Mónica, California, estudia en U.C.L.A. y quiere ser abogada. Irma se identifica con la cultura mexicana y la de los Estados Unidos. Ella dice que es de aquí y de allá.

45 *B. Caro:* Yo me siento como si no perteneciera ni a una cultura ni a la otra.
*Consejera:* Creo que me gustaría seguir esta conversación. Pero la próxima vez me gustaría tener aquí a alguna de sus compañeras anglas. Para comprenderse mutuamente lo mejor es el diálogo.

## Ejercicios de comprensión

**A.** Responda a las siguientes preguntas sobre la reunión de las estudiantes con la consejera de estudiantes minoritarios.

1. ¿Cuáles son algunos de los problemas que tiene Beatriz con sus padres?
2. ¿Qué es "el acabóse"?
3. ¿Qué opinan las chicas sobre las costumbres estadounidenses? ¿Las aceptan?
4. ¿Cuál es la posición de la consejera?
5. ¿Piensa usted que se encontraron soluciones durante la reunión?

**B.** Dividan la clase en grupos de cuatro personas. Repártanse los papeles del diálogo siguiente: un padre, una madre, el profesor y el/la traductor/a. Este último hará la traducción para todos.

*Profesor:* Oh, so you are Beatriz' parents. I'm delighted to meet you.
*Mamá:* Tenemos mucho gusto en conocerlo a Ud., profesor. Nuestra hija nos ha hablado mucho de Ud.

| | |
|---|---|
| *Profesor:* | Well, I'd like you to know that your daughter is a very fine biology student. Is she planning to do graduate work in biology or to go on to medical school? |
| *Papá:* | Todavía no hemos pensado mucho en ese asunto. Esperamos que Beatriz se case y que tenga hijos. |
| *Profesor:* | Oh, I'm sure that eventually she will get married, but she also has some very fine career options ahead of her. |
| *Mamá:* | Es muy lindo tener una carrera, pero una mujer también necesita tener una familia. |
| *Profesor:* | Oh, Beatriz is a very intelligent and capable young woman. I'm sure she could manage to do both if she wants to. |
| *Papá:* | Vamos a ver. Una cosa a la vez. |

## *Ejercicios de análisis*

**A.** Analice los siguientes fragmentos del caso, indicando si la situación suya es similar o diferente.

1. "Prefiero quedarme en el colegio. Es que aquí puedo salir y decidir yo misma lo que quiero hacer".
2. "Es que vuelvo a casa y no se dan cuenta que ya soy grande. Mami quiere que siempre le pida permiso para salir".
3. "Y no descanso nada: mis hermanos me piden un vaso de agua, que les planche la camisa y ellos no hacen nada en la casa y a mí me toca recoger el reguero que ellos hacen".
4. "La otra cosa es que empiezan con las preguntas: ¿adónde voy?, ¿con quién?, ¿a qué hora?…"
5. "Lo peor para mí es que cuando salgo, mami no se acuesta hasta que yo regrese. Se queda sentada en la sala esperando que yo regrese".
6. "Siempre piensan lo peor".

## *Temas de conversación*

**A.** En la próxima reunión de las chicas con la consejera, se continúa hablando de los conflictos generacionales y de las diferencias culturales entre las costumbres hispanas y las estadounidenses. Reúnase con un grupo de compañeros/as de clase y representen el diálogo. Haga usted el papel del consejero/a.

**B.** Forme un grupo con tres o cuatro estudiantes para conversar sobre los siguientes comentarios.

1. Los grupos minoritarios deben asimilarse por completo a la cultura del país donde viven.
2. Los estudiantes trabajan mucho y tienen derecho a ir a las barras de vez en cuando.
3. La mayoría de los padres hispanos rehusan comprender los conflictos de sus hijos, causados por las diferencias entre su cultura y la de los Estados Unidos.

## Temas de composición

**A.** Haciendo el papel de una de las chicas del grupo, escríbales una carta a sus padres explicándoles por qué asiste a una universidad que está fuera de la comunidad donde viven ellos. Explique que usted quiere conocer nuevos horizontes y aprender a vivir independientemente.

## CUADRO 2

# *Hacia el Aztlán*

## ¿Y usted es chicano?

### ☐ Frank González
Nació en California, profesor de escuela en Los Ángeles, 44 años.

"Bueno, en cierto sentido sí. Soy miembro de la Raza, he apoyado a Chávez. Pero mire, yo nací aquí en los Estados Unidos. Soy americano, pero mis padres nacieron en México, en Sonora°, así que soy ambas cosas". — *un estado de México*

### ☐ Carmen Gallegos
Llegó en 1969, asistente de cocina en una cafetería universitaria en Nuevo México, 38 años.

"Pos, pos, aquí eso es lo que oigo, que el Chicano Center esto y que tal cosa°; y aquí a mí me toca servir en la sección de tacos, burritos y todo eso. Todos esos estudiantes con su cosa de chicano, pero todos me hablan en inglés. Mire, le voy a decir, yo nací en Sinaloa° y llevo quince años aquí, pero una sigue siendo° lo que es, ¿no?" — *this and that* / *un estado de México* / *continues to be*

### ☐ Narciso Vargas
Nació en Texas, propietario de una fábrica de discos especializada en la música "norteña", 52 años.

"Mire, cuando voy a México digo que soy texano. Yo soy texano, nací aquí, mis padres y abuelos también, así que pa'° mí esto no es difícil. Como le dije, soy texano". — *para*

### ☐ Margarita Padilla
Nació en Nuevo México, abogada en Colorado, 28 años.

"Como dijo uno de nuestros poetas, 'Chicano is an act of defiance.' Verdaderamente comparto° ese modo de pensar. Mire, le voy a decir, yo tuve que vencer° muchos obstáculos para lograr salir adelante° en mis estudios, y la fuerza, el apoyo espiritual me lo dio la Raza. Soy chicana del mero° corazón." — *I share* / *overcome* / *to get ahead* / *very*

### ☐ Magdaleno Jiménez
Bracero° migratorio indocumentado° en California, 26 años.

"Toítos° hablan de chicano, chicano…pos°, ¿pos yo no sé qué es eso? Le voy a decir,…pos, mire, soy indocumentado. Pa' mí lo único que importa es poder burlar° a la migra° un poquito más. Pizcar° bastante pa' mandar unos pesitos a mi Chela y a la cría°. Eso de chicano no es nada pa' mí." — *farm worker* / *undocumented* / *todos* / *pues* / *to fool* / *autoridades de inmigración* / *pick* / *niños*

Primitiva plaza en San Antonio, Texas.

## ☐ *Joe Fonseca*

Nació en Chicago y continúa viviendo allí. Ingeniero, 32 años.

"¿Qué le voy a decir? Nací en el barrio de Pilsen,° pero tal vez es algo más. A mí me ayudaron en la escuela; no sabía inglés cuando empecé. Después recibí becas, fui a la Universidad en Berkeley, me especialicé en computadoras. Bueno así fue lo mío°. Más que todo me siento chicano. Es una obligación de corazón con los míos; así lo veo yo. A mí me ayudaron, pues ahorita° es mi chansa° de ayudar a los otros".

barrio chicano en Chicago
*that's my story*

ahora/oportunidad

# Los chicanos

Los chicanos forman el grupo hispano más numeroso de los Estados Unidos con una población oficial de 7,9 millones. Se calcula que llegan a mucho más porque las cifras° oficiales no toman en cuenta a los indocumentados° cuya población llega a los varios millones. — *numbers/illegal immigrants*

La gran mayoría se concentra en los cinco estados del suroeste: Texas, Nuevo México, Arizona, Colorado y California; pero también se han dispersado por todo el país, desde Oregón hasta la Florida. El 79% de los habitantes de orígen mexicano viven en ciudades como Los Ángeles, San Antonio, Chicago, Gary y Kansas City; muchos también habitan las zonas rurales.

Por su destacada° presencia cultural e histórica de centenares° de años en el suroeste de los Estados Unidos, los chicanos se distinguen de los otros grupos hispanos. Las raíces° chicanas se remontan a° muchos años antes de la fundación de Jamestown (1607), época de las exploraciones y colonizaciones españolas en los territorios situados al norte del Virreinato de Nueva España, región que hoy forma parte del suroeste de los Estados Unidos. — *prominent/hundreds* — *roots/go back to*

Otro factor importante en la trayectoria histórica de los chicanos ha sido la proximidad de México. Por su cercanía a la madre patria los chicanos han podido mantener contacto directo con su idioma y su cultura. Las constantes migraciones y la presencia de mexicanos en el suroeste han fortalecido° aún más los lazos° con la nación de origen. — *strengthened/ties*

## ☐ *Antecedentes históricos: Hacia el norte*

> *"Voy en pos de un mundo nuevo"*
> Corrido° — *folksong*

Durante la época de la conquista, los exploradores españoles se embarcaron en aventuras fantásticas en busca de la legendaria *Fuente de la Juventud*° y de las suntuosas riquezas de *El Dorado*. En su búsqueda° por la *Fuente de la Juventud*, Pánfilo de Narváez llegó a la Florida en 1528. De los cuatrocientos hombres que integraban la expedición en un comienzo, sólo sobrevivieron° cuatro. Uno de éstos, Alvar Núñez Cabeza de Vaca, logró guiar° a los sobrevivientes° a través del continente en un viaje que duró° ocho años. Éstos fueron los primeros europeos que cruzaron el sur y el suroeste de lo que hoy forma los Estados Unidos. Varios años después, en 1540, Vázquez de Coronado, resuelto a descubrir las siete ciudades fabulosas de Cíbola, llevó una expedición de seiscientos hombres hasta lo que hoy es Oklahoma y Kansas. — *Fountain of Youth* — *quest* — *survived* — *to guide/survivors* — *lasted*

El descubrimiento de ricos yacimientos° de plata a mediados° del siglo XVI en la región de Zacatecas en México, aceleró la expansión española hacia los territorios del norte. Surgieron° nuevos poblados° cerca de las minas y aumentó la necesidad de protegerlos° para asegurar la operación de las minas cuyos ingresos° eran cada vez más importantes para la tesorería° española. Con este fin se establecieron guarniciones° cerca de las minas para rechazar° los frecuentes ataques a los poblados por parte de los indios zacatecas que habitaban la región. Fue entonces cuando surgió la idea de promover° la colonización de los territorios situados más al norte, con el fin de que° sirvieran de barrera° protectora entre los indios y la región minera. En 1595 el gobierno español autorizó la colonización de un nuevo territorio más al norte, en lo que hoy es Arizona y Nuevo México, creando el territorio de Nuevo México. Un hacendado° de Zacatecas, Don Juan de Oñate, fue nombrado adelantado° del nuevo — *deposits/middle* — *emerged/towns* — *to protect them/income* — *treasury/garrisons* — *repel* — *to promote/so that* — *barrier* — *rancher/governor*

territorio y salió de la Nueva España con una expedición de ochenta y tres vagonetas, siete mil reses°, cuatrocientos soldados° y ciento tres familias, el 26 de enero de 1598. En septiembre llegaron a las orillas° del Río Grande, en la frontera° norte de lo que hoy es Nuevo México. Allí fundaron la primera población que llamaron San Juan de los Caballeros, cerca de la actual Santa Fe.

*head of cattle/ soldiers
shores/border*

En las tierras áridas de Nuevo México los expedicionarios de Oñate establecieron un sistema comunal de riego° y dividieron las tierras en "ejidos", parcelas comunitarias en las que no había cercas ni barreras. Además, los españoles establecieron la ganadería° y la cría° de animales como las bases económicas que habrían de dominar en la región.

*irrigation

livestock/breeding*

La aparición de la vaquería° como forma de vida, repercute en el idioma con la introducción de términos como poncho, plaza, hacienda, patio, bronco, burro y pinto, usados tanto en español como en inglés.

*cattle ranching*

RUTAS DE LOS CONQUISTADORES

Entrada a la misión en Carmel, California.

La colonización de los territorios del norte se amplió mediante° la fundación de misiones que establecieron la base social de las nuevas regiones. En 1630 ya se habían establecido veinticinco misiones en Nuevo México. En Baja California las misiones fueron obra de los jesuitas, mientras que los franciscanos, bajo el liderazgo° de Fray Junípero Serra, establecieron más de veinte misiones desde San Diego a Sonoma en el norte de California. En Arizona las exploraciones y primeras colonizaciones se deben a los esfuerzos° de Fray Eusebio Kino, quien fundó la misión de Nuestra Señora de los Dolores en 1687. La corona° española había dado autorización para que las misiones se encargaran de pacificar a los indios y convertirlos al cristianismo para atraer más colonizadores a la región. Las misiones pronto se convirtieron en comunidades autosuficientes° en las que la mayor parte del trabajo era hecho por los indios. En California las misiones iniciaron el cultivo frutal a gran escala° y pronto exportaron frutas a la madre patria°. Los frailes° también desarrollaron la industria vinícola°, dándole auge° al desarrollo económico de la región.

A principios del siglo XIX todo el territorio del actual° suroeste de los Estados Unidos había sido explorado y colonizado por los españoles, antepasados° de los chicanos que hoy viven allí. La influencia indígena y española sobrevive aun hoy día en la arquitectura, las artes, la economía y las tradiciones de la región, a pesar de° los cambios que transformaron su historia a mediados de ese siglo.

*through*

*leadership*

*efforts*
*crown*

*self-sufficient*
*large scale*
*motherland/monks*
*wine/stimulating*
*present-day*
*ancestors*

*despite*

## ☐ Hacia el suroeste: los estadounidenses

En 1821 México se independizó de España estableciendo formalmente su soberanía° en todos los territorios españoles del norte. México abrió las puertas al comercio con

*sovereignty*

TERRITORIO MEXICANO PERDIDO A EEUU

los Estados Unidos, iniciando el proceso de penetración económica que causaría la invasión norteamericana a los pocos años. Otro hecho° que promovió° esta invasión fue el permiso concedido a Moisés Austin por el gobierno español para colonizar parte de Texas en vísperas° de la independencia mexicana. Pero Austin murió ese mismo año y el plan fue llevado a cabo° en 1821 por su hijo Esteban, quien llevó a 300 familias norteamericanas a Texas y fundó San Felipe de Austin. Atraídos por las ricas y vastas tierras de la zona oriental de Texas, la población estadounidense siguió aumentando hasta el punto que en 1835 se calculaba en unos 25.000 a 35.000 habitantes. Los mexicanos de la región llegaron a convertirse en una minoría en su propio territorio.

Con la invasión estadounidense coinciden otros factores internos y externos que constituyen los antecedentes° de las tensiones entre México y los Estados Unidos. El deseo de los texanos de establecerse como estado independiente dentro de la fede-

*fact/caused*

*eve*
*carried out*

*background*

ración mexicana ocasionó un enfrentamiento° militar entre los texanos y el gobierno de México en 1835. El general mexicano Santa Anna salió victorioso en el famoso ataque a la fortaleza° de El Álamo donde murieron en combate tantos mexicanos como anglos. Poco después, Sam Houston, al mando de° los texanos, derrotó° a las fuerzas mexicanas en la batalla de San Jacinto. México perdió su soberanía sobre la región y Texas ganó su independencia. *confrontation / fortress / at the order of/defeated*

Estos sucesos° ocurrieron en momentos en que los Estados Unidos habían entrado en una etapa° expansionista que vino a identificarse con el concepto del "Destino Manifiesto", mediante el cual se creía que las fronteras nacionales deberían extenderse de la costa Atlántica a la costa Pacífica. Para los partidarios° de este concepto, la anexión de Texas se convirtió en una preocupación central. La elección del candidato presidencial, James K. Polk, uno de los promotores del "Destino Manifiesto", seguida por la anexión del territorio texano en 1845 y su ingreso° como estado a la Unión en julio del mismo año, hicieron inevitable la guerra entre los Estados Unidos y México al año siguiente. México fue derrotado nuevamente y tuvo que ceder toda la región del suroeste que incluía Texas, California, Arizona, Colorado, Nuevo México, Nevada, Utah y partes de Wyoming, en virtud de los acuerdos del Tratado° de Guadalupe-Hidalgo de 1848 que puso fin° a la guerra. *events / stage / supporters / entrance / Treaty/ended*

## Actividades de comprensión

**A.** Dé la palabra que identifique a los siguientes grupos o personas.

1. Un hombre que se dedica a la vida religiosa en la iglesia católica
2. Un jefe, una persona que dirige a otras personas
3. Parientes del pasado lejano
4. Forma de identificación usada por muchos chicanos
5. Una persona que no tiene documentos válidos
6. Un hombre que trabaja en la ganadería
7. Una persona que emigra de su país para vivir en otro

**B.** Complete las frases en la forma más amplia posible.

1. Los chicanos son ..................
2. Algunas diferencias entre los chicanos y los otros grupos hispanos en los Estados Unidos son ..................
3. La mayoría de los chicanos viven en ..................
4. Por la proximidad de México, es fácil que ellos mantengan ..................

**C.** A continuación se dan algunos de los términos y conceptos que demuestran la influencia hispánica en los Estados Unidos. Agregue tantas palabras como pueda a cada categoría.

1. Palabras relacionadas con el campo: bronco, pinto ..................
2. Nombres de lugares: Santa Fe, Los Ángeles ..................
3. La arquitectura: adobe, patio ..................
4. La comida: tacos, enchiladas ..................

**D.** Complete las siguientes frases para explicar la importancia histórica de los siguientes sucesos.

1. Los españoles descubrieron ricos yacimientos de plata en la región de Zacatecas, México.
    a. Esto llevaba a ..................
    b. Fue necesario construir guarniciones para ..................
    c. Surgió la idea de colonizar los territorios más al norte para...........
    d. La población de San Juan de los Caballeros fue fundada por..........
2. Los jesuitas y los franciscanos fundaron misiones en el suroeste y en Baja California.
    a. Las misiones se encargaron de...
    b. Los frailes introdujeron...
3. México se independizó de España en 1821.
    a. Poco antes de la independencia, México concedió permiso para...
    b. El plan fue llevado a cabo por...
    c. La población estadounidense en Texas aumentó a causa de...
4. Los texanos deseaban establecerse como un estado independiente dentro de la federación mexicana.
    a. Esto llevó a...
    b. En la batalla de El Álamo...
    c. En la batalla de San Jacinto...
    d. Así Texas ganó...
5. En 1846 comenzó una guerra entre los Estados Unidos y México.
    a. El concepto que llevó a los Estados Unidos a la guerra fue...
    b. El Presidente James K. Polk fue...
    c. Otros sucesos que provocaron la guerra fueron...
    d. En virtud de los acuerdos del Tratado de Guadalupe-Hidalgo...

## ☐ Extraños en su propia tierra

Previendo° el peligro° que los mexicanos en territorios cedidos fueran tratados° como pueblos conquistados, los artículos 8 y 9 del Tratado de Guadalupe-Hidalgo, intentaron proteger los derechos políticos y económicos de estos habitantes. Se garantizaba también que los mexicanos podían mantener y practicar su idioma, religión y cultura. En la práctica no se cumplieron° estos acuerdos°: los mexicanos fueron despojados° de sus tierras, perdieron su influencia política y social, y fueron víctimas de la discriminación.

    La suerte° de los rancheros mexicanos, en particular, no fue nada fortuita. Algunos fueron desposeídos° de sus propiedades° por no pagar los elevados impuestos° decretados por el nuevo gobierno. Otros no podían cumplir con los arbitrarios decretos que ponían en duda la validez° de sus títulos de propiedad. Para otros vino la ruina al no poder competir con los precios tan bajos de las importaciones de carne de res de las llanuras°, mientras que los desastres naturales de 1860—inundaciones°, sequías°, y una plaga de langosta°—acabaron con otros. Muchos se vieron en la bancarrota° al ser aprobada° la ley de 1870, que obligaba a cada propietario° a cercar° sus tierras. Esto destruyó el sistema comunal de riego, y el sistema de ejidos de los cuales

*foreseeing/danger/ treated*

*fulfilled/agreements stripped*

*fate dispossessed/properties/high taxes validity prairies/floods/ droughts locusts/bankruptcy passed/landowner/ to fence*

Los buscadores de oro no respetaban las fronteras, lo que dio lugar a enfrentamientos con los militares mexicanos.

dependían los rancheros mexicanos. Estos hechos quedaron grabados para siempre en el dicho popular: "Cuando vino el alambre°, vino el hambre". *barbed wire*

Los estadounidenses compraron a precios muy bajos las haciendas y los ranchos de los mexicanos y empezaron a transformarlos en empresas° agrícolas de producción masiva. Este cambio transformó los cimientos° económicos de la región. La economía, basada anteriormente en la cría de animales, se convirtió en una economía esencialmente agrícola. No sólo perdieron sus tierras los mexicanos, sino que también fueron desplazados° de sus ocupaciones tradicionales en la ganadería y la cría de animales. Sólo unas cuantas familias mexicanas lograron° conservar parte de su antigua riqueza y poder°. Los demás se vieron forzados a trabajar en la construcción del ferrocarril° de Santa Fe o en el campo como obreros migratorios. *industries* / *foundations* / *displaced* / *managed* / *power/railroad*

Con el descubrimiento de oro en California en 1848 empezaron a llegar miles de norteamericanos que pronto sobrepasaron° a la población mexicana. En pocos años, los mexicanos se habían convertido en un grupo marginado°, en una minoría de "extraños° en su propia tierra". *outnumbered* / *marginal* / *strangers*

## ☐ Hacia el otro lado: las migraciones

Es importante tener en cuenta que la migración también desempeña° un papel° importante en la formación de la minoría mexicana que hoy habita la región que antes pertenecía a México. Las frecuentes migraciones renuevan° los lazos° con el país de origen, con las costumbres y el idioma. Al mismo tiempo, sin embargo, se hace más evidente la división de la sociedad en dos grupos contrastados, los anglos y los mexicanos.

Se pueden señalar° cuatro fases° en la migración de México a los Estados Unidos. La primera fase, de 1849 a 1918, es un movimiento sin restricción alguna a través de° la frontera. Para muchos mexicanos las tierras del norte seguían formando parte de su país y cruzaban la frontera como si éstas no existieran realmente.

La segunda fase, de 1918 a 1930, es una migración masiva en la cual llegan más de un millón de mexicanos huyendo° de una crisis económica y de la violencia e inestabilidad política causadas por la revolución mexicana. En busca de un mejor porvenir°, los mexicanos se sienten atraídos hacia las grandes oportunidades de empleo que surgen debido al desarrollo de la agricultura y la industria en los Estados Unidos.

En la tercera fase el proceso migratorio se invierte en vista de la depresión de la década de los treinta. Comienzan las deportaciones a gran escala° de miles de mexicanos, muchos de los cuales habían sido ciudadanos estadounidenses o residentes legales del país durante muchos años. En esta fase fueron deportados más de 500.000 mexicanos.

La cuarta fase coincide con la entrada de los EEUU a la segunda guerra mundial que produjo una creciente demanda de mano de obra° barata. Se concierta° entre el gobierno mexicano y el estadounidense el *Programa Bracero*° en 1942, permitiendo la entrada de trabajadores mexicanos a condición de que volvieran a México después de vencido° el término de su contrato. Aumenta a la vez la emigración ilegal a los EEUU llegando cientos de miles de indocumentados que cruzan la frontera con el propósito de mejorar su situación económica. En esta cuarta fase llegaron más de un millón de inmigrantes documentados, incontables indocumentados, y miles en el *Programa Bracero*. Fue la migración mexicana más grande de la historia.

*plays/role*
*renew/ties*

*indicate/phases*
*across*

*fleeing*
*future*

*large scale*

*manual labor/arrange*
*laborer*
*completion*

## ☐ Del otro lado

Los recién llegados se encuentran en una sociedad dominada por los anglos y donde el pueblo mexicano se ve relegado a ocupar el nivel° económico más bajo. Desde un comienzo los mexicanos fueron víctimas de una discriminación, no sólo en el empleo, sino en la vivienda° y también en las escuelas donde había clases separadas para mexicanos. Aún en las iglesias católicas los anglos se sentaban en un lado y los mexicanos en el otro. En lugares públicos como baños, restaurantes y playas, era común ver avisos° que decían: *"No Mexicans. No dogs."*

Aparte del racismo, la mayoría de los mexicanos no podían disfrutar de° las ventajas que ofrecía el alto nivel económico de la sociedad estadounidense. Esto se debió en gran parte al hecho de que muchos no hablaban inglés y a la falta de una preparación adecuada que es necesaria para ocupar empleos en la nueva economía agrícola e industrial del suroeste. Se vieron obligados, por lo tanto, a ocupar los puestos más bajos y peor remunerados. Trabajaban como obreros migratorios en las

*level*

*housing*

*signs*
*to enjoy*

En el condado de Hidalgo los trabajadores méxico-americanos separan los distintos tipos de naranjas.

regiones agrícolas, como empleados domésticos° y como trabajadores industriales no calificados°. De esta manera, sus aspiraciones de alcanzar° un nivel de vida más satisfactorio chocaba° con la realidad económica de una sociedad que los marginaba y los relegaba a posiciones inferiores. La tristeza y la alienación que sienten muchos de los que llegaban a los Estados Unidos se expresan en los versos de una canción tomada del folklore popular:

*servants*
*unskilled/reach*
*clashed*

¡Qué lejos estoy del suelo° donde he nacido!
Intensa nostalgia invade mi pensamiento
Y al verme tan solo y triste
Cual hoja° al viento
Quisiera llorar,
Quisiera morir de sentimiento.

*land*

*as a leaf*

## ☐ Hacia el Aztlán[1]

El comienzo de la Segunda Guerra Mundial produce cambios profundos en las relaciones entre los mexicanos y la sociedad estadounidense. Entre otras cosas, la necesidad de mano de obra para las fábricas de armamentos y para la operación de granjas° e industrias ofrece las primeras oportunidades favorables a muchos mexicanos.

*farms*

---

[1]Aztlán significa tierras del norte en la lengua nahuatl de los aztecas de México. El nombre Aztlán fue adoptado como símbolo de liberación de la opresión socio-económica, política y cultural de los chicanos durante la conferencia *Cruzada por la Justicia* en Denver, Colorado en 1969.

¿A quién cree Ud. que va dirigido este mural? ¿Está Ud. de acuerdo con lo que dice?

Por otra parte, la participación de un gran número de mexicanos en la guerra les dio una visión más amplia del mundo y, como consecuencia, pudieron adquirir nuevas perspectivas sobre su situación dentro de la sociedad estadounidense. Los veteranos mexicanos que tanto se habían distinguido en el conflicto, ganando proporcionalmente más medallas de honor que cualquiera otra minoría, rechazaron° su posición de marginados y exigieron° que el gobierno los tratara como a los otros ciudadanos, garantizándoles sus derechos civiles. Por ende°, decidieron formar organizaciones que mejoraran las condiciones de vida en los barrios.

  Se forman entonces el *Community Service Organization* y el G.I. Forum para suministrar° ayuda a los barrios y para acabar con la discriminación en las escuelas. Se organiza el *Mexican-American Political Association* (MAPA) para abrirle campo a° los mexicanos en los puestos gubernamentales. Con el propósito de extender su influencia al ámbito° de la política nacional, MAPA organizó una campaña de apoyo al candidato presidencial John F. Kennedy. Con este fin, se crearon los clubes "Viva Kennedy", para motivar a los hispanos a votar en las elecciones de 1960.

  Por otra parte, un crecido° número de veteranos ingresa° en las universidades aprovechando las garantías del *G.I. Bill*. Hacen uso de las hipotecas° para veteranos y compran casas fuera de los barrios. Este movimiento coincide con el incremento de la migración hacia las ciudades que había comenzado antes de la guerra. Empieza a surgir una clase media méxico-americana que se abre camino tanto en las carreras profesionales como técnicas. Todo este proceso evolucionario social, político y económico produce una concientización° que culmina en la creación del movimiento chicano.

*rejected*
*demanded*
*consequently*

*administer*

*to open the way for*

*scope*

*growing/enter*
*mortgages*

*consciousness-raising*

Manifestantes durante una huelga de obreros.

Las huelgas° laborales y las protestas de los campesinos en las décadas anteriores habían fracasado° dada° la represión por parte de la policía armada, pero el espíritu de estos intentos sobrevivió para darle ímpetu al movimiento chicano. Nace el movimiento bajo la influencia de la lucha de los negros por sus derechos civiles en los años sesenta. Unidos por el sentimiento de hermandad°, según el cual los problemas de la colectividad están por encima° de los del individuo, el concepto del "chicanismo" transciende a clases sociales, barreras° regionales y socioeconómicas. Se proclama una identidad racial, la del pueblo chicano, orgulloso° de sus raíces étnicas e históricas. Esta nueva RAZA DE BRONCE[2] emite un grito para reclamar sus derechos como grupo integrante de la sociedad estadounidense.

El movimiento incluye a César Chávez que inició la famosa huelga de los obreros agrícolas de Delano, California, a los partidarios° de Reies López Tijerina de la Alianza Federal de los Pueblos Libres que luchan por la devolución° de las tierras robadas a la comunidad y a los pequeños propietarios según los acuerdos del Tratado de Guadalupe-Hidalgo.

Otro líder del movimiento es Rodolfo "Corky" González, autor del poema épico chicano, *Yo soy Joaquín*, quien organiza la Cruzada° por la Justicia que proclama el Plan Espiritual de Aztlán. Se establece también el partido° de la Raza Unida con la meta de lanzar° candidatos chicanos para los consejos° urbanos.

El chicanismo lucha por el mejoramiento° social, político, y económico° de la Raza cuyas necesidades siguen siendo apremiantes°. El ingreso medio° de la familia chicana es de $15.171 comparado con el ingreso medio de $20.000 de todo el país. El porcentaje de desempleo chicano es de 9,4% en comparación con uno de 6,6% para la población en general. Además, el nivel de educación sigue siendo extremadamente bajo. A estos problemas se agregan° los causados por la inmigración de miles de

*strikes*
*failed/due to*

*brotherhood*
*above*
*barriers*
*proud*

*supporters*
*return*

*Crusade*
*party*
*nominate/councils*
*improvement*
*pressing/average*
*income*

*are added*

---

[2]nueva raza de chicanos unidos en la lucha para reclamar sus derechos y defender la cultura de su pueblo

César Chávez, líder chicano, devolvió la voz y el voto a los miembros de su raza.

Los sentimientos y experiencias del inmigrante se expresan en su música. ¿Conoce Ud. alguna canción folklórica en español?

indocumentados mexicanos que compiten desesperadamente por los empleos en los niveles más bajos. Sin embargo, la batalla continúa, y la fuerza y la determinación del chicano de seguir en la lucha se expresa en los versos de un corrido:

Ya los pueblos se preparan
a vivir de otra manera,
con su fuerza organizada
que promete nueva era.
Ya con ésta me despido°  *I say goodbye*
y, ¡ay! traidores, les prevengo°,  *I warn you*
yo no vengo a ver si puedo,
sino porque puedo, vengo.

## ☐ El arte de Aztlán

El chicanismo se ha manifestado a través de° un surgimiento° de la actividad artística tanto en la narrativa, la poesía, y el teatro como el arte. Las artes chicanas reflejan el movimiento de protesta contra la explotación de la sociedad estadounidense, y al mismo tiempo reafirman la unidad y el orgullo de la Raza. Los poetas chicanos como Alurista, Tino Villanueva, Lorna Dee Cervantes, escriben en un lenguaje propio, a  *through/surge*

¿Ha visto Ud. alguna vez una representación del Teatro Campesino? ¿Sabe de qué tratan sus argumentos (plots)?

veces en español, otras veces en inglés o mezclando° los dos, en el afán° de darle voz  *mixing/desire*
auténtica al mundo de los barrios.

También surgen en la narrativa Rosaura Sánchez, Tomás Rivera, y Francisco
Jiménez entre otros escritores chicanos. En el teatro sobresale° Luis Valdez, fundador  *stands out*
de El Teatro Campesino y autor de *Zoot Suit*, la primera obra chicana llevada a
Broadway y creador del "Acto", obra breve que expone la realidad social de los
chicanos en los Estados Unidos. Quizá lo más visible del arte chicano sean los
murales de los barrios, destacándose° los de Manuel Martínez, Charles Almaraz, y los  *standing out*
de las Mujeres Muralistas de San Francisco.

## *Actividades de comprensión*

**A.** Conteste a las siguientes preguntas:

1. ¿Cuáles fueron los cambios en la situación de los chicanos producidos por la Segunda Guerra Mundial?
2. Explique la función que desempeñan el *Community Service Organization*, el G.I. Forum y el *Mexican-American Political Association*.
3. ¿Cómo ayudaron a los chicanos los beneficios para veteranos como el G.I. Bill y las hipotecas?
4. ¿Cuáles fueron algunos factores que contribuyeron a la concientización de los chicanos?
5. ¿Cómo formentaron esta concientización César Chávez, Reies López Tijerina y Rodolfo "Corky" González?
6. ¿Cómo se comparan los ingresos medios y los porcentajes de desempleo de las familias chicanas con las cifras para todo el país? ¿A qué se debe esta diferencia?

**B.** Analice el contenido de la lectura contestando las preguntas siguientes.

1. ¿Cómo se consideran a si mísmas las personas entrevistadas? ¿Como chicanos, como mexicanos o como estadounidenses?
2. ¿Qué explicación ofrecen los que se consideran chicanos?
3. ¿Por qué motivo algunos se sienten mexicanos?
4. ¿Por qué algunos se consideran estadounidenses?

**C.** Haga un repaso de algunos hechos históricos contestando las preguntas siguientes.

1. El Tratado de Guadalupe-Hidalgo de 1848
    a. ¿Qué garantizaba a los mexicanos?
    b. ¿Cómo los protegía?
2. Los rancheros mexicanos perdieron sus tierras.
    a. ¿Cómo perdieron sus tierras?
    b. ¿A quiénes las cedieron?
    c. ¿Qué cambios resultaron?
3. El descubrimiento de oro en California en 1848
    a. ¿Cómo afectó este suceso a los mexicanos?

4. Las cuatro fases de la emigración mexicana
    a. ¿Cuándo ocurrió la primera? ¿Por qué cruzaron la frontera los mexicanos?
    b. ¿Cuándo ocurrió la segunda fase? ¿Por qué fueron los mexicanos a los Estados Unidos?
    c. ¿Cuándo ocurrió la tercera fase? ¿Qué sucedió durante esta época?
    d. ¿Cuándo ocurrió la cuarta fase? ¿Qué era el *Programa Bracero*? ¿Cuántos mexicanos llegaron durante esa época?
5. ¿En qué consistía la discriminación que encontraron los mexicanos?

# Reflejos culturales

## ☐ *Clase de historia,* por Tino Villanueva

Tino Villanueva, nacido en Texas, es un joven poeta chicano que enseña en Wellesley College. Los versos del poema escritos en inglés están tomados del libro *Big-Foot Wallace, the Texas Ranger and Hunter*, escrito por John C. Duval y publicado en 1871. El poeta cita estos fragmentos para exponer las actitudes y los prejuicios de la sociedad norteamericana hacia los méxicanos. En este poema el poeta trata de una experiencia personal.

### CLASE DE HISTORIA

| | |
|---|---|
| Entrar era aspirar° | to breathe in |
| la ilegítima razón de la clase, | |
| ser sólo lo que estaba escrito. | |
| Sentado en el mismo | |
| predestinado sitio | |
| me sentía, al fin, descolocado°. | displaced |
| Miraba en torno mío° | around me |
| y nada alumbraba° a mi favor. | gave light |
| | |
| Era cualquier mañana de otoño, | |
| o primavera del 59, y ya estábamos | |
| los de piel trigueña° | dark-complexioned |
| sintiéndonos solos, | |
| como si nadie abogara° por nosotros, | interceded |
| porque entrar era arrostrar° | to confront |
| los sofocantes° resultados | suffocating |
| del conflicto: el estado | |
| desde arriba° | from above |
| contra nosotros sin el arma | |
| de algún resucitable dato | |
| para esgrimir° | to wield |
| contra los largos parlamentos° | speeches |
| de aquel maestro | |

de sureña° frente° dura,     *southern/forehead*
creador del sueño y jerarquías°,     *hierarchies*
que repetía,
como si fuera su misión,
la historia lisiada° de mi pueblo:     *crippled*

*And beware of the Mexicans, when*
*they press you to hot coffee and*
*"tortillas." Put fresh caps on*
*your revolver, and see that your*
*"shooting-irons" are all in order,*
*for you will probably need them*
*before long. They are a great*
*deal more treacherous than Indians.*

Entre los autores de la luz
no estuvo aquel corruptivo preceptor°,     *teacher*
como tampoco fecundo°     *fruitful*
con fáciles sentencias
y cómplice° actitud suprema     *accomplice*
los cerebros° listos° de mi raza:     *brains/clever*

*He will feed you on his best,*
*"señor" you, and "muchas gracias"*
*you, and bow to you like a French*
*dancing-master, and wind it all up*
*by slipping a knife under your*
*left shoulder-blade! And that's*
*one reason I hate them so.*

Por no gritar mi urgente ira°,     *anger*
me encorvaba° en el pupitre°     *I hunched over/desk*
como un cuerpo interrogante°;     *question mark*
me imaginaba estar en otro estado,
sin embargo, fui cayendo
cada vez hacia el abismo espeso°     *heavy*
de la humillación,
tema tenaz° de mi tiempo.     *tenacious*
¿Quiénes éramos
más que unos niños
detenidos en la frontera perversa
del prejuicio, sin documentos
recios° todavía     *strong*
para llamarnos *libertad*?
Se me volvía loca la lengua.
Quería tan pronto saber
y decir algo para callar
el abecedario° del poder,     *alphabet*

levantarme y de un golpe
rajarle° al contrincante° las palabras    *crack/opponent*
de obsesión, soltarle°    *to let loose on him*
los argumentos de nuestra fortaleza°    *strength*
y plantar, en medio de la clase,
el emblema de mi fe°.    *faith*
Pero todo era silencio,
obediencia a la infecta tinta°    *ink*
oscura de los textos,
y era muy temprano
en cualquier mañana de otoño,
o primavera del 59
para decir
lo que se tenía que decir.

Pero han pasado los años,
y los libros han cambiado
al compás° del pueblo latidor°,    *to the rhythm/ throbbing*
porque sólo por un tiempo puede
un hombre llevar a cuestas°    *on one's shoulders*
el fastidio°    *irritation*
de quien se cree el vencedor°.    *winner*

Aquí mi vida cicatriza°    *heals*
porque soy el desertor,
el malvado° impenitente que ha deshabitado°    *evil/vacated*
el salón de la demencia,
el insurrecto°    *rebel*
despojado° de los credos° de la negación.    *stripped/beliefs*

Sean, pues,
otras palabras las que triunfen
y no las de la infamia,
las del fraude cegador°.    *blinding*

## Comprensión cultural

**A.** Conteste a las siguientes preguntas basándose en la información contenida en el poema "Clase de historia".

1. ¿En qué año asistió el poeta a esa clase?
2. ¿Había otros chicanos en la clase?
3. ¿Cómo era el maestro?
4. ¿Qué contaba el maestro sobre los mexicanos?
5. ¿Cómo reaccionó el poeta al escuchar al maestro?
6. ¿Cómo explica el poeta sus acciones?
7. ¿Cómo describe el poeta lo que se enseñaba en la clase de historia?

**B.** Los textos de historia no sólo presentan datos y hechos sino también interpretaciones. Pueden excluir, además, sucesos y figuras de importancia. Investigue en los libros de historia cómo se han tratado a los siguientes grupos y compare cómo los textos actuales los tratan.

1. Los chicanos
2. Los indios
3. Los negros
4. Las mujeres

**C.** Haga una investigación sobre uno de los siguientes temas y presente un informe a la clase sobre los resultados del proyecto.

1. El gobierno de los Estados Unidos y los mexicanos después del Tratado de Guadalupe-Hidalgo
2. El acta de los derechos civiles de 1964
3. Cómo el gobierno de los Estados Unidos ha tratado a los indios de este país
4. Cómo el gobierno estadounidense trató a los nisei (estadounidenses de ascendencia japonesa) durante la segunda guerra mundial

## ☐ *Cajas de cartón,* por Francisco Jiménez

Poeta y cuentista chicano, nacido en 1943, colaboró con Gary Keller en la antología *Hispanics in the US: An Anthology of Creative Literature*. Es profesor de español en la Universidad de Santa Clara, California.

Era a fines de agosto. Ito, el contratista, ya no sonreía. Era natural. La cosecha° de fresas° terminaba, y los trabajadores, casi todos braceros, no recogían° tantas cajas de fresas como en los meses de junio y julio.

Cada día el número de braceros disminuía. El domingo sólo uno—el mejor pizcador°—vino a trabajar. A mí me caía bien°. A veces hablábamos durante nuestra media hora de almuerzo. Así es cómo aprendí que era de Jalisco, de mi tierra natal°. Ese domingo fue la última vez que lo vi.

Cuando el sol se escondió detrás de las montañas, Ito nos señaló que era hora de ir a casa. "*Ya hes horra°*," gritó en su español mocho°. Ésas eran las palabras que yo ansiosamente esperaba doce horas al día, todos los días, siete días a la semana, semana tras semana, y el pensar que no las volvería a oír me entristeció°.

Por el camino rumbo a° casa, Papá no dijo una palabra. Con las dos manos en el volante° miraba fijamente hacia el camino. Roberto, mi hermano mayor, también estaba callado. Echó para atrás la cabeza y cerró los ojos. El polvo que entraba de fuera lo hacía toser° repetidamente.

Era a fines de agosto. Al abrir la puerta de nuestra chocita° me detuve. Vi que todo lo que nos pertenecía estaba empacado° en cajas de cartón. De repente sentí aún más el peso° de las horas, los días, las semanas, los meses de trabajo. Me senté sobre una caja, y se me llenaron los ojos de lágrimas al pensar que teníamos que mudarnos° a Fresno.

Esa noche no pude dormir, y un poco antes de la cinco de la madrugada° Papá, que a la cuenta tampoco había pegado° los ojos en toda la noche, nos levantó. A

*harvest*
*strawberries/pick*

*picker/I liked him*
*birthplace*

*es hora/blunt*

*saddened me*
*heading toward*
*steering wheel*

*cough*
*shanty*
*packed*
*weight*

*to move*
*morning*
*shut*

pocos minutos los gritos alegres de mis hermanitos, para quienes la mudanza° era  *move*
una gran aventura, rompieron el silencio del amanecer°. Los ladridos° de los perros  *daybreak/barking*
pronto los acompañó.

    Mientras empacábamos la loza° del desayuno, Papá salió para encender la "Car-  *dishes*
30 canchita". Ése era el nombre que Papá le dio a su viejo Plymouth negro del año '38. Lo
compró en una agencia de carros usados en Santa Rosa en el invierno de 1949. Papá
estaba muy orgulloso de su carro. "Mi Carcanchita" lo llamaba cariñosamente°. Tenía  *affectionately*
derecho a sentirse así. Antes de comprarlo, pasó mucho tiempo mirando otros carros.
Cuando al fin escogió la "Carcanchita", la examinó pulgada° por pulgada. Escuchó el  *inch*
35 motor, inclinando la cabeza de lado a lado como un perico°, tratando de detectar  *parakeet*
cualquier ruido que pudiera indicar problemas mecánicos. Después de satisfacerse
con la apariencia y los sonidos° del carro, Papá insistió en saber quién había sido el  *sounds*
dueño. Nunca lo supo, pero compró el carro de todas maneras. Papá pensó que el
dueño debió haber sido alguien importante porque en el asiento de atrás encontró
40 una corbata azul.

    Papá estacionó el carro enfrente a la choza y dejó andando el motor. "Listo,"
gritó. Sin decir palabra, Roberto y yo comenzamos a acarrear° las cajas de cartón al  *to carry*
carro. Roberto cargó las dos más grandes y yo las más chicas. Papá luego cargó el
colchón° ancho sobre la capota° del carro y lo amarró con lazos° para que no se  *mattress/roof/cords*
45 volara° con el viento en el camino.  *fly away*

    Todo estaba empacado menos la olla° de Mamá. Era una olla vieja y galvanizada  *pot*
que había comprado en una tienda de segunda° en Santa María el año en que yo nací.  *secondhand*
La olla estaba llena de abolladuras° y mellas°, y mientras más abollada estaba, más le  *dents/nicks*
gustaba a Mamá. "Mi olla" la llamaba orgullosamente.

50     Sujeté° abierta la puerta de la chocita mientras Mamá sacó cuidadosamente su  *I held*
olla, agarrándola por las dos asas° para no derramar° los frijoles cocidos°. Cuando  *handles/spill/cooked beans*
llegó al carro, Papá tendió las manos para ayudarle con ella. Roberto abrió la puerta
posterior del carro y Papá puso la olla con mucho ciudado en el piso detrás del
asiento. Todos subimos a la "Carcanchita". Papá suspiró°, se limpió el sudor° de la  *sighed/sweat*
55 frente con las mangas de la camisa, y dijo con cansancio: "Es todo".

    Mientras nos alejábamos, se mi hizo un nudo° en la garganta°. Me volví y miré a  *knot/throat*
nuestra chocita por última vez.

    Al ponerse° el sol llegamos a un campo de trabajo cerca de Fresno. Ya que Papá  *when...set*
no hablaba inglés, Mamá le preguntó alcapataz° si necesitaba más trabajadores. "No  *boss*
60 necesitamos a nadie," dijo él, rascándose° la cabeza, "pregúntele a Sullivan. Mire, siga  *scratching*
este mismo camino hasta que llegue a una casa grande y blanca con una cerca
alrededor. Allí vive él".

    Cuando llegamos allí, Mamá se dirigió a° la casa. Pasó por la cerca, por entre filas  *went to*
de rosales° hasta llegar a la puerta. Tocó el timbre. Las luces del portal se encendieron  *rosebushes*
65 y un hombre alto y fornido° salió. Hablaron brevemente. Cuando el hombre entró en  *husky*
la casa, Mamá se apresuró° hacia el carro. "¡Tenemos trabajo! El señor nos permitió  *hurried*
quedarnos allí toda la temporada°", dijo un poco sofocada de gusto y apuntando°  *season/pointing*
hacia un garage viejo que estaba cerca de los establos.

    El garaje estaba gastado° por los años. Roídas° por comejenes°, las paredes  *worn out/eaten away/termites*
70 apenas sostenían el techo agujereado°. No tenía ventanas y el piso de tierra suelta°  *full of holes/loose*
ensabanaba todo de polvo.

    Esa noche, a la luz de una lámpara de petróleo, desempacamos las cosas y
empezamos a preparar la habitación para vivir. Roberto enérgicamente se puso a

barrer° el suelo; Papá llenó los agujeros de las paredes con periódicos viejos y con hojas de lata°; Mamá les dio de comer a mis hermanitos. Papá y Roberto entonces trajeron el colchón y lo pusieron en una de las esquinas del garaje. "Viejita," dijo Papá, dirigiéndose a Mamá, "tú y los niños duerman en el colchón. Roberto, Panchito, y yo dormiremos bajo los árboles".

*to sweep*
*sheets of tin*

Muy tempranito por la mañana al día siguiente, el señor Sullivan nos enseñó dónde estaba su cosecha y, después del desayuno, Papá, Roberto y yo nos fuimos a la viña° a pizcar°.

*vineyard/to pick*

A eso de° las nueve, la temperatura había subido hasta cerca de cien grados. Yo estaba empapado° de sudor y mi boca estaba tan seca que parecía como si hubiera estado masticando un pañuelo. Fui al final del surco°, cogí la jarra de agua que habíamos llevado y comencé a beber. "No tomes mucho; te vas a enfermar", me gritó Roberto. No había acabado de advertirme° cuando sentí un gran dolor de estómago. Me caí de rodillas y la jarra se me deslizó de las manos. Solamente podía oír el zumbido° de los insectos. Poco a poco, me empecé a recuperar. Me eché agua en la cara y en el cuello y miré el lodo° negro correr por los brazos y caer a la tierra que parecía hervir°.

*around*
*drenched*

*furrow*

*to warn me*

*buzz*
*mud*
*to boil*

Todavía me sentía mareado° a la hora del almuerzo. Eran las dos de la tarde y nos sentamos bajo un gran árbol de nueces° que estaba al lado del camino. Papá apuntó° el número de cajas que habíamos pizcado. Roberto trazaba° diseños en la tierra con un palito°. De pronto vi palidecer° a Papá que miraba hacia el camino. "Allá viene el camión de la escuela," susurró alarmado. Instintivamente, Roberto y yo corrimos a escondernos entre las viñas. El camión amarillo se paró frente a la casa del señor Sullivan. Dos niños muy limpiecitos y bien vestidos se apearon°. Llevaban libros bajo sus brazos. Cruzaron la calle y el camión se alejó. Roberto y yo salimos de nuestro escondite y regresamos a donde estaba Papá. "Tienen que tener cuidado", nos advirtió.

*dizzy*
*walnuts*
*wrote down/drew*
*stick/turn pale*

*got out*

Después del almuerzo volvimos a trabajar. El calor oliente y pesado, el zumbido de los insectos, el sudor y el polvo hicieron que la tarde pareciera una eternidad. Al fin las montañas que rodeaban el valle se tragaron° al sol. Una hora después estaba demasiado obscuro para seguir trabajando. Las parras° tapaban las uvas y era muy difícil ver los racimos°. "Vámonos," dijo Papá señalándonos que era hora de irnos. Entonces tomó un lápiz y comenzó a figurar cuánto habíamos ganado ese primer día. Apuntó números, borró algunos, escribió más. Alzó° la cabeza sin decir nada. Sus tristes ojos sumidos estaban humedecidos°.

*swallowed*
*grapevines*
*bunches*

*he lifted*
*wet*

Cuando regresamos del trabajo, nos bañamos afuera con el agua fría bajo una manguera°. Luego nos sentamos a la mesa hecha de cajones de madera y comimos con hambre la sopa de fideos°, las papas y tortillas de harina° blanca recién hechas. Después de cenar nos acostamos a dormir, listos para empezar a trabajar a la salida del sol.

*hose*
*noodles/flour*

Al día siguiente, cuando me desperté, me sentía magullado°; me dolía todo el cuerpo. Apenas podía mover los brazos y las piernas. Todas las mañanas cuando me levantaba me pasaba lo mismo hasta que mis músculos se acostumbraron a ese trabajo.

*battered*

Era lunes, la primera semana de noviembre. La temporada de uvas se había terminado y ya podía ir a la escuela. Me desperté temprano esa mañana y me quedé acostado mirando las estrellas y saboreando° el pensamiento de no ir a trabajar y de empezar el sexto grado por primera vez ese año. Como no podía dormir, decidí

*savoring*

levantarme y desayunar con Papá y Roberto. Me senté cabizbajo° frente a mi hermano. *head down*
No quería mirarlo porque sabía que él estaba triste. Él no asistiría a la escuela hoy, ni
mañana, ni la próxima semana. No iría hasta que se acabara la temporada de algodón,
y eso sería en febrero. Me froté° las manos y miré la piel seca y manchada° de ácido *I rubbed/stained*
enrollarse y caer al suelo.

    Cuando Papá y Roberto se fueron a trabajar, sentí un gran alivio°. Fui a la cima° *relief/top*
de un pendiente° cerca de la choza y contemplé a la "Carcanchita" en su camino *slope*
hasta que desapareció en una nube de polvo.

    Dos horas más tarde, a eso de las ocho, esperaba el camión de la escuela. Por fin
llegó. Subí y me senté en un asiento desocupado. Todos los niños se entretenían° *amused themselves*
hablando o gritando.

    Estaba nerviosísimo cuando el camión se paró delante de la escuela. Miré por la
ventana y vi una muchedumbre° de niños. Algunos llevaban libros, otros juguetes. Me *crowd*
bajé del camión, metí° las manos en los bolsillos, y fui a la oficina del director. *I stuck*
Cuando entré oí la voz de una mujer diciéndome: "*May I help you?*" Me sobresalté°. *I jumped*
Nadie me había hablado inglés desde hacía meses. Por varios segundos me quedé sin
poder contestar. Al fin, después de mucho esfuerzo, conseguí decirle en inglés que
me quería matricular° en el sexto grado. La señora entonces me hizo una serie de *to register*
preguntas que me parecieron impertinentes. Luego me llevó a la sala de clase.

    El señor Lema, el maestro de sexto grado, me saludó cordialmente, me asignó un
pupitre°, y me presentó a la clase. Estaba tan nervioso y tan asustado en ese momento *desk*
cuando todos me miraban que deseé estar con Papá y Roberto pizcando algodón.
Después de pasar la lista°, el señor Lema le dio a la clase la asignatura de la primera *calling roll*
hora. "Lo primero que haremos esta mañana es terminar de leer el cuento que
comenzamos ayer", dijo con entusiasmo. Se acercó a mí, me dio su libro y me pidió
que leyera. "Estamos en la página 125", me dijo. Cuando lo oí, sentí que toda la
sangre me subía a la cabeza; me sentí mareado. "¿Quisieras leer?" me preguntó en un
tono indeciso. Abrí el libro a la página 125. Mi boca estaba seca. Mis ojos se me
comenzaron a aguar. No podía empezar. El señor Lema entonces le pidió a otro niño
que leyera.

    Durante el resto de la hora me empecé a enojar más y más conmigo mismo. Debí
haber leído, pensaba yo.

    Durante el recreo° me llevé el libro al baño y lo abrí a la página 125. Empecé a *recess*
leer en voz baja, pretendiendo que estaba en clase. Había muchas palabras que no
sabía. Cerré el libro y volví a la sala de clase.

    El señor Lema estaba sentado en su escritorio. Cuando entré me miró sonriéndose.
Me sentí mucho mejor. Me acerqué a él y le pregunté si me podía ayudar con las
palabras desconocidas. "Con mucho gusto", me contestó.

    El resto del mes pasé mis horas de almuerzo estudiando ese inglés con la ayuda
del buen señor Lema.

    Un viernes durante la hora del almuerzo, el señor Lema me invitó a que lo
acompañara a la sala de música. "¿Te gusta la música?" me preguntó. "Sí, muchísimo"
le contesté entusiasmado, "me gustan los corridos° mexicanos". Él cogió una trompeta, *folk songs*
la tocó un poco y luego me la entregó. El sonido me hizo entremecer°. Me encantaba *tremble*
ese sonido. "¿Te gustaría aprender a tocar este instrumento?" me preguntó. Debió
haber comprendido la expresión en mi cara porque antes que yo le respondiera,
añadió: "Te voy a enseñar a tocar esta trompeta durante las horas de almuerzo".

    Ese día casi no podía esperar el momento de llegar a casa y contarles las nuevas° *news*

a mi familia. Al bajar del camión me encontré con mis hermanitos que gritaban y
brincabanº de alegría. Pensé que era porque yo había llegado, pero al abrir la puerta   *jumped*
de la chocita, vi que todo estaba empacado en cajas de cartón…

## *Comprensión cultural*

**A.** Analice el cuento *Cajas de Cartón* contestando a las preguntas siguientes.

1. Describa a la familia. ¿Quiénes son los miembros?
2. El narrador del cuento. ¿Quién es? ¿Cuántos años tendrá? ¿Cómo es?
3. Los hogares de la familia. ¿Cómo son? ¿Dónde están?
4. El trabajo. ¿Qué trabajo hacen? ¿Quiénes trabajan? ¿Cómo son las condiciones laborales?
5. El coche. ¿Cómo es? ¿Cuál es su importancia?
6. La comida de la familia. ¿Qué comen?

**B.** Explique el significado de los siguientes sucesos y objetos que aparecen en el cuento.

1. Las cajas de cartón y la olla de Mamá
2. La reacción de Papá y los chicos cuando ven el camión de la escuela
3. Los ojos humedecidos de Papá después de darse cuenta de cuánto habían ganado el primer día en la viña
4. La tristeza del hermano el primer día que el narrador asiste a la escuela

**C.** Comente con sus compañeros de clase las repercusiones en la educación de los hijos de los braceros mexicanos a través de los hechos del cuento.

1. El chico ingresa en el sexto grado de la escuela la primera semana de noviembre. ¿Por qué? ¿Qué efecto tendrá eso en su educación?
2. ¿Cómo recibe la escuela al niño?
3. ¿Cuál es la reacción del chico al entrar en la escuela?
4. ¿Cómo reacciona el chico cuando el maestro le pide que lea?
5. ¿Por qué no pudo aprovechar la oportunidad de aprender a tocar la trompeta?
6. ¿Cuánto tiempo estuvo en la escuela?
7. ¿Qué opina Ud. del maestro, el señor Lema?

La isla en el continente: identidad doble.

# UNIDAD III

# *En la comunidad*

CASO 9

# La clínica del barrio

# La clínica del barrio

## Vocabulario útil

### SUSTANTIVOS

**el barrio**  *neighborhood*
**el desempleo**  *unemployment*
**el dolor**  *pain*
**la equivocación**  *mistake, error*
**la población**  *population*
**el/la psiquiatra**  *psychiatrist*
**la sala de espera**  *waiting room*
**la salud mental**  *mental health*
**el trastorno**  *disturbance, disorder*
**la vivienda**  *housing*

### VERBOS

**aguantar**  *to stand, tolerate*
**complacer**  *to please*
**mejorarse**  *to get better*
**pararse**  *to stand up*
**pelear**  *to fight*
**ponerse de pie**  *to stand up*
**residir**  *to reside, live*
**sudar**  *to perspire, sweat*
**sugerir**  *to suggest*

### ADJETIVOS

**actual**  *current, present*
**ambulatorio/a**  *out-patient*
**asustado/a**  *scared, frightened*

**cercano/a**  *nearby, close*
**suave**  *soft, gentle*

### EXPRESIONES

**a sus órdenes**  *at your service*
**dar la mano**  *to shake hands*
**darle vergüenza**  *to make one ashamed*
**hacerle una mala jugada**  *to play a dirty trick on someone*
**(ir) de mal en peor**  *(to go) from bad to worse*
**para servirle**  *at your service*
**que le vaya bien**  *(I) hope everything goes well for you*
**¡Qué va!**  *No way; What do you mean?*
**ser macho**  *to be a real man*

### VARIACIONES LINGÜÍSTICAS

**ahorita**  *right away, now*
**bastantito**  *bastante*
**el bos**  *jefe/boss*
**el negocito**  *negocio; business*
**retorcijón**  *cramps*
**solito/a**  *solo/a; alone*
**toito**  *todo; all, everything, totally*
**la vieja, la mujer**  *wife (slang)*

## Notas culturales

1. Mexican and Mexican-American male patients manifest some initial resistances towards coming to therapy, which have not been sufficiently explored. An understanding of these attitudes provides data that facilitate the formation of procedures for effective modification. The initial resistance towards coming to therapy is based in part on the cultural assumption that males should not share personal secrets. (Meadow, 1982)

2. For approximately one third of Hispanic veterans of Vietnam, burdens of social, educational, and vocational problems are acute. They exhibit characteristics that

many authors find compound stresses of military service and combat and contribute to post-military maladjustment. (Becerra, 1979)

**3.** El lenguaje popular refleja hasta qué punto nos defendemos del exterior: el ideal de la "hombría" consiste en no "rajarse"° nunca. Los que se "abren" son cobardes. Para nosotros, contrariamente a lo que ocurre con otros pueblos, abrirse es una debilidad° o una traición°. El mexicano puede doblarse, humillarse, "agacharse°", pero no rajarse, esto es, permitir que el mundo exterior penetre en su intimidad. El "rajado" es de poco fiar°, un traidor o un hombre de dudosa fidelidad, que cuenta los secretos y es incapaz de afrontar los peligros como se debe. (Paz, 1959)

*to open up*

*weakness/betrayal/to stoop down*

*not to be trusted*

## *La clínica del barrio*

*La clínica está situada en el sector de Los Ángeles llamado* El Barrio *donde viven más de tres millones de habitantes. En* El Barrio *predomina la población de origen méxico-americano. Es un sector que se caracteriza por niveles económicos bajos, por una alta tasa° de desempleo, y un deficiente urbanismo° y plan de viviendas°.*

5 *La clínica, afiliada a un hospital cercano, presta servicios a los veteranos del ejército° que residen en* El Barrio *y que necesitan tratamiento psiquiátrico. El personal consiste en un director clínico, dos trabajadores sociales expertos en psiquiatría, un psicólogo clínico y un psiquiatra. Todos son hispanos y bilingües. Un 60% de los pacientes son veteranos de la guerra de Vietnam.*

10 *Se calcula que el 20% de los casi dos millones de veteranos de Vietnam ha tenido muchos problemas en el proceso de ajuste a la vida civil. Albert Gómez es uno de éstos.*

*rate/city planning/housing*

*army*

*Marta Ochoa, trabajadora social, espera la visita de Albert Gómez. Cuando la recepcionista le anuncia su llegada, Marta sale a su encuentro y va a la sala de espera.*

15 M. Ochoa: ¿Señor Gómez? Mucho gusto, soy Marta Ochoa, trabajadora social (extiende la mano).
A. Gómez: (Poniéndose de pie, inclina la cabeza y da la mano). A sus órdenes.
M. Ochoa: Como le dije soy trabajadora social, no soy doctora y a mí me toca hablar con todos los que han sido asignados a la clínica para expli-
20 carles los servicios que ofrecemos antes de ver al médico. Si me acompaña por aquí podemos pasar a mi oficina donde podemos hablar en privado.

## *En la oficina*

*El Sr. Gómez mira asustado de un lado para otro y se pasa las manos por el pelo negro y liso°. Es un hombre delgado, que aparenta más edad° que sus 26 años.*

*straight/looks older*

M. Ochoa: Como le expliqué, soy trabajadora social aquí en la Clínica, y hablo con todos los veteranos asignados por el hospital de veteranos para
5 ver si están interesados en usar la Clínica. Espero que podamos servirle.
A. Gómez: (Mirándola con los ojos asustados) ¿Estoy en una clínica psiquiátrica?
M. Ochoa: Sí, para ayudar a los veteranos que tengan problemas de nervios, o de salud mental. Aquí hablamos con pacientes ambulatorios.

| | | | |
|---|---|---|---|
| 10 | A. Gómez: | Tiene que haber una equivocación. (Se para y saca la carta del hospital refiriéndolo a la clínica). Mire, yo sabía que había una equivocación cuando me mandaron esta carta. No estoy loco. | |
| | M. Ochoa: | Sí, es verdad que una organización tan grande como la de los veteranos puede cometer un error. Pero ¿cómo cree usted que el hospital consiguió su nombre ya que aquí sólo vemos a veteranos con problemas nerviosos o de salud mental? ¿Tiene usted alguna idea de por qué el hospital le envió aquí? (El Sr. Gómez parece más calmado, pero no contesta). | |
| | M. Ochoa: | ¿Hay algo que usted me quiera preguntar sobre la clínica? | |
| 20 | A. Gómez: | Pos, ellos me han hecho una mala jugada. ¿Dónde sacaron la idea que yo estoy loco? | |
| | M. Ochoa: | Mire, usted tiene todo el derecho de sentirse de esa manera si el hospital no había hablado con usted de que iban a asignar el caso a esta Clínica. Pero, sabe, los pacientes que nos envían no están locos, es decir, no están fuera de sí°, ni necesitan hospitalizarse. Nuestros pacientes sufren de los nervios y a veces tienen dificultades en relacionarse con otras personas. Algunos tienen problemas en el trabajo y en general no rinden° lo mejor que pueden. Y claro, se sienten bastante infelices con todos estos problemas: entonces ven al psiquiatra, tienen un horario determinado para sus entrevistas y luego regresan a casa. Aquí no tratamos a pacientes que necesiten hospitalización. (Albert Gómez la mira fijamente pero no dice nada). | out of their mind<br><br>contribute |
| | M. Ochoa: | Si usted quiere, podemos llamar al hospital para averiguar por qué lo enviaron aquí. | |
| 35 | A. Gómez: | (Indicando que no con la cabeza) Mire, aquí entre los dos podemos averiguar eso, ¿no? | |
| | M. Ochoa: | Sí, yo estoy dispuesta°. Como usted quiera. | willing |
| | A. Gómez: | Pos, pos, mire, es que yo sufro terriblemente de la espalda y me duelen tanto los pies que ya… | |
| 40 | M. Ochoa: | ¿Ha recibido algún tratamiento para esto? Debe ser muy doloroso. | |
| | A. Gómez: | Nomás unas inyecciones y unas pastillas° que me dio un médico por allá, pero no me alivian°. Mire, yo siempre cumplí con mi deber°, nunca dejé de ir al trabajo…yo soy maquinista°…bueno, sólo que cuando ya estaba toíto destartalado°, que ya no podía, dejé de ir. Mire, mire como se me ponen las manos. (Muestra las manos empapadas° de sudor). Así no sirvo para nada. (Empieza a pasarse los dedos por el pelo). Siempre he sido nervioso. Mire, cuando estoy con la gente me dan unos retorcijones y unas ganas de° vomitar. | pills<br>relieve/did my part<br>machinist<br>messed up<br><br>drenched<br><br>desire to |
| | M. Ochoa: | Pues, la verdad es que usted me ha dado a comprender cómo se siente. Venir aquí seguramente le afectó de esa manera también. ¿Piensa usted que el dolor en la espalda y en los pies sean la causa de ese nerviosismo de que me ha hablado? | |
| | A. Gómez: | Mire, ésa no es la causa. Siempre he sido nervioso y el dolor en la espalda y en los pies es algo real. | |
| 55 | M. Ochoa: | Sí, es verdad, ambas cosas pueden ser. Dígame, ¿qué le sugirió el médico? | |
| | A. Gómez: | (En tono confidencial) ¿Sabe qué? Para los nervios, me dijo que buscara tratamiento psiquiátrico. | |

| | | | |
|---|---|---|---|
| 60 | M. Ochoa: | Entonces, ¿usted quiere consultar a otro médico? (El Sr. Gómez indica que no con la cabeza). | |
| | M. Ochoa: | ¿Qué es lo que quiere hacer ahora? | |
| | A. Gómez: | (Susurrando°) Pos, sabe, yo quiero dejar este pánico, quiero dejar de sentirme nervioso. Tal vez debo ver a uno de esos médicos de los nervios. | whispering |

## Las confidencias a la trabajadora social

*El Sr. Gómez ha ido poco a poco sincerándose con la trabajadora social. La Srta. Ochoa le ofrece un refresco mientras sigue la entrevista.*

| | | | |
|---|---|---|---|
| | M. Ochoa: | Señor Gómez, ¿qué siente ahora? Lo veo muy agitado. | |
| 5 | A. Gómez: | Mire, es que la colonia° no es tan grande y todo se sabe. Van a saber que vengo aquí y van a decir que estoy loco. | comunidad |
| | M. Ochoa: | Ahorita lo importante es que usted piense en su salud, en mejorarse. | |
| | A. Gómez: | Pero me da mucha vergüenza decirle todas estas cosas. Es que debo aguantar más, ser macho y dejar toda esta flojera°. | weakness |
| 10 | M. Ochoa: | Macho es el que se enfrenta° valientemente° con el mal y eso es lo que usted ha hecho viniendo aquí. | confronts/bravely |
| | A. Gómez: | Es que todo empezó allá en el *army*. Pero no quiero hablar de eso. Quiero olvidarme de todo; allá estaba yo como mosca en leche°, pero pa' qué hablar de eso ahorita. Entonces, ¿cómo es que trabajan aquí? | sitting duck |
| 15 | M. Ochoa: | Aquí lo que ofrecemos es psicoterapia, es decir, se habla con el psiquiatra. Durante un período de cinco a seis semanas usted vería al mismo psiquiatra para que él lo conozca y llegue a comprender sus problemas. También usted tendría la oportunidad de conocer al médico, y ver si siente confianza en él para hablar de sus preocupaciones y problemas. | |
| 20 | A. Gómez: | Pero, ¿usted quiere decir que el médico me va a preguntar lo que yo pienso? | |
| | M. Ochoa: | Sí, porque el psiquiatra quiere ayudarlo. | |
| | A. Gómez: | Pero algunas personas tienen secretos que no quieren compartir. | |
| | M. Ochoa: | Pues ésas son las personas que no se mejoran. | |
| 25 | A. Gómez: | (Con expresión más aliviada) Pos, pos, ¿cuándo puedo ver al médico? | |
| | M. Ochoa: | Pues de acuerdo con nuestra costumbre, le hice una cita hoy mismo para una primera visita. Puede ver al médico, hablar de sus problemas, y entonces decidir si quiere regresar. | |
| 30 | A. Gómez: | Entonces está arreglado. Yo me quiero sentir como un cañón°, sano y fuerte. | like a cannon |
| | M. Ochoa: | El médico lo puede ayudar. | |
| | A. Gómez: | (Se muestra aprensivo) Tal vez yo pueda vencer° estos nervios y ¿qué van a pensar los demás? | overcome |
| 35 | M. Ochoa: | Recuerde lo que me dijo de cuando le empezaron estos trastornos con los nervios. ¿Cuándo salió usted del *army*? | |
| | A. Gómez: | Hace apenitas° once meses. | only |
| | M. Ochoa: | ¿Y su condición ha mejorado? | |
| | A. Gómez: | ¡Qué va, de mal en peor! Mire, cuando volví me casé con Chencha, mi novia de siempre, y ya estamos esperando el primero. Tenía mi | |

Este consejero habla con un joven desempleado sobre algunas posibilidades de trabajo.

trabajo de maquinista, pero yo sabía que podía ganar más. Así monté° un negocito de arreglar carros después del trabajo y me gané bastantito, pos pude comprarme una casita. Pero entonces, estos nervios me dieron pánico, me peleé con el bos, con la mujer, bueno con todos. La cosa es que tuve que dejar el trabajo. Mire, a mí no me da miedo hacer la lucha, pero son estos nervios los que me tienen así. Bueno, mi vieja, Chencha, fue la que me dijo que pidiera ayuda allá en el hospital porque ya que yo era veterano y dale y dale°.... Al fin, por complacerla, fui y así es que vine a dar° aquí. Ay, yo no sé lo que pasa; ella vive preocupada por mí y yo peleo con ella. Ni sé por qué. Es que no me puedo controlar. La pobre se pone a llorar, y ahorita que ella está en estado°, yo sé que la debo considerar pero, ¿qué es lo que me pasa?   *I started* / *and so on* / *ended up* / *pregnant*

M. Ochoa: Bueno, eso sucede así a veces cuando una persona está enferma de los nervios.

## El efecto en la familia

*La trabajadora social y Albert Gómez han conseguido una atmósfera de confianza mutua. Albert continúa hablando de su mujer. La trabajadora social habla con voz suave.*

| | | |
|---|---|---|
| M. Ochoa: | Dígame una cosa, su mujer ¿se siente perturbada por su nerviosismo? | |
| 5 A. Gómez: | Mire, le voy a decir. Ella nunca había estado con una persona así. Trata de mostrarme paciencia pero yo no la dejo. | |
| M. Ochoa: | Sí, esto es parte del problema también. Algo que ayuda es si podemos hablar con la esposa. Muchas veces ella también está muy angustiada° con la enfermedad del esposo. | upset |
| 10 A. Gómez: | Sí, es que no puede hablarle a nadie más de esto. Sólo tiene a la tía aquí; la pobrecita ha tenido que aguantarlo solita. | |
| M. Ochoa: | Podemos pensar en esto. Pero, ¿qué va a hacer respecto a la cita con el psiquiatra? | |
| A. Gómez: | Pos para luego es tarde°. Estoy listo ahora. | It's now or never. |
| 15 M. Ochoa: | Muy bien. El médico es el doctor Leonardo Castillo. Es hispano como todos los que trabajan en la clínica y habla español. Yo lo voy a acompañar a su oficina para presentarlo. Después que usted termine con el doctor Castillo le voy a pedir que vuelva aquí a mi oficina para darle un horario° de citas para la Clínica. Claro, esto es sólo si usted decide seguir el tratamiento con el médico. También debemos decidir si su esposa debe venir a verme. (La Srta. Ochoa acompaña a Albert Gómez a la oficina del Dr. Castillo y se despide° del Sr. Gómez). | schedule<br><br>says goodby |
| M. Ochoa: | Bueno, mucho gusto. | |
| A. Gómez: | Que le vaya bien. | |

## Ejercicios de comprensión

**A.** Complete las frases con los sinónimos de las palabras en cursiva. Consulte la sección del Vocabulario útil.

1. Mi familia no vive en este *sector* de la ciudad sino en otro ..................
2. A uno de los hermanos le gusta *luchar*, pero el otro no quiere ..................
3. ¿Cuántos *habitantes* tiene su ciudad? Se calcula que tiene una .................. de 3 millones.
4. Como la familia Jiménez no está satisfecha con su *casa*, están buscando otra ...................
5. Ellos no quieren *vivir* en los suburbios. Prefieren .................. más cerca del centro.
6. ¿Crees que hay un *error* en los datos? Sí, me parece que debe haber un .................. aquí.
7. No estoy dispuesta a *tolerar* esta situación. Y yo tampoco la puedo ...................
8. ¿Por qué *te paras*? Yo .................. para ofrecer mi asiento a la viejita que acaba de subir al autobús.
9. ¿Te *satisface* mi trabajo? Sí, me ..................

**B.** Complete las frases con los antónimos de las palabras en cursiva.

1. La tasa de .................. es tan alta que algunas personas aceptarían cualquier *empleo* que se les ofreciera.
2. ¿Me dijo que es un pariente *lejano*? No, le dije que es un pariente ..................
3. A pesar de su mirada *dura*, su tono era ..................
4. ¿Es ésta su dirección *del pasado*? No, es mi dirección ..................
5. ¿*Estás* orgulloso de lo que has hecho? No, ..................
6. Siempre esperábamos que la situación se *mejorara*, pero ahora nos damos cuenta de que ..................

**C.** ¿Qué hace Ud. al conocer a una persona? ¿Qué dice Ud.? ¿Y qué dice Ud. al despedirse de otra persona? Indique si se usan las siguientes expresiones o costumbres al conocerse o al despedirse.

1. ponerse de pie cuando una mujer entra
2. "A sus órdenes."
3. "Mucho gusto."
4. "Que le vaya bien."
5. dar la mano
6. "Para servirle."

**D.** Complete el siguiente párrafo con las palabras de la lista.

averiguar
ambulatorio/a
hacerle una mala jugada
salud mental
sudar
trastorno
tratamiento

Esta clínica se dedica solamente a pacientes .................. que tienen .................. nerviosos o problemas de .................. que requieren .................. Primero, tratamos de .................. exactamente cuál es el problema. Algunos pacientes nos cuentan que no pueden dormir, que tienen la tendencia de .................. en ciertas situaciones, que creen que tienen enemigos o que alguien va a .................. .

**E.** Marta Ochoa escribe un resumen de su entrevista con Albert Gómez. Tradúzcalo al español.

Albert Gómez is a veteran who left the army eleven months ago. His wife is pregnant and they are expecting their first child. Since leaving the army, he has worked as a machinist, but has had to leave his job due to his inability to get along with others.

## *Ejercicios de análisis*

**A.** Comente los siguientes puntos sobre la personalidad de Albert Gómez.

1. Su opinión sobre las clínicas psiquiátricas
2. Su estado emocional al hablar con la trabajadora social

3. Sus experiencias militares
4. Sus relaciones familiares
5. Su aceptación de los consejos de Marta Ochoa
6. Sus objetivos personales

## *Temas de conversación*

**A.** Haga el papel de la Srta. Ochoa y conteste a las preguntas que hace Albert Gómez. Un/a compañero/a puede hacer el papel del cliente.

1. ¿Estoy en una clínica psiquiátrica?
2. ¿De dónde sacaron la idea de que yo estoy loco?
3. ¿Cómo es que trabajan aquí?
4. ¿Pero Ud. quiere decir que el médico me va a preguntar lo que yo pienso?
5. ¿Qué van a pensar los demás?
6. ¿Qué es lo que me pasa?

**B.** Imagínese la conversación que Albert Gómez tiene con el psiquiatra, el Dr. Castillo. Represente el diálogo con un/a compañero/a.

*A. Gómez:* Mire, Doctor, la verdad es que no entiendo por qué siempre estoy tan nervioso ..................

*Dr. Castillo:* Pues es frecuente este fenómeno en los veteranos. Tuvo seguramente experiencias muy difíciles en la guerra.

*A. Gómez:* ..................

## *Temas de composición*

**A.** La Srta. Ochoa debe escribir un resumen de la entrevista con el paciente Albert Gómez. Escríbalo usted haciendo las indicaciones necesarias bajo las siguientes categorías.

Estado emocional del paciente:

Motivo de la visita:

Problemas médicos:

Problemas emocionales:

Relaciones familiares:

Recomendaciones:

# CASO 10

# *Violencia en la familia*

# Violencia en la familia

## Vocabulario útil

### SUSTANTIVOS

**la borrachera**  drunkenness
**los celos**  jealousy
**la orden de protección**  restraining order

### VERBOS

**doler**  to hurt, to feel pain
**golpear**  to hit
**tomar**  to drink

### ADJETIVOS Y ADVERBIOS

**con calma (adv.)**  calmly
**enseguida (adv.)**  at once, immediately
**familiar**  family
**golpeado/a**  beaten
**herido/a**  injured, wounded
**hinchado/a**  swollen
**tranquilo/a**  calm, quiet, tranquil

### EXPRESIONES

**lo de siempre**  the same old thing
**menos mal**  thank goodness; fortunately
**no poder más**  to be unable to take any more
**por lo menos**  at least

### VARIACIONES LINGÜÍSTICAS

**agüitado/a**  agitado; upset, agitated
**¡Ay, bendito!**  Thank goodness! (positive use) Good heavens! (lament)

## Notas culturales

1. Puerto Ricans cope with the new environment on the mainland because of the supportive, help-giving familial and cultural systems they bring with them, the supportive systems which, already there, are available for help. (Rogler, 1978)

2. The third ranked cause of death in the Puerto Rican born population was cirrhosis of the liver, with an average annual rate of 45.4 per 100,000 population; this value is significantly above the average annual death rate of 36.5 per 100,000 in the city as a whole. For the total population, cirrhosis of the liver is the fifth ranked cause of death. (Alers, 1978)

## Violencia en la familia

*Doris Zambrano es una trabajadora social del Centro de Consejería* La Familia, *una agencia privada que ofrece terapia individual y de grupo a personas con problemas matrimoniales° y familiares.*          marital

*Desde hace varios meses Aida Rivera, de 31 años, casada y madre de 3 hijos, ha asistido a sesiones individuales con Doris Zambrano en relación a los problemas que tiene con su esposo.*

*En la oficina del Centro de Consejería* La Familia, *Doris Zambrano recibe una llamada urgente de su cliente, Aida Rivera.*

| | | | |
|---|---|---|---|
| | A. Rivera: | ¿Señora Zambrano? Soy yo, Aida Rivera (sollozando)°. | sobbing |
| 10 | D. Zambrano: | ¿Qué pasa, Aida? | |
| | A. Rivera: | ¡Ya no puedo más! | |
| | D. Zambrano: | Pero, ¿qué sucedió? | |
| | A. Rivera: | ¡Que volvió ese animal, ese bruto, estoy toda golpeada! Pero por lo menos nada les pasó a los nenes. | |
| 15 | D. Zambrano: | A ver, a ver, con calma. ¿Estás herida? ¿Necesitas ver al médico? | |
| | A. Rivera: | No, sólo la cara la tengo muy hinchada y el ojo se me está poniendo negro. | |
| | D. Zambrano: | Menos mal, ¿y los nenes? | |
| | A. Rivera: | Con María, la vecina que vive en el otro piso. Cuando él empezó le dije a Junior que se fuera con los otros nenes. | |
| 20 | D. Zambrano: | ¿Dónde estás ahora? | |
| | A. Rivera: | En la esquina en el teléfono público. Pasé la noche donde María°, pero ella no tiene teléfono y tuve que salir a llamar. | at María's house |
| | D. Zambrano: | Muy bien que no pasaste la noche en el apartamento. No debes volver allá todavía. | |
| 25 | A. Rivera: | Él ya se fue. Oí la puerta cerrarse. | |
| | D. Zambrano: | Óyeme, lo mejor es que no vuelvas todavía. Puede° que él regrese. Mira, vamos a hacer esto: voy para allá enseguida. ¿Dónde nos podemos encontrar? | es posible |
| 30 | A. Rivera: | ¿Qué tal en el *coffee shop* de la Calle 4, el de la esquina? | |
| | D. Zambrano: | Perfecto. Dentro de 20 minutos llego. | |
| | | (A los 20 minutos en el restaurante). | |
| | A. Rivera: | Doris, mírame cómo estoy, ya decidí que ése no me lo vuelve a hacer. | |
| | D. Zambrano: | Debemos ir al hospital para que te examinen ese ojo. | |
| 35 | A. Rivera: | Bueno, sí, me duele un poco, y la cara también. | |
| | D. Zambrano: | ¿Has comido algo desde anoche? Mira, vamos a desayunar primero y luego vamos al hospital. | |
| | A. Rivera: | Estaba tan agüitada que no le pude recibir nada a María°. | I couldn't accept anything that María offered me. |
| | D. Zambrano: | ¿Y los nenes siguen allá? | |
| 40 | A. Rivera: | Sí, María los está cuidando. | |

## Relatando el caso

*La mesera les trae el desayuno a la mesa y las dos comienzan a comer. Después de haber terminado continúan conversando.*

| | | | |
|---|---|---|---|
| | D. Zambrano: | Bueno, Aida, cuéntame ahora lo que pasó. | |
| | A. Rivera: | Pues, ya les había dado la comida a los nenes, y de pronto, ahí estaba. Y pasó lo de siempre. Estaba con una borrachera que volaba°. Y empezó con sus celos, que yo no lo quería más porque ya tenía a otro. Es que vive arrebatado° por los celos y claro, tomando siempre. De pronto ya me estaba dando°. En el momento en que él tropezó con° la mesa le dije a Junior que se fuera con los nenes donde María. | he was flying<br><br>carried away<br>hitting me/bumped into |
| 5 | | | |
| 10 | D. Zambrano: | ¿Y qué más? | |
| | A. Rivera: | Luego, me pude escapar y salí corriendo no sé ni cómo°, pasé la noche donde María. Pero ya dije eso… ¡Ay! No sé ya qué hacer. | I don't know how |

Esta abogada méxico-americana trabaja en defensa de los derechos de los miembros de su comunidad. ¿Cree Ud. que Aida Rivera se atrevería a pedir un divorcio? Justifique su respuesta.

| | |
|---|---|
| D. Zambrano: | Tranquila, tranquila. Lo que tenemos que hacer ahora es que te examinen ese ojo en el hospital y luego decidir lo que vas a hacer. |
| A. Rivera: | Mire, ya no aguanto más. Ya decidí. Voy a firmar porque quiero la protección de la policía. |
| D. Zambrano: | Si avisas a la policía y pides la orden de protección, él va a saber que ya no puede volver a golpearte. |
| A. Rivera: | Pero después lo de la corte me da nervios. |
| D. Zambrano: | Yo te acompaño, no te preocupes. No vas a estar sola. |
| A. Rivera: | ¡Ay, bendito! Si no fuera por usted. |
| D. Zambrano: | Vamos, vamos. Creo que has decidido lo mejor. |
| A. Rivera: | A veces le tienen que dar a uno en la cabeza para darse cuenta de la verdad. |
| D. Zambrano: | Bueno, Aida, vamos a hacerte ver ese ojo. |

## Ejercicios de comprensión

**A.** Cuando Aida Rivera llega al hospital la recepcionista le hace varias preguntas para completar un formulario. Conteste las preguntas como si Ud. fuera Aida.

*Recepcionista:* ¿Cuál es su problema, señora?
*Aida:* ..................
*Recepcionista:* ¿Dónde le duele?
*Aida:* ..................
*Recepcionista:* ¿tiene heridas en otra parte del cuerpo?
*Aida:* ..................
*Recepcionista:* ¿Y cómo le ocurrió esto?
*Aida:* ..................
*Recepcionista:* ¿Y el ojo se le puso así enseguida?
*Aida:* ..................
*Recepcionista:* ¿Ha tomado o comido Ud. algo en las últimas doce horas?
*Aida:* ..................
*Recepcionista:* Muy bien, señora. Tome un asiento y el doctor la atenderá lo más pronto posible.

**B.** Mientras el doctor Bustamante examina a Aida le hace varias preguntas. Conteste como si Ud. fuera Aida, usando las palabras y expresiones del Vocabulario útil.

*Doctor:* Quédese tranquila, señora. Esto va a dolerle un poquito. Tiene el ojo muy hinchado. ¿Cómo le pasó?
*Aida:* ..................
*Doctor:* ¿Y por qué le golpeó?
*Aida:* ..................
*Doctor:* Tranquila, tranquila. ¿Puede aguantar el dolor un momento más?
*Aida:* ..................
*Doctor:* Sí, tenemos muchos casos de abuso familiar. ¿Y qué piensa hacer, volver a vivir con su esposo?
*Aida:* ..................
*Doctor:* Menos mal que Ud. tiene ayuda del Centro. ¿Es la primera vez que le pasa una cosa así?
*Aida:* ..................
*Doctor:* Muy bien, señora. Ud. ha sido muy buena paciente. Vuelva a verme el miércoles de la semana entrante y le quitaré los puntos (*stitches*).

**C.** Doris Zambrano acompaña a Aida a la estación de policía para pedir la orden de protección. El agente que está de guardia no habla español y Doris sirve de intérprete. Haga el papel de Doris y traduzca el siguiente diálogo.

*Policía:* Good morning, ladies. What can I do for you today?
*Doris:* This is Aida Rivera and she would like to obtain a restraining order against her husband.
*Policía:* Well, first she has to answer a few questions. Do you speak English, Mrs. Rivera?

| | |
|---|---|
| *Aida:* | Just a little. Doris, ¿me puede traducir lo que él dice? |
| *Doris:* | Sí, cómo no. I'll be happy to translate for both of you. |
| *Policía:* | Fine. Ask her why she wants a restraining order. |
| *Doris:* | .................. |
| *Aida:* | Sí. Dígale, por favor, que mi esposo me golpeó, que yo y los nenes estamos escondidos ahora en la casa de una vecina y que acabo de recibir tratamiento en el hospital. |
| *Doris:* | .................. |
| *Policía:* | I see. Is that why you have that bandage (*venda*) under your eye? |
| *Doris:* | .................. |
| *Aida:* | Sí. Y dile también, Doris, que tengo mucho miedo de esa bestia y que no es la primera vez que esto ocurre y que no puedo más. |
| *Doris:* | .................. |
| *Policía:* | I understand. Here is the form that Mrs. Rivera has to sign, right here. |

## *Ejercicios de análisis*

**A.** Analice el caso de Aida Rivera comentando los siguientes temas:

1. Su relación con Doris Zambrano, la trabajadora social
2. Las recomendaciones que hace Doris Zambrano
3. Las consecuencias del comportamiento de su esposo en los niños
4. La decisión de firmar la orden de protección

**B.** Observe la foto de un grupo de chicos en su clase. Estos alumnos son felices tanto en su casa como en el colegio. Tienen un ambiente tranquilo y una vida sana. Diga de qué manera afectaría la vida de estos niños un caso de abuso familiar.

## Temas de conversación

**A.** Al llegar al hospital para hacerse examinar sus heridas, Aida Rivera es entrevistada por el Dr. Bustamante. Con un/a compañero/a de clase haciendo el papel del doctor, complete el diálogo siguiente.

*Aida:* Pues, mire, Doctor ..................
*Doctor:* ..................
*Aida:* ..................

**B.** Entre las opciones que Aida Rivera tiene disponibles para resolver los conflictos con su esposo podemos enumerar las siguientes:

1. Informar de lo sucedido a la policía y firmar una orden de protección.
2. Convencer a su esposo de que visite a un terapeuta para que aprenda a controlar su comportamiento y busque un tratamiento para su alcoholismo.
3. Conseguir una separación completa de su esposo y no permitirle visitas a los niños.
4. No informar a la policía, pero advertirle a su esposo de que sí lo hará si continúa comportándose de esta manera.
5. Mudarse a otra ciudad sin que su esposo lo sepa.

Con varios compañeros/as de clase debatan estas opciones, explicando las las ventajas y desventajas de cada posición.

## Temas de composición

**A.** Escriba un breve informe sobre el caso de Aida Rivera como si usted fuera la trabajadora social. Utilice las categorías dadas a continuación para organizar los datos.

Fecha y lugar del incidente:

Descripción del incidente:

Informe médico:

Estado emocional del cliente:

Recomendaciones:

**B.** El uso de la violencia física para resolver conflictos familiares es un problema que afecta a la sociedad en general. Imagínese que usted trabaja como editorialista en el periódico de su comunidad. ¿Cómo comentaría este problema en un artículo periodístico?

# CASO 11

*En la junta
de padres*

# En la junta de padres

## Vocabulario útil

### SUSTANTIVOS

**la asignatura**  subject, course
**la basura**  trash, garbage
**la bienvenida**  welcome
**el/la consejero/a**  advisor
**la cuestión**  issue, matter
**el hecho**  fact
**la ley**  law
**el/la licenciado/a**  lawyer
**la mayoría**  majority
**la suciedad**  dirt, filth
**el vidrio**  glass, window

### VERBOS

**agradecer**  to thank
**lograr**  to manage, achieve
**suspender**  to fail (flunk)

### ADJETIVOS

**bienvenido/a**  welcome
**escandalizado/a**  scandalized, horrified
**lleno/a**  full
**orgulloso/a**  proud
**roto/a**  broken

### EXPRESIONES

**a medida que**  at the same time as
**llevar a cabo**  to carry out

### VARIACIONES LINGÜÍSTICAS

**el lonche**  lunch (Anglicism)
**el pachuco**  gang

## Notas culturales

1. One of the most important changes that inclusion of culture has brought about in education has been the development of parent involvement programs and procedures. In a paper on parent involvement in federally funded programs, Datta (1973) reviews the great impact that these programs have had on both the schools and on parents who are poor and/or members of ethnic groups that have previously been excluded from participation in the educational process. She found that parents who were extensively involved in the schools were more confident of their ability to control their environment and saw themselves as more successful and more skillful. (Ramírez, 1978)

2. One of the reasons, or maybe I should say ways, in which bilingual education has improved the educational attainment of Hispanic students, is parental involvement. A study recently released by Columbia University noted that "many critics of bilingual education fear that the programs will hinder the integration of minority groups into American society and eventually foster cultural and political separatist movements." The study concluded, however, that "our research indicates that parents become more involved in their schools and community—more integrated into the educational and political system on local state, and national levels—when their children are enrolled in bilingual programs." (Zamora, 1983)

Esta familia méxico-americana es bilingüe. ¿Cuáles son las ventajas de ser bilingüe?

## En la junta de padres

*Los padres de los estudiantes de la escuela* La Frontera *están reunidos para proponer soluciones a los problemas que afectan a la escuela. Por este motivo han invitado al licenciado Oscar Paz, un abogado, experto en programas de educación bilingüe. A la reunión asisten Amalia Morales, presidente; Oscar Paz, J.D., abogado del Centro de Educación de Servicios Legales y varios padres, entre ellos, Luis Rodríguez, María Rodríguez, Estrella Garro y Ricardo Flores.*

A. Morales: Apreciados amigos, muy buenas noches y bienvenidos. Quiero agradecerles a todos su presencia aquí esta noche. Sin la participación de ustedes la asociación de padres no podría celebrar esta reunión. Quiero además, en nombre de todos nosotros, darle la bienvenida al licenciado Oscar Paz que ha venido aquí desde muy lejos para poder estar en esta reunión esta noche. El licenciado tiene muchos años de experiencia en el campo de la acción comunal y en la lucha por los derechos de la raza, y ha visitado diferentes organizaciones de padres en Arizona, Texas, Colorado y Nuevo México, sirviéndoles de consejero con el objetivo de mejorar las escuelas. Él está aquí para ayudarnos. (Aplauso).

Licenciado, hemos pensado que para presentarle una visión más clara de nuestra situación usted podría escuchar los comentarios de algunos de los padres sobre los problemas que han tenido en la escuela. A ver, tú, Luis, ¿le quieres decir algo?

L. Rodríguez: Bueno, pos, eso fue por Mayre, la niña, la de ocho años. Es que no estaba contenta en la escuela, y no nos decía nada de por qué. Pos entonces María, mi mujer, y yo decidimos que había que venir a ver qué era lo que pasaba.

M. Rodríguez: Y con razón la niña no quería ir a la escuela. Todo estaba bien cochino°: los baños, las paredes°, las clases…     *filthy/walls*

A. Morales: A ver, tú, Luis, parece que quieres decir algo.

L. Rodríguez: No, solamente que el pleygraun daba vergüenza, todo lleno de basura, hasta con vidrios rotos por esos pachucos que se la pasan ahí por las noches.

A. Morales: Estrella, ¿a ver tú?

E. Garro: Sí, es verdad todo eso estaba muy mal. Pero para mí lo peor es que los niños que no saben inglés se sienten perdidos. No hay quién les explique en su propio idioma lo que deben hacer, y si no hacen la tarea, los miran mal. No es por rebeldía, es que no entienden a la maestra. A mi hijo, a Tomás, lo suspendieron porque lo pescaron°     *caught*
hablando español varias veces. Es que el principal había prohibido que lo hablaran. Pero ¿qué van a hacer esos niños si no saben el inglés?

A. Morales: Sí, éste es el problema más grave: aquí hay una mayoría de chicanos, pero eso no les importa. Todo es en inglés: los juegos, las canciones, las clases…

R. Flores: Pido la palabra°. Claro que tienen razón al respecto del idioma, pero     *I would like to speak*
eso no significa que la suciedad tampoco sea un problema grave. Yo mismo vine a ver la escuela en mi hora de lonche y me quedé escandalizado cuando vi que la situación era peor de lo que me habían dicho Sandrita y Ricardito, mis hijos. Es que a veces uno cree que los niños exageran, pero les voy a decir, nadie puede estudiar con esas condiciones, con ventanas rotas, basura por todas partes. En realidad, es algo intolerable.

A. Morales: Como ve, licenciado, aquí tenemos una situación grave. Por eso nos hemos reunido, para buscarle soluciones a los problemas de nuestra escuela. Pero necesitamos su ayuda. Porque, eso sí, queremos tener resultados y hay que saber ponerles las cosas en claro° a los que están en el poder.

O. Paz: Pues es un gusto estar aquí con ustedes y ojalá° pueda ayudarles en     *let's hope*
estas cuestiones. Nuestra oficina tiene ese objetivo: vamos a donde nos llamen para trabajar con los padres, para servirles de asesores° y     *advisors*
educarlos sobre cómo pueden organizarse eficazmente para lograr las metas que se han propuesto.

Quizás podamos empezar a charlar un poco sobre el problema del idioma para los niños. En casos como éste, la mejor solución es

CASO 11 | EN LA JUNTA DE PADRES    **153**

Estos profesores méxico-americanos pertenecen al distrito educativo de San Francisco. ¿Cree Ud. que la educación bilingüe debiera estar en manos de profesores hispanos o anglos? ¿Por qué?

tratar de establecer en la escuela un programa de educación bilingüe. De esta manera, el niño puede estudiar su propio idioma al mismo tiempo que va aprendiendo el inglés. Poco a poco el niño va estudiando sus asignaturas en inglés, a medida que vaya cogiendo° más confianza con el idioma. A ésto lo llamamos un programa bilingüe de transición y ya ha sido aprobado en varios estados como Massachusetts, Texas, California, Illinois y otros.

    Otro aspecto importante del programa bilingüe es que se pueden ofrecer cursos sobre la historia y la cultura del niño. Así el niño aprende a apreciar y a sentirse orgulloso de su propia lengua y cultura.

    Ahora, para muchas de las otras cosas que ustedes han mencionado, lo más importante es el hecho de que ya han decidido trabajar juntos. Les voy a mostrar ahora una película sobre una asociación de padres en West Chicago que ha logrado varias reformas en sus escuelas y también han podido llevar a cabo ciertos cambios en la comunidad. En la película se hablará de varias leyes relacionadas con la educación bilingüe y les quisiera explicar algo sobre éstas antes de que vean la película.

*as he gains*

*En 1974 el Equal Educational Opportunity Act* declaró que ningún estado puede negarle° oportunidades educativas a un individuo por motivos de su raza, color, sexo o país de origen. En 1975, el gobierno federal aprobó los *Lau Remedies* que permiten el uso de diferentes métodos en las escuelas para que los niños aprendan el inglés y no se atrasen en las otras asignaturas. Bueno, más tarde hablaremos más sobre éstas y otras leyes. Por el momento les voy a dejar estos folletos° que les pueden dar más información. Veremos la película, y después tendré mucho gusto en contestar sus preguntas.

deny

brochures

## *Ejercicios de comprensión*

**A.** Complete las frases con el sinónimo de la palabra en cursiva.

1. El *abogado* es un buen consejero. Los padres escuchan con atención al .................
2. Hay muchas *ventanas* rotas y otros ................. están tan sucios que no se ve nada afuera.
3. En algunos *cursos* los estudiantes hablan inglés, pero en otras ................. hablan español.
4. Hay *más* mujeres que hombres en este país. Son una .................

**B.** Dé el adjetivo que corresponda al sustantivo en cursiva.

1. Dicen que lo que pasa en la escuela es un *escándalo*. Ellos están .................
2. Ellos tienen *orgullo* de ser chicanos y quieren que sus hijos se sientan ................. también.
3. La junta le da la *bienvenida* al licenciado y él se siente muy .................

**C.** Dé la forma correcta del verbo que corresponda al adjetivo en cursiva.

1. Estamos muy *agradecidos*. Queremos ................. le su visita.
2. Los vasos estan *llenos*. Acabamos de ................. los.
3. Están *rotos* los vidrios. Los pachucos los .................

**D.** Los padres de la asociación "Padres unidos" enviaron una carta al comité que se encarga de las escuelas de su región. Ahora acaban de recibir la contestación. Tradúzcala al español.

Dear Members of Padres unidos:

We thank you for your letter of October 25 in which you detail the problems you have found in the school building and those that your children have encountered. After much discussion of your letter, the members of the school committee have decided that it would be to our mutual benefit to meet in order to discuss these problems in greater detail. Would it be possible for a representative group from your association to attend our next meeting on Wednesday, November 20 at 7:30 P.M.? We look forward to meeting with you at that time.

Very truly yours,

School Committee

**E.** Conteste a las preguntas siguientes.

1. ¿Por qué ha venido el licenciado Oscar Paz?
2. ¿Cuáles son algunos de los problemas que los padres le cuentan al Licenciado Paz?
3. ¿Cuál es el fin de la oficina que representa el licenciado?
4. ¿Cómo describe el programa de educación bilingüe?
5. ¿Qué hace el gobierno federal para apoyar los programas de educación bilingüe?

## *Ejercicios de análisis*

**A.** Evidentemente los padres de la junta están hablando de una escuela primaria. ¿Cómo era la escuela primaria donde Ud. asistió? Conteste a las siguientes preguntas y compare sus respuestas con las de sus compañeros/as.

1. ¿Dónde estaba la escuela? ¿Estaba cerca o lejos de su casa? ¿Iba Ud. a la escuela a pie o en autobús?
2. ¿Cómo era el edificio de la escuela? ¿Era nuevo o viejo? ¿Estaba limpio o sucio? ¿Tenía instalaciones como un gimnasio, una biblioteca o un patio (*playground*) grande?
3. ¿Cómo eran sus compañeros? ¿Había algunos que no hablaban inglés? ¿Había clases especiales para los que no hablaban inglés? ¿Cuál era la composición racial o étnica de su escuela? ¿Cómo se llevaban los estudiantes?
4. ¿Qué cambios se efectuaron mientras Ud. estaba en la escuela? ¿A qué se debían esos cambios?
5. ¿Participaban sus padres en la asociación de padres y maestros? ¿Cree Ud. que es importante que los padres tengan interés en la escuela de sus hijos? ¿Por qué?

## *Temas de conversación*

**A.** Aquí tenemos dos puntos de vista sobre la educación bilingüe. Úselos para comenzar un debate.

*Sra. Ramírez:* Yo quiero que mis hijos tengan la posibilidad de asistir a una escuela bilingüe donde puedan estudiar en español mientras aprenden inglés y donde se les enseñe sobre su cultura. Es importante que retengan su cultura y la lengua que se habla en casa. Claro, también deben aprender inglés, y por supuesto quiero que eventualmente estén en clases que se enseñen en esa lengua.

Mrs. Jackson: I don't think it's fair to ask the taxpayer to support a bilingual school system. Look at the millions of immigrants who came to this country and who sent their children to the public schools. After all, this country is a melting pot, and how are the Spanish-speaking children ever going to be assimilated into the American culture if they don't learn the language spoken by everyone else? The public schools have always played an important role in the assimilation process.

## *Temas de composición*

**A.** Escriba una carta al periódico de su ciudad o universidad para expresar su opinión o sus sugerencias sobre la educación bilingüe. Opine sobre:

1. Los pros y contras de una educación bilingüe para los grupos minoritarios
2. Los problemas que resultarían para la comunidad con/sin ese programa bilingüe
3. Sus recomendaciones

# CASO 12

# *Acción comunal provivienda*

# Acción comunal provivienda

## Vocabulario útil

### SUSTANTIVOS

**el asunto**  matter, issue
**la averiguación**  inquiry, verification
**el dato**  fact, piece of information
**el/la dueño/a**  owner
**el edificio**  building
**la entrada**  entrance (hall)
**la esperanza**  hope
**el/la inquilino/a**  tenant
**la mejora**  improvement
**la oscuridad**  darkness
**el/la propietario/a**  landlord, landlady, property owner
**la urbanización**  real estate development

### VERBOS

**atender**  to serve, take care of, attend to
**cumplir**  to do (one's part), carry out, fulfill (an obligation)

### ADJETIVOS Y ADVERBIOS

**claro/a**  clear
**justo/a**  fair, just, right

### EXPRESIONES

**a la vuelta de**  just around the corner from
**a lo mejor**  perhaps, maybe
**a propósito**  by the way
**dar en el clavo**  to hit the nail on the head
**dar miedo**  to frighten
**manos a la obra**  let's get to work
**ponerse en marcha**  to start off
**tener éxito**  to be successful

### VARIACIONES LINGÜÍSTICAS

**la carcacha**  jalopy (Mexican-American)
**estar ardido/a**  to be angry
**el jol**  hall (Anglicism)
**el lanlor**  landlord (Anglicism)
**la marqueta**  market (Anglicism)
**mesmo/a**  mismo/a
**la mira**  meter (Anglicism)
**mismito/a**  mismo/a

## Notas culturales

Raza communities all over are struggling to house programs for the benefit of residents, and to integrate the practical needs of barrio life with the cultural and political directives of that community. (*Our Barrios*, 1983)

## Acción comunal provivienda

*El programa* Manos a la obra *de la agencia comunitaria* Acción comunal provivienda *tiene el propósito de ayudar a inquilinos en sus problemas con los propietarios de las casas.*

*María Rosa Martínez llega a la oficina de la agencia para que la ayuden a resolver un problema que tiene con el dueño del edificio donde vive. Al entrar se encuentra con Rita Tapias, la secretaria, quien le presenta a Idalia Alvarado, la trabajadora social.*

R. Tapias:     Buenas°, ¿en qué puedo servirle?     Buenas Tardes
M. Martínez:   ¿Me puede decir si está la licenciada?

| | |
|---|---|
| R. Tapias: | Pues, ahorita nomás salió, pero ya regresa. Pero a lo mejor la señora Idalia, Idalia Alvarado que trabaja aquí, la puede atender. Mire, siéntese ahí nomás y ya le voy a decir. Ah, ¿su nombre, por favor? |
| M. Martínez: | Oh, sí. María Rosa Martínez; pero la verdad es que no quiero molestar a la señora. |
| R. Tapias: | No se preocupe, pa' eso estamos aquí, pa' servirle. A propósito, yo soy Rita, la secretaria aquí. |
| M. Martínez: | Mucho gusto. |
| R. Tapias: | Mire, ya vuelvo. (Pasan unos minutos y regresa la secretaria en compañía de Idalia Alvarado). |
| R. Tapias: | Ah, señora, mire, ésta es la señora Idalia. |
| I. Alvarado: | Tanto gusto, señora Martínez, ¿no? (Le extiende la mano). |
| M. Martínez: | Para servirle (aceptando el saludo). |
| I. Alvarado: | Si gusta, podemos pasar a la oficina donde podemos hablar en privado. |
| M. Martínez: | Oh, sí, pero ¿no la estoy molestando? |
| I. Alvarado: | Tengo mucho gusto en hablar con usted. Podemos pasar a la oficina. Entre, por favor, y tome asiento. |
| M. Martínez: | Muy amable. |
| I. Alvarado: | A ver, ¿en qué le puedo servir? Soy Idalia Alvarado y me encargo de ayudar a la gente de la comunidad en asuntos de vivienda y en cualquier problema que puedan tener los inquilinos. |
| M. Martínez: | Pero, ¡qué suerte! Di en el clavo. Pues es con usted con quien tengo que hablar. Pos, mire, es sobre el edificio: la verdad es que, bueno, que nos van a dejar sin luz y ya hablamos con ese lanlor pero qué va, siempre la mesma cosa. Pior° que un disco rayado°. |
| I. Alvarado: | No se agite. Vamos a ver qué podemos hacer para ayudarla. |

peor/*broken record*

La familia hispana tiene costumbres sociales distintas a la sociedad estadounidenses. ¿Crée Ud. que es positivo o negativo que cada cultura habite en un barrio no integrado?

La familia Tellez de Oakland, California vive en una bonita casa y una hermosa comunidad. ¿Hay gente de grupos minoritarios donde Ud. vive? ¿Quiénes son?

| | | |
|---|---|---|
| 35 M. Martínez: | Mire, la verdad es que llevan tres meses sin pagar la luz. Bueno, en los jols y en la entrada, pero eso no es todo. Hay agujeros° y tiene que ver cómo quedamos con todas esas tormentas° que llevamos este invierno. Pero Madre de Dios ¿qué se va a hacer? Lo de la luz es otra cosa. Mire, ya habíamos perdido toda esperanza cuando don Segundo, el de la marqueta de la Calle 4, nos dijo que tal vez aquí nos podían ayudar. Dice que la doctora Bernstein, aunque no es latina, es buena persona y sabe mucho de estos problemas. | *holes* *storms* |
| I. Alvarado: | Sí, es verdad que hemos tenido mucho éxito ayudando a los inquilinos en programas como el de la Urbanización Sandoval. Allí los inquilinos se organizaron y han podido lograr grandes mejoras en sus viviendas. | |
| M. Martínez: | Pos, por eso pensé que aquí me podían ayudar. Mire, es que la luz no funciona y a mí la oscuridad me da más miedo que nada. Allá en el edificio nuestro, estamos a la vuelta de la iglesia de Santa Clara. | |
| I. Alvarado: | Ah, ¿es el edificio de la esquina? | |
| 50 M. Martínez: | Sí, ése. Pos, la verdad es que por el día no hay mucho problema, pero ya de noche se vienen todos los pachucos y ahí mismito llegan con sus carcachas. La verdad es que una persona decente no quiere pasar por ahí. ¿Y sin luz, cómo vamos a quedar? | |
| I. Alvarado: | Pero dígame, ¿cómo es eso de la luz? | |
| 55 M. Martínez: | Pos, sólo que nosotros pagamos lo nuestro. Eso sí, cumplimos y cada uno paga su parte del apartamento. Pero el lanlor ese se embolsilla° todo y no cumple con la compañía eléctrica. Entonces vienen a leer la | *pockets* |

mira y que nosotros tenemos que pagar o nos van a cortar° la luz en   to cut off
todo el edificio. Mire, eso no es justo.

60  *I. Alvarado:*   Mire, tiene razón de estar ardida pero no se agite más. La situación me parece bien clara. Sólo necesito que me dé unos datos y así la cuestión se pone en marcha. Vamos a empezar las averiguaciones. La licenciada tiene mucha experiencia en estos asuntos y pondrá esto en camino a una solución.

## *Ejercicios de comprensión*

**A.** Dé el sustantivo que corresponda al verbo en cursiva.

1. Tengo que *averiguar* ciertas cosas. Después te avisaré de mis ................
2. ¿Cuándo van a *mejorar* este edificio? Las .................. ya son urgentes.
3. Estamos buscando una .................. en este barrio porque nos gustaría *vivir* en esta zona.
4. *Esperamos* que las noticias sean buenas. Tenemos ..................
5. ¿Dónde se puede *entrar*? Ah, aquí está la ..................

**B.** Escoja la frase de la columna B que mejor conteste a las preguntas de la columna A.

A

1. ¿Es usted la persona que ha alquilado este apartamento?
2. ¿Quién es el dueño de esta casa?
3. A propósito, ¿cómo sabes que la ley no permite eso?
4. Ya es hora de trabajar.
5. ¿Cómo sabes que el dueño de la casa va a pintarla?
6. ¿Qué hace la gente que trabaja en esta oficina?
7. ¿Por qué trabajas tanto en este proyecto?
8. ¿Te da miedo caminar sola por la noche?
9. ¿Tienes confianza en el juez?
10. ¿Dónde está la iglesia?

B

a. Porque tengo todos los datos a mano.
b. Porque quiero tener éxito en el concurso.
c. ¡Manos a la obra!
d. Sí, soy el nuevo inquilino.
e. Sí, creo que es un hombre muy justo.
f. El señor Hidalgo es el propietario de la casa.
g. Atiende a la gente que tiene problemas.
h. A la vuelta, nomás.
i. Dijo que lo va a hacer, y siempre cumple su palabra.
j. Sí, no me gusta la oscuridad.

**C.** La señora Idalia Alvarado llama a la compañía de luz para explicar por qué no se ha pagado la cuenta y para pedir que no se corte la luz. Traduzca su conversación con la representante de la compañía que la atiende.

*I. Alvarado:*   Hello. This is Mrs. Alvarado of *Manos a la obra*, the community housing organization.
*Rep.:*   Good morning, Mrs. Alvarado. What can I do for you?
*I. Alvarado:*   I had a visit this morning from a woman who lives in a building on Market Street. She tells me that the tenants have been paying their

|  |  |
|---|---|
| | share of the light bill to the landlord, but that he has been pocketing the money instead of using it to pay the bill. |
| Rep.: | Let me just check that on the computer. Yes, the bill at that address has not been paid for three months. |
| I. Alvarado: | Yes, and the tenants are afraid that the company will cut off the light. Our organization is taking action now to make sure that the bill is paid. Could you please postpone (*aplazar*) taking action for another week? |
| Rep.: | I think it would be possible. Let me speak to the supervisor about it. I'll call you back in an hour. |

## *Ejercicios de análisis*

**A.** Suponga que Ud. está trabajando en la oficina de *Manos a la obra*, y llega un inquilino con un problema. Con un/a compañero/a de clase, haga un diálogo utilizando las siguientes expresiones:

1. Entre, por favor.
2. Tanto gusto.
3. Tome asiento. (Siéntese.)
4. ¿En qué puedo servirle?
5. Estoy aquí para servirle.

**B.** La señora Martínez menciona varios problemas que existen en su edificio. Explique cómo la afectan.

1. los agujeros
2. la luz
3. el lanlor

## *Temas de conversación*

**A.** Divídanse en grupos de 4 personas y hagan una lista de los problemas que tienen en sus apartamentos, dormitorios o casas familiares. Piensen en los ruidos, la limpieza, el estacionamiento, la recogida (*collection*) de basuras, la calefacción (*heat*) o cualquier otro tipo de problema. Elijan a un miembro del grupo que hará el papel de dueño. Desarrollen una escena presentándole al dueño sus quejas (*complaints*). El dueño tratará de buscarles solución.

## *Temas de composición*

**A.** Vamos a suponer que Ud. es un inquilino en el mismo edificio donde vive la señora Martínez. Escriba una breve nota al dueño de la casa, el señor Valverde, apuntándole los problemas y pidiéndole una cita.

**B.** Imagine que Ud. vive en un apartamento que comparte con otros u otras dos estudiantes y que tiene muchos problemas con ellos/as por cuestiones de orden y limpieza. Escriba una carta a sus padres justificando su cambio de casa.

# CUADRO 3

# *A contraviento: el exilio cubano*

# Los cubanos de los Estados Unidos

## ☐ *César Zamora*

Llegó hace 23 años, bibliotecario° de una firma de abogados en Miami.

¡Sabe usted lo que es volver a empezar° a los cuarenta años! Yo ejercía° mi profesión en Cuba; me gradué de abogado y con mi hermano teníamos una sociedad° familiar. Teníamos unos aserraderos°. Bueno, se gozaba un poco también, me gustaba ir al Sans Souci°, al Yacht Club, y todo se vino abajo°. De la noche a la mañana°, nada. Llegamos a Miami con lo que teníamos puesto y nada más. Si no fuera por la ayuda del Refugio y la de mi hijo, César Jr., quien ya vivía aquí y estaba para graduarse de ingeniero, hubiéramos tenido mucho trabajo°. Pero nos tocó duro°. Pinté casas, a Amelita mi mujer le tocó° cuidar niños. Bueno al fin logré sacar mi título° de *Library Science* y Amelita sacó su maestría en literatura española y pudo colocarse° en un *college*. Ya es otra historia, ya tenemos casa aquí en Coral Gables.

*librarian*
*to begin again/ practiced*
*company*
*sawmills*
*a nightclub/collapsed/from one day to the next*
*hardship/it hit us hard/she had to/ degree/to place herself*

## ☐ *Macías Rendón*

Llegó hace 6 años, mesero en un restaurante cubano del centro de Miami.

Mire, no había comida en Cuba. Sabe usted lo que es 1/4 de libra° de carne al mes por persona y que sólo permiten 5 libras de arroz al mes. No alcanza°. Vivíamos de frijoles° solamente. Desesperado, me fui a ver qué conseguía en el mercado negro y me pescaron°. Fui a dar° a la Isla de Pinos. Mire, los niños pasando hambre y esos mayimbes° viviendo como los turistas de antes. No se podía seguir así. Es que estábamos fritos°. Cuando salí de la cárcel ya sabía que nos teníamos que ir. Hablé con mi cuñado° y planeamos todo: empezamos a guardar° agua, un poco de arroz, a visitar los puertos. Al fin nos decidimos, nos apoderamos de° un barco pesquero. Éramos 10: a los niños les dimos pastillas de dormir°, se nos acabó° la gasolina y pensamos que esto ya se había acabado, pero por fin nos recogió° el guardacostas° norteamericano. A veces creo que todo fue un sueño.

*pound*
*it's not enough*
*beans*
*they caught me/I wound up/big shots/done for brother-in-law/store up/took over*
*we ran out/picked us up/Coast Guard*

## ☐ *Nancy Miyares*

Llegó hace 24 años, vicepresidenta de una agencia de publicidad en Manhattan, Nueva York.

Tenía 19 años cuando salimos de Cuba. Claro, hubo problemas para acostumbrarnos al nuevo medio° pero éramos más afortunados que los demás porque la compañía de mi padre lo trasladó a Nueva York. Así logramos salir. La verdad es que nunca tuvimos que pasar los apuros° de muchos. Tuvimos que dejar todo, mis padres perdieron todo, pero aquí teníamos una base. Aunque ese primer invierno mi madre y yo nos turnábamos° el abrigo de invierno y las botas, pero yo entré a estudiar de una vez° y trabajaba en la oficina de una compañía de seguros°.

*surroundings*

*difficulties*
*we took turns with/immediately/ insurance*

Esta imprenta pertenece a una familia cubana en Florida. Hay muchos negocios cubanos en los Estados Unidos.

## ☐ Danny y Aldy Rivera

Llegaron hace 18 años, dueños de una fábrica de muebles en Coral Gables.

| | | |
|---|---|---|
| D. Rivera: | Estábamos recién casados. Yo tenía una lesión en un pulmón° y por eso pude salir. | lung |
| A. Rivera: | Salimos por España. Allá estaba un tío mío. Es que la familia de mi madre era de Bilbao. Estábamos los dos nomás, porque a las jimaguas° las habíamos mandado con mi suegra°. Dos años pasaron antes de que pudiéramos reunirnos todos. ¡Qué tiempos aquellos! | twins<br>mother-in-law |
| D. Rivera: | Bueno, llegamos, empezamos a trabajar con Rolando, mi cuñado, allá en un taller de electrodomésticos° que tenía él, y poquito a poco fuimos juntando°, se presentó la oportunidad y nos metimos° en esto. Es que mi viejo me había enseñado todo lo de carpintería y aquí eso daba muy buen resultado. Aldy maneja todo lo de la oficina y las jimaguas vienen a la fábrica después de la escuela. | electrical appliances/saving (money)/got involved |
| A. Rivera: | Este país nos ha tratado muy bien. Estamos muy agradecidos. Lo único es que Josy y Odalys, las jimaguas, ya casi no hablan español, pero qué se va a hacer°. | what can you do about it? |

## ☐ *Magaly Alonso*

Nació en los Estados Unidos, estudiante de literatura española, vive en West New York.

Soy cubana y puertorriqueña. Mi padre es cubano, de Marianao, y fue aquí que conoció a mi madre que es de Puerto Rico, pero qué sé yo. He estado más rodeada de° lo cubano, tal vez porque mi abuela vive con nosotros y mis tíos al otro lado de la calle, y ¡claro! aquí en West New York todo el mundo es cubano. A veces no sé lo que soy porque yo nací aquí y la verdad es que Cuba para mí es un mito°, lo que me ha contado mi abuela y lo que recuerda mi padre. Pero yo nunca he estado allá. Bueno, sí he ido a Puerto Rico y me imagino que así es. Me gustaría ir a Cuba, yo he leído de los adelantos° y me gustaría ver todo eso. Pero ni nombrarle eso° a mi padre. Para él, Fidel sigue siendo el mismo diablo. No es que yo esté a favor del comunismo, es sólo que he leído unos números de *Areíto* y también he ido a unas conferencias en el Círculo de Cultura Cubana y verdaderamente creo que lo de Cuba no es tan fácil. Me gustaría saber más de lo que pasa allá y no guiarme° sólo por lo que dice mi padre. Pero la verdad es, vaya°, es un conflicto para mí; no lo quiero herir°.

*surrounded by*

*myth*

*advances/don't even mention it*

*guide myself*

*well/to hurt*

Teresa Falcón, arquitecta, y su esposo Juan Bueno, arquitecto de paisajes, son otra muestra del alto prestigio profesional de la comunidad cubana en los Estados Unidos.

Muchos inmigrantes cubanos se han naturalizado como ciudadanos estadounidenses.

# De Varadero° a la Sagüesera

°beach resort near Havana where the airport is located

La llegada de cientos de miles de cubanos en los años 60 fue una inmigración sin precedentes en la historia de los Estados Unidos. Huyendo° del régimen de Fidel Castro, los exiliados cubanos se establecieron inicialmente en Miami, pero pronto se dispersaron por todo el país. Hoy día la población cubana, que se calcula en unos
5   700.000, forma el grupo hispano más grande del país después de los chicanos y de los puertorriqueños. Hay ciudades con una concentración cubana muy grande como Union City y West New York en Nueva Jersey, Chicago y Los Ángeles. Pero el centro de la comunidad cubana en el exilio es Miami, donde viven más de 400.000.

°fleeing

    Los cubanos han revitalizado el viejo centro de Miami. Han establecido cafés,
10  restaurantes, tiendas, farmacias, fábricas° y hasta teatros en español. Este sector de 600 manzanas° se ha llegado a conocer como la Pequeña Habana o la Sagüesera, como la llaman los cubanos por encontrarse en la parte del Suroeste de la ciudad. Un recorrido° por la Calle Ocho, el corazón de la Sagüesera, es un retorno a la Cuba añorada° por los exiliados: el restaurante Los Violines, el colegio de Belén, el café Camagüey, la
15  Ermita de la Caridad, y los juegos de dominó.

°factories
°blocks
°trip
°longed-for

## ☐ Un ramo° de flores y una bandera: El éxodo cubano del siglo XIX

°bouquet

La población cubana en la Florida tiene raíces° que se remontan° a mediados del siglo XIX, cuando grupos de cubanos se establecieron en Cayo Hueso y en Tampa. Algunos de éstos eran exiliados políticos involucrados° en las protestas y rebeliones

°roots/go back

°involved

contra España que tuvieron lugar en la lucha por la independencia de la isla. Cuba, a diferencia de las naciones del continente hispanoamericano, permaneció° bajo el dominio español hasta finales del siglo XIX. Fue sólo en 1902, después de la derrota° de España ante las fuerzas de los Estados Unidos en 1898, que Cuba obtuvo su independencia.

Además de los exiliados políticos también vinieron fabricantes° de puros°, quienes trasladaron sus fábricas a la Florida. Quizá el más conocido fue Vicente Martínez Ybor, quien en un comienzo° estableció su fábrica en Cayo Hueso, pero en 1886 la trasladó a las afueras° de Tampa, en el lugar que llegó a conocerse como Ybor City. Allí estableció viviendas, talleres°, restaurantes y hoteles para los trabajadores. Éstos desempeñaron un papel importante en las actividades políticas cubanas, apoyando la causa independentista y respondiendo al llamado que les hizo el propio líder cubano José Martí en una visita a Ybor City.

Martí luchó toda su vida por los derechos de los pobres y por la necesidad de liberar a su patria. Organizó desde el exilio el Partido Revolucionario Cubano y fundó el periódico militante *Patria*. Pero además de ser° el padre de la independencia cubana, Martí vive en el alma° de todo cubano por sus *Versos sencillos*, algunos de los cuales forman la letra° de la canción conocida por todo el mundo como "Guantanamera."

## ☐ Siglo XX

A principios de siglo, época en que regía° la enmienda° Platt que le daba derecho a los Estados Unidos a intervenir en el mantenimiento° de la independencia cubana, crece aún más el contacto entre los dos países. Aumentan° los intereses económicos

*remained*
*defeat*

*manufacturers/ cigars*
*at first*
*outskirts*
*workshops*

*besides being*
*soul*
*lyrics*

*was in effect/ amendment*
*maintenance*
*increase*

La industria azucarera de Cuba fue uno de los intereses estadounidenses en la isla a principios de siglo. ¿Hay alguna similitud entre la historia de Cuba y la de Puerto Rico?

estadounidenses en las industrias azucareras° y turísticas de la isla, a la vez° que el comercio y las oportunidades de estudio atraen a los cubanos a los Estados Unidos. No obstante° estos lazos°, la inmigración cubana es insignificante hasta la década de los 60.

## ☐ *El exilio*

Con el triunfo de la revolución cubana de Fidel Castro sobre la dictadura° de Fulgencio Batista el primero de enero de 1959, comienza la inmigración cubana a gran escala°. Es una inmigración que se caracteriza por la heterogeneidad de clases sociales. Hay exiliados médicos, albañiles°, comerciantes, obreros y académicos. Esta heterogeneidad tan particular se debe en parte a las diferentes etapas° del éxodo que a la vez corresponden a fases distintas en el proceso revolucionario cubano y en sus relaciones con los Estados Unidos.

Si Cuba fuera un lugar turístico para los norteamericanos otra vez, ¿le gustaría ir allá? ¿Por qué?

El triunfo de la revolución cubana, al mando de Fidel Castro, dio un giro radical en la historia de la isla.

## ☐ *Las diferentes oleadas*

La primera ola° de refugiados llegó de 1959 a 1961 y estaba constituida por la burguesía° y por los allegados° a Batista. A éstos los unía° la oposición a Castro y la idea de que el regreso sería inmediato. Después de la frustrada invasión de Playa Girón en 1961, empezó la segunda etapa en la que miembros de la clase media que temían la consolidación de la revolución emigraron a la Florida. En febrero de ese año el presidente John F. Kennedy estableció el programa de ayuda a los emigrados cubanos que para entonces llegaba ya a ser de 70.000 personas. Empiezan, por otra parte, los vuelos° directos entre La Habana y Miami que fueron cancelados en 1962 a causa de la crisis ocasionada por el intento de situar misiles soviéticos en la isla y el consecuente bloqueo° naval estadounidense. En 1965, cuando Castro permitió la salida de mujeres, niños y ancianos°, se inicia la tercera etapa llamada "reunificación familiar", y llegan los llamados "Vuelos° de la Libertad" a Miami. De estos vuelos se excluyeron a los hombres de 15 a 26 años que tenían que prestar servicio militar, y a las mujeres con niños de edad escolar°. De esta manera llegaron 260.000 cubanos. Esta etapa dura° hasta 1973, el año en que cesan los vuelos. Entre 1973 y 1978 sólo vienen aquéllos que logran escaparse en barcos pesqueros° y balsas° improvisadas, en su mayoría hombres en busca de un mejor porvenir° económico.

La última etapa es la de "la flotilla de la libertad" de 1980, en la que vinieron 125.000 personas desde el puerto de Mariel en la costa norte de la isla. Fue una

*wave*
*middle class/*
*followers/united*

*flights*

*blockade*
*elderly*
*flights*

*school age*
*lasts*
*fishing/rafts*
*future*

inmigración sorpresiva° hecha en embarcaciones improvisadas y constituida por individuos que el gobierno cubano había caracterizado como indeseables, criminales y enfermos mentales. Pero los datos recopilados° por el servicio de inmigración estadounidense muestran que era un grupo heterogéneo de obreros, trabajadores y algunos técnicos y profesionales. Un subgrupo había sido encarcelado° por motivos diversos tales como robos y fechorías°. En general "los marielitos", como así se les ha denominado, tenían una edad media° mucho más joven que el resto de los exiliados, y también incluían más mulatos y negros. Estos antecedentes sociales, y el hecho de que no recibieron ayuda del gobierno estadounidense como los refugiados de la década de los años 60, ha hecho su adaptación al exilio mucho más difícil. Con la ayuda de la comunidad cubana, que goza de una posición privilegiada entre los hispanos del país, *los marielitos* en su gran mayoría han podido establecerse en su nuevo país.

*surprising*

*collected*

*jailed*
*misdemeanors*
*average*

## ☐ *Desde las entrañas del exilio*

Hoy día los cubanos tienen el porcentaje más bajo de desempleo (5,0%) y el salario medio más alto ($17.548) en comparación al resto de la población hispana del país. El éxito tan extraordinario de los cubanos se puede atribuir a la buena preparación, la ética de trabajo, y el espíritu enérgico de los exiliados. El programa de ayuda del

Inmigrantes cubanos, 1960.

gobierno estadounidense permitió a muchos refugiados que revalidaran sus estudios y se integraran con rapidez a la vida del país.

Muchos son los cubanos que se han destacado° en el exilio. Basta con mencionar al diseñador° Fernando Sánchez, a la cantante Celia Cruz, al novelista Matías Montes Huidobro, a los dramaturgos° Dolores Prida e Iván Acosta, a los académicos Juan José Arrom, Raquel Chang-Rodríguez, y Oscar Fernández de la Vega, a Raúl P. Masvidal, presidente del Biscayne Bank, y al alcalde de Tampa, Roberto Martínez.

Pero el éxito en el exilio es también un recuerdo° constante de la patria lejana° que se mide° no en distancia, sino en ideología. El exiliado siempre tiene en mente el hecho de que la revolución ya cumplió los 25 años y de que sus hijos y sus nietos° ya son más norteamericanos que cubanos. La brecha° generacional es cada día más evidente en la comunidad cubana. Un problema más serio ha sido la radicalización de muchos hijos de los exiliados que se han opuesto° a la política conservadora de sus padres y han participado en movimientos de izquierda en este país, a la vez integrándose algunos a la revolución castrista desde el exilio.

También han empezado a manifestarse otros problemas. Por un lado, los cubanos son el grupo latino de mayor edad media (33,5) y entre la población más anciana han surgido problemas de depresión relacionados con el aislamiento° lingüístico y cultural

*distinguished themselves/designer*
*playwrights*

*reminder/far-off is measured grandchildren gap*

*opposed*

*isolation*

Los cubanos trajeron al continente la industria cigarrera.

Fiesta infantil de cumpleaños en la sociedad cubana de Florida.

en que viven muchos. Por otro lado, al igual que en las comunidades chicanas y puertorriqueñas, ha sido alarmante la alta tasa de abandono de estudios entre los jóvenes.

La comunidad cubana está dedicando sus esfuerzos a aliviar° estos problemas y se espera que el éxito que han tenido en otros campos° también se manifieste aquí.   *remedy*
*areas*

## Actividades de comprensión

**A.** Conteste a las siguientes preguntas sobre la historia de los cubanos en los Estados Unidos.

1. El mundo cubano en la Florida tiene raíces que se remontan a mediados del siglo XIX, cuando grupos de cubanos se establecieron en Cayo Hueso y en Tampa.
   a. ¿Quiénes eran los cubanos que llegaron en el siglo XIX?
   b. ¿Qué hacían en la Florida?
2. La primera ola de refugiados llegó de 1959 a 1961.
   a. ¿Qué grupos constituían esta ola?

3. En 1961 empieza la segunda etapa de la inmigración.
    a. ¿De qué grupo se constituía este grupo de inmigrantes cubanos?
    b. ¿Por qué se cancelaron los vuelos directos entre La Habana y Miami en 1962?
4. En 1965 se inicia la tercera etapa llamada "reunificación familiar".
    a. ¿Quiénes podían salir de Cuba en esa etapa?
    b. ¿En qué año se cesaron los Vuelos de la Libertad?
    c. ¿Cómo llegaron a Miami los que salieron de Cuba después?
5. La última etapa es la de la flotilla de la libertad de 1980.
    a. ¿Cómo se caracterizaba esa inmigración?
    b. ¿Cómo era diferente de las otras olas de inmigración?
6. El éxito tan extraordinario de los cubanos se puede atribuir a la buena preparación, el espíritu enérgico de los exiliados y a la ayuda recibida del gobierno estadounidense.
    a. ¿Cómo se manifiesta el éxito de los cubanos?
    b. ¿Cómo se manifiesta la brecha generacional en la comunidad cubana?

**B.** Compare las experiencias distintas de los entrevistados al principio del capítulo.
1. ¿Se sienten lo mismo todos ellos hacia Cuba?
2. ¿Opinan de diferente forma respecto a los Estados Unidos?
3. ¿Cuáles cree Ud. que son las diferencias más importantes entre ellos?
4. ¿Cómo se compara este grupo con el puertorriqueño y el chicano de capítulos anteriores?

# Reflejos culturales

## ☐ *Versos sencillos, por José Martí*

La experiencia del exilio, la añoranza° por la patria y la expresión del alma cubana han sido temas predilectos° de los escritores y pintores viviendo en la Cuba del exilio.

*homesickness, longing/favorite*

Uno de los nombres más sobresalientes° en las letras latinoamericanas es el de José Martí (1853–1898), patriota y poeta cubano. Las primeras tres estrofas forman la letra° de la canción popular "Guantanamera".

*outstanding*

*lyrics*

### VERSOS SENCILLOS

Yo soy un hombre sincero
de donde crece la palma°,
y antes de morirme quiero
echar° mis versos del alma.

*palm tree*

*send forth*

Con los pobres de la tierra
quiero yo mi suerte echar:
el arroyo° de la sierra°
me complace más que el mar.

*stream/mountain range*

Mi verso es de un verde claro
y de un carmín encendido°;     *flaming red*
mi verso es un ciervo° herido     *deer*
que busca en el monte amparo°.     *sanctuary*

Yo quiero, cuando me muera,
sin patria, pero sin amo°,     *master*
tener en mi losa° un ramo°     *grave/bouquet*
de flores,—y una bandera.

Yo sé de un pesar° profundo     *sorrow*
entre las penas sin nombre:
¡La esclavitud° de los hombres     *slavery*
es la gran pena del mundo!

## Comprensión cultural

**A.** Conteste a las preguntas siguientes.

1. En la segunda estrofa del poema, ¿qué relación hay entre los primeros dos versos y los últimos dos?
2. ¿Cómo describe el poeta sus propios versos?
3. ¿Cómo describe sus sentimientos hacia su patria?
4. ¿Son regionales o universales los ideales del poeta? Explique su respuesta.
5. ¿Cómo se relaciona lo que Ud. ha leído sobre la vida de José Martí en el Cuadro y lo que dice en el poema?

## ☐ *Poema* por Lourdes Casal

Lourdes Casal (La Habana, 1938–1981). Emigró a los Estados Unidos en 1961. Desde 1974, cuando empezó a publicarse *Areíto*, una revista de gran tirada° entre la comu-     *circulation*
nidad joven cubana, formó parte del Consejo de Dirección de la revista. Escribió dos libros de creación literaria, *Los fundadores: Alfonso y otros cuentos* y *Palabras juntan revolución*, poemario que recibió en 1981 el Premio Homenaje Casa de las Américas. Fue autora, además, de numerosos artículos sobre sociología, ciencias políticas y psicología.

Nunca el verano en Provincetown
y aún en esta tarde tan límpida,
(tan poco usual para Nueva York)
es desde la ventana del autobús que contemplo
la serenidad de la hierba° en el parque a lo largo de° Riverside     *grass/along*
y el desenfado° de todos los veraneantes° que descansan sobre ajadas frazadas°     *relaxation/vaca-*
de los que juguetean con las bicicletas por los trillos.°     *tioners/rumpled*
Permanezco tan extranjera detrás del cristal° protector     *blankets/paths*
como en aquel invierno     *window*
—fin de semana inesperado—
cuando enfrenté° por primera vez la nieve de Vermont.     *confronted*
Y sin embargo, Nueva York es mi casa.

Soy ferozmente leal° a esta querida patria chica°.     *fiercely loyal/little*
Por Nueva York soy extranjera ya en cualquier otra parte,
fiero° orgullo de los perfumes que nos asaltan por cualquier calle del West Side,     *fierce*
marihuana y olor a° cerveza     *odor of*
y el tufo° de los orines° de perro     *stench/urine*
y la salvaje° vitalidad de Santana     *savage*
descendiendo sobre nosotros
desde una bocina° que truena° improbablemente balanceada sobre una escalera de     *loud speaker/thunders/fire escape*
        incendios°,
la gloria ruidosa de Nueva York en verano,
el Parque Central y nosotros,
los pobres,
que hemos heredado° el lago del lado norte,     *inherited*
y Harlem rema° en la laxitud de esta tarde morosa°.     *rows/sluggish*
El autobús se desliza° perezosamente     *slithers along*
hacia abajo, por la quinta Avenida;
y frente a mí el joven barbudo°     *bearded*
que carga una pila enorme de libros de la Biblioteca Pública
y parece como si se pudiera tocar el verano en la frente sudorosa° del ciclista     *sweaty brow*
que viaja agarrado° a mi ventanilla.     *hanging onto*
Pero Nueva York no fue la ciudad de mi infancia,
no fue aqui que adquirí las primeras certidumbres°,     *certainties*
no está aquí el rincón de mi primera caída°,     *fall*
ni el silbido° lacerante que marcaba las noches.     *whistle*
Por eso siempre permaneceré al margen,
una extraña° entre las piedras,     *stranger*
aún bajo el sol amable de este día de verano,
como ya para siempre permaneceré extranjera,
aún cuando regrese a la ciudad de mi infancia,
cargo° esta marginalidad inmune a todos los retornos,     *I carry*
demasiado habanera° para ser newyorkina,     *native of Havana*
demasiado newyorkina para ser,
—aún volver a ser—

## *Comprensión cultural*

1. Haga una lista de los objetos, la gente, los ruidos y los olores que la poeta encuentra en Nueva York. ¿Son agradables la mayoría? ¿Le gustaría a Ud. vivir en una ciudad como ésta?
2. ¿Cuáles son los sentimientos de la poeta hacia Nueva York? ¿Se siente parte de la ciudad? ¿Tiene sus raíces allá? ¿Cómo se explican sus sentimientos hacia su ciudad adoptiva?

## ☐ *El silencio,* por José Sánchez Boudy

José Sánchez Boudy nació en La Habana en 1928. Actualmente es profesor de lenguas y literatura hispánica en la Universidad de North Carolina. Su actividad creadora abarca° casi todos los géneros literarios: el relato, la novela, la poesía y el cuento.     *encompasses*

La miseria lo había sacado de la patria. La miseria y la esperanza. Le habían dicho que en Estados Unidos podía revalidar su carrera de abogado; que le sería fácil porque él tenía una gran habilidad° para las lenguas. Y que como no había muchos cubanos en la tierra del Tío Sam sería recibido con los brazos abiertos. Un colombiano que conoció cuando trataba, infructuosamente°, de ganarse la vida en su tierra con las pocas habilidades que tenía como letrado°, le había dicho: "Con el inglés que tú sabes, en Estados Unidos no tienes problemas. Te haces abogado de una corporación, y ya. Tu problema es que no sabes hablar y en nuestros países el que no es orador está perdido. Pero allá, con los millones que hay, las oportunidades para los letrados son gigantes. Márchate con tu mujer. Además, no hay cubanos por allá. Lo malo es cuando tienes la piel prietecita° como yo o ya hay una colonia de tus compatriotas. Entonces te cogen miedo. Pero si no, te dan todo tipo de facilidades°".  *ability*  *fruitlessly*  *abogado*  *swarthy*  *assistance*

Como las cosas por su patria no andaban bien políticamente, se decidió a emigrar. Un día vendió, en la casa de empeño° de la esquina de su casa, sus muebles y demás andariveles°, y con la mujer se marchó al extranjero; con la mujer y el hijo de siete meses que ella llevaba en las entrañas°.  *pawnshop*  *things*  *womb*

Cuando pisó el aeropuerto pequeño de Miami vio los cielos abiertos. Ahora sí que iba a tener una gran oportunidad. "Ahora, mi mujer, vamos a ganar todos los billetes° que queramos, y nuestro hijo nacerá aquí: será americano".  *dollar bills*

Pasó fácilmente por emigración porque llevaba visa de turista. La de residente era muy difícil de conseguir. La embajada apenas la otorgaba°; ni a los abogados, porque podían ser carga° pública.  *granted*  *burden*

El Hotel al que llegó en la playa no era de lo mejor. De cuando en cuando una cucaracha° se paseaba campante por el medio de la sala, virando la cabeza, y él tenía que hacerla estallar°. Pero no era falta de higiene: "es que Miami viejo es un cucarachero. Tanta mata de coco°, tanta palma y tanta arena°. Además estos hoteles viejos".  *cockroach*  *get rid of it*  *coconut trees/sand*

Pero a él aquello no le importaba. La esperanza nunca lo abandonaba; la esperanza que llevaba clavada en el pecho° como un hongo° a la tierra. "Mira, vamos a descansar dos o tres días y después visito los bufetes° de abogado y me ofrezco como consultor latinoamericano. ¿Cómo no se me ocurrió eso en Cuba? No hay que ser orador sino saber de papeles. Así que ya todo está resuelto. Vamos a bañarnos en la playa, que aquí todo está tan bueno que ni frío hay".  *chest/mushroom*  *offices*

El abogado americano lo miraba sonriente°. —Cómo no le vamos a dar trabajo, hombre. Sí necesitamos un especialista latinoamericano. Ganará diez mil pesos.  *smilingly*

Se quedó boquiabierto°. —Diez mil pesos, ¿dice usted diez mil pesos?  *with his mouth open*

—¿Le parece poco? Si usted puede producir más…

—¿Producir más?

—Claro, usted tiene que traer al bufete casos, y de las ganancias° el bufete le pagará su salario. Así es como se trabaja aquí.  *earnings*

—Pero para eso trabajo para mí.

—Pero es que su título°…. Además, no se olvide que éste es el bufete Smith, Smith, Farley and Francovichky. Oiga como suena: Smith, Smith, Farley and Francovichky.  *degree*

El abogado americano lo miraba sonriente. Le sonría con cariño.

—Figúrese la situación. Usted no ha metido° nada este mes en el bufete. Resulta que es usted el que le debe° dinero al bufete. No leyó usted el contrato.  *put*  *owe*

—Leer el contrato.

—No lo leyó. Pues queda despedido°. Smith, Smith, Farley and Francovichky no puede tener un abogado que no ha leído un contrato. Sí, le debe usted mil pesos al bufete. Queda despedido.   *you are fired*

—¿Así que tiene un hijo recién nacido°?   *newborn*
—Sí, y por eso necesitamos la casa.
La dueña del apartamento lo miraba de arriba abajo°. Era gorda, cuadrada como una jicotea°, con los pies varilosos por el trabajo de la factoría.   *up and down / tortoise*

—Pero usted no habla inglés.
—Claro que lo hablo. No me oye.
—¿No lee inglés?
—Pues claro que lo leo.
—No ve lo que ahí dice.
—Miró al letrero°: NO CHILDREN. NO PETS.   *sign*
—Además, mi amigo: no nos gustan los extranjeros.
—Pero usted es extranjera. Su acento.
—Yo soy norteamericana. NO CHILDREN. NO PETS.

—No children no pets.
—No children no pets.
—No children no pets.
—No children no pets.
—No children no pets.

Lo volvió a llenar la esperanza. En el bolsillo° le quedaban unos pocos centavos°, lo suficiente para coger° la guagua°.   *pocket/cents / to catch/bus*
—Es verdad que no nos hemos rozado° con esos exiliados para que no nos confundan con ellos, Beatriz. Pero les están dando mucho. Voy a ir al Cuban Refugee Center a hacerme pasar por uno de ellos. Les diré que soy abogado. Seguro me consiguen trabajo fuera de aquí donde sí hay negocios con América Latina. Ya tú verás. O de otra cosa.   *associated*

La señora del Refugio lo miraba detenidamente°. ¿Así que usted quiere un sitio muy tranquilo, lo más tranquilo del mundo?   *slowly*
—Bueno, lo más tranquilo. Donde todo sea paz y tranquilidad. Estoy cansado.
La americana lo miró sonriendo. Lo miró con sonrisa paternal en los ojos:
—Lo tenemos. Formidable°. Será para usted lo más tranquilo del mundo. Mire, aquí tiene el pasaje para mañana. Va para Atlanta, Georgia. Allí lo recoge° Mr. Dorth el pastor y lo lleva al pueblo donde va a trabajar. Él le dará el trabajo.   *terrific / pick up*
—¿En Atlanta?
—En un sitio tranquilo. Aquí lo tiene todo. Todo.
—Pero...
—¿Acepta o no acepta?
—Bueno.
Recogió el sobre° cerrado con los pasajes y la carta para el pastor.   *envelope*

El pastor le sonreía, como la mujer, paternalista. Con una gran simpatía.
—¿Qué la parece la casa? Todo dado por la iglesia. Los muebles un poco viejos pero pintados por voluntarios°, como la casa.   *volunteers*
—¿Y el trabajo?

—Como usted lo quiere: tranquilidad absoluta. Buenísimo. Trabajará poco. Venga que lo llevo.

El auto iba por la carretera polvorienta° de las afueras° del pueblo. Él no había tenido más remedio° que irse de Miami. Obedeció al miedo. Por eso ni se atrevía° a hacer preguntas. Ni se atrevió. Aunque no fuera de abogado siendo un buen trabajo. El problema era vivir y la angustia° de los meses pasados…
—El sitio más tranquilo del mundo, mi amigo.
Habían parado frente al cementerio. El pastor le sonreía paternalmente.
—Oiga.
—Muy poco trabajo. Es usted el sepulturero°. Aquí se muere poca gente. Un trabajo muy codiciado°. Good Luck, Good Luck. GOOD LUCK MY FRIEND. YOU ARE REALLY A LUCKY MAN.

*dusty/outskirts*
*no other*
  *recourse/dare*
*anguish*

*gravedigger*
*coveted*

## Comprensión cultural

**A.** Para cada número hay dos respuestas apropiadas y una que no es apropiada. Escoja las dos apropiadas.

1. El hombre y su esposa vinieron a los Estados Unidos porque…
    a. eran pobres
    b. querían un porvenir mejor
    c. tenían problemas familiares
2. El hombre se muestra poco preparado para la vida en el exilio porque…
    a. va en seguida al Cuban Refugee Center
    b. cree todo lo que le dicen
    c. es un abogado que no ha leído su propio contrato
3. Trabajaba ilegalmente porque…
    a. tenía visa de turista
    b. era abogado
    c. no tenía visa de residente
4. Su primer empleo fue con…
    a. una corporación
    b. un bufete
    c. un grupo de abogados
5. Quedó despedido porque…
    a. los abogados norteamericanos no necesitaban un especialista latino-americano
    b. no trajo ningún caso al bufete
    c. no había ganado nada
6. Al ser despedido…
    a. perdió la esperanza
    b. debía dinero al bufete
    c. aprendió la importancia de leer un contrato
7. La dueña del apartamento no quiere alquilárselo porque…
    a. él no tiene suficiente dinero
    b. ya tiene un hijo
    c. a ella no le gustan los extranjeros

8. El hombre y su esposa por fin fueron al Refugio Cubano porque...
   a. buscaban ayuda
   b. querían estar con sus compatriotas
   c. no tenían más dinero
9. La señora del Refugio...
   a. le ofreció un empleo en un sitio tranquilo
   b. le dio dinero
   c. le dio poco tiempo para pensar en la oferta de empleo
10. Él aceptó el trabajo sin hacer muchas preguntas porque...
    a. le dijeron que iba a ganar mucho
    b. no se atrevía a hacer más preguntas
    c. no tenía más dinero
11. Según el pastor, el hombre tiene suerte porque...
    a. se muere poca gente en ese pueblo
    b. es un trabajo tranquilo
    c. puede seguir ejerciendo su profesión

**B.** Comente los siguientes temas con sus compañeros/as de clase.

1. El carácter y la capacidad profesional del personaje principal
2. Las actitudes del abogado norteamericano, la dueña del apartamento y la mujer del Cuban Refugee Center
3. La actitud del pastor

...con libertad y justicia para todos...

# UNIDAD IV

# *El empleo*

# CASO 13

# Solicitando trabajo

# Solicitando trabajo

## Vocabulario útil

### SUSTANTIVOS

**el anuncio (clasificado)**  ad (classified)
**el beneficio**  benefit
**la búsqueda**  search
**el dicho**  saying
**el/la empleado/a**  employee
**la guardería infantil**  day care center
**el honorario**  honorarium; fee
**los ingresos**  income
**la oferta**  offer, offering; announcement
**el/la patrón/a**  boss
**el refrán**  proverb
**el requisito**  requirement
**la solicitud**  application form

### VERBOS

**advertir**  to warn
**cobrar**  to charge, collect
**exigir**  to demand, require
**llenar**  to fill in
**repartir**  to distribute, give out
**solicitar**  to apply; to seek, look for

### EXPRESIONES Y DICHOS

**A la tierra que vayas, haz lo que vieras.**  When in Rome, do as the Romans do.
**No es ningún pastel.**  It's not easy.

## Solicitando trabajo

*En el Centro El Refugio, Elba García Mederos, trabajadora social, da una conferencia a un grupo de inmigrantes hispanos. El tema de esta sesión informativa es la búsqueda de trabajo en los Estados Unidos.*

Como representante del Centro quisiera darles una cordial bienvenida a todos. Ya muchos de ustedes saben que yo me encargo de la sección de empleo. Esta noche quiero hacerles una introducción general sobre la situación de empleos en este país. Espero responder a preguntas como, ¿qué es lo que exigen los patrones?, ¿cuáles son los requisitos para trabajar?, y muchas otras. Pienso que esta información les será muy útil para la búsqueda de empleos.

Pero quiero advertirles a todos que esto no es ningún pastel; es un proceso lento y difícil. El consejo más sabio° que puedo darles es recordarles el dicho: "A la tierra que vayas, haz lo que vieras."   °wisest

Para comenzar entonces, me parece que debo intentar responder a la pregunta que todos ustedes se deben estar haciendo: ¿Cómo se encuentran los trabajos?

Pues, primero tienen que saber dónde es que se anuncian las ofertas de empleos. Como en muchos de los países de donde vienen, aquí los periódicos también publican una sección de anuncios clasificados en la que se incluyen ofertas de trabajo de distintos tipos. (Les muestra algunas páginas de anuncios clasificados en varios periódicos).

Otra fuente° de información son las agencias estatales de empleo que pueden   °source

¿Qué cree Ud. que la entrevistadora está evaluando de la entrevistada?

ayudarles sin cobrar dinero. También pueden ir a las agencias privadas, pero éstas por lo general cobran un honorario por sus servicios. En los panfletos° que les daré al final de la charla, encontrarán más información sobre todo esto.   *pamphlets*

Ahora, cuando salgan a buscar trabajo lo primero que van a necesitar es la tarjeta
25 del Seguro Social°. Sin ella, no pueden trabajar y por eso al final de la charla vamos a   *Social Security card*
llenar las solicitudes para que ustedes las obtengan lo más pronto posible.

También practicaremos cómo llenar solicitudes de trabajo como éstas (les muestra varias hojas°.)   *forms*

Al llegar a una oficina siempre les pedirán que llenen una solicitud y es impor-
30 tantísimo que lo hagan con mucho cuidado. Bueno, creo que ya he hablado suficiente. Vamos a repartir estas hojas y panfletos y a trabajar en grupos.

(Mientras se distribuyen las hojas, algunos de los asistentes° hacen varias   *those attending*
preguntas).

L. Sandoval: ¿Y eso del Social? ¿Adónde lo tenemos que llevar?
35 E.G. Mederos: ¡Qué buena pregunta! Se me había olvidado decirles que en los grupos les vamos a dar la lista de las oficinas que les corresponden de acuerdo con las direcciones° de cada uno.   *addresses*

A. Ramos: ¿Cómo es el asunto con los viejos? Es que mi tía no está como para°   *is in no condition*
trabajar y no sabemos qué beneficios puede recibir.

| | | |
|---|---|---|
| 40 E.G. Mederos: | Pues, eso depende de los ingresos de las personas que se han hecho responsables de ella. En estos casos el gobierno proporciona° ingresos suplementarios. Si puede pasar a ver a la señora Pujals en la oficina, ella le puede dar toda esa información. | *gives* |
| M. Pérez: | ¿Y cómo trabajo yo si todavía tengo una criatura de pañales°? | *baby in diapers* |
| 45 E.G. Mederos: | Pues, eso depende de los arreglos que usted haga. Nosotros recomendamos que se dejen los niños al cuidado de guarderías infantiles. La doctora Otero le puede dar información sobre esto. ¿Ya todos tienen las hojas? Bien, vamos a empezar con la hoja del Seguro Social, la del color amarillo… | |

## *Ejercicios de comprensión*

**A.** Dé el sustantivo que corresponda al verbo en cursiva. Consulte el Vocabulario útil.

1. ¿Estás *buscando* un empleo? Te deseo suerte en tu ....................
2. La compañía no debe *requerir* tantas habilidades para esta posición. Me parece que los .................... son demasiado rígidos.
3. Buenos días, señorita. Vengo a *solicitar* trabajo. Muy bien, señor. Primero tiene que llenar esta ....................
4. Es imposible hablar con Ernesto o *decirle* algo porque siempre contesta con un .................... o un refrán totalmente inapropiado.
5. ¡Te *advierto* que no hagas eso! Escucha bien mi ....................

**B.** Escoja la palabra que, por su significado, no pertenece al grupo. Consulte el Vocabulario útil.

1. el honorario; la hoja; la solicitud; la planilla
2. el patrón; el jefe; el empleado; el dueño
3. el beneficio; el puesto; el empleo; el trabajo
4. llenar; completar; escribir; cobrar
5. notificar; exigir; comunicar; informar
6. solicitar; buscar; cumplir; pedir
7. distribuir; advertir; repartir; dividir
8. los ingresos; el sueldo; el salario; la búsqueda
9. la expresión; la oferta; el dicho; el refrán

**C.** Lea la lista siguiente y diga en qué orden dio la trabajadora social esos consejos.

—Tener una tarjeta del Seguro Social.
—Conocer la situación de empleos en el país.
—Llenar una solicitud de empleo.
—Conocer dónde se anuncian las ofertas de empleos.
—Leer los periódicos o ir a una agencia estatal o privada.
—Saber dónde se hace la tarjeta del Seguro Social.

**D.** Responda a las siguientes preguntas sobre la sesión informativa que ha tenido lugar en el Centro *El Refugio*.

1. ¿Cuál es el propósito principal de esta reunión?
2. ¿Qué hace Elba García Mederos?
3. El proceso de búsqueda de trabajo en los Estados Unidos, ¿es fácil o difícil? ¿Qué advertencias hace la trabajadora social?
4. ¿En qué fuentes informativas se anuncian los trabajos? ¿Cuál es la diferencia entre una agencia estatal y una agencia privada?
5. ¿Qué hacen los asistentes a la reunión cuando se reúnen en grupos?

## *Ejercicios de análisis*

**A.** Analice y estudie cuidadosamente el panfleto que aparece en la página 190 y que explica cómo se puede solicitar un número de Seguro Social. Después responda a las preguntas basándose en la información que acaba de leer.

1. ¿Se puede obtener un número de Seguro Social sin ser ciudadano de los Estados Unidos?
2. Ya soy ciudadano de los Estados Unidos, pero no tengo pasaporte. ¿Puedo presentar el certificado de naturalización?
3. ¿Tengo que ir personalmente a la oficina del Seguro Social o se pueden mandar los documentos por correo?
4. Mi hija tiene 19 años. ¿Puedo solicitar el número por ella?
5. Tengo solamente una fotocopia de mi certificado de bautismo. ¿La aceptarán como prueba de identidad?
6. ¿Cuánto tiempo se tarda en obtener la tarjeta?
7. ¡Dios mío! ¡Cuántos documentos piden! ¿Hay que presentar todos?
8. Tengo el certificado de nacimiento de mi hijo. ¿Me sirve como prueba de identidad?

## COMO SOLICITAR UNA TARJETA DE NUMERO DE SEGURO SOCIAL
**(Original, Reemplazo o Corrección)**
(How to apply for a Social Security Number Card (original, replacement or correction))

Esta solicitud puede ser usada para solicitar un número de Seguro Social por primera vez, para obtener una tarjeta de reemplazo o cambiar cualquier información en su récord. Antes que empiece a completar esta solicitud, haga el favor de leer la información indicada abajo, las instrucciones en la página 2 y la información sobre la Ley de Confidencialidad en la página 4 de este formulario.

### DONDE SOLICITAR

Usted puede solicitar enviando por correo sus documentos y formularios a la oficina de Seguro Social más cercana o trayéndolos en persona. Sin embargo, usted tiene que solicitar *en persona* en una oficina de Seguro Social si:

1. Usted tiene 18 años o más y nunca tuvo una tarjeta de Seguro Social, o
2. Usted es un extranjero cuyos documentos de inmigración no deben ser enviados por correo.

### EVIDENCIA QUE NECESITARA

La Ley de Seguro Social requiere que usted suministre pruebas de su edad, identidad y ciudadanía de los Estados Unidos o estado legal de extranjero cuando solicita una tarjeta de Seguro Social. La prueba que usted debe someter depende de las circunstancias en que usted se encuentre. Hay 4 categorías diferentes descritas abajo. Encuentre la que corresponde a usted y luego lea las instrucciones cuidadosamente.

**Tiene que someter documentos originales o certificados como evidencia—no podemos aceptar fotocopias notarizadas o no certificadas. Le devolveremos todos los documentos que haya sometido. NOTA: todos los documentos sometidos como evidencia pueden ser retenidos temporalmente y verificados con el custodio de los registros originales.**

Si tiene alguna pregunta o necesita ayuda en obtener sus documentos, sírvase llamar o visitar en persona la oficina de Seguro Social más cercana.

**1. Ciudadano de los Estados Unidos-Nacido en los Estados Unidos Solicitando un Número Original de Seguro Social**

Haga el favor de someter un documento de Lista A y por lo menos uno de Lista B.

Lista A. Prueba de Edad y Ciudadanía

Uno de los registros siguientes establecidos antes que usted cumpliera 5 años:

- Certificado de nacimiento público o de hospital
- Registro religioso de nacimiento o bautismo

Si su nacimiento no fue registrado o el archivo público ya no existe, suministre documentos de la lista B para evidencia de edad y ciudadanía. Por lo menos un documento tiene que enseñar su nombre, edad o fecha de nacimiento, y el lugar de nacimiento. Debe tener por lo menos un año.

Lista B, Prueba de Identidad (Un certificado de nacimiento no es prueba de identidad.)

- Tarjeta de identidad del Estado
- Póliza de seguro
- Licencia de conductor
- Tarjeta de identificación escolar
- Certificado de vacuna
- Récord de adopción
- Récord escolar o libreta de calificaciones
- Récord de la clínica, médico o de hospital
- Certificado de matrimonio o decreto de divorcio
- Insignia o botón de trabajo o pase
- Tarjeta electoral
- Tarjeta de reclutamiento o de identificación militar
- Crónica de periódico reportando el nacimiento
- Tarjeta de identidad de bienestar público de año anterior
- Identificación militar de dependiente
- Pasaporte o tarjeta de identidad de los Estados Unidos
- Récord de la iglesia de confirmación o de afiliado
- Récord de la guardería infantil
- Mandato de la corte por cambio de nombre
- Registro de sindicato de obreros o fraternidad
- Afiliación de niño en los Boy Scouts, Girl Scouts, o cualquier otra organización juvenil
- Cualquier otro documento que provea datos de identificación tal como una descripción física, fotografía o firma.

**2. Ciudadano de los Estados Unidos-Nacido fuera de los Estados Unidos Solicitando un Número Original de Seguro Social**

Si usted nació fuera de los Estados Unidos pero es un ciudadano de los Estados Unidos, debe someter:

a. Informe de nacimiento del consulado de los Estados Unidos y prueba de su identidad (vea categoría 1, Lista B); o
b. Su certificado extranjero de nacimiento (si está disponible) y uno de los siguientes:
- Tarjeta de identidad de los Estados Unidos
- Carta de ciudadanía
- Certificado de ciudadanía
- Pasaporte de los Estados Unidos
- Papeles de licencia militar indicando ciudadanía de los Estados Unidos

**3. Extranjero - No Siendo Ciudadano de los Estados Unidos Solicitando un Número de Seguro Social**

Si usted es un extranjero que está viviendo en o está visitando los Estados Unidos, debe traer su certificado extranjero de nacimiento (si está disponible) y uno de los siguientes:

- Tarjeta de Registro de Extranjero I-151 or I-551
- Formulario de Inmigración de los Estados Unidos I-94, I-95, I-185, I-186 o I-586 (y I-444 *si aplica*).

**NOTA: No envíe estos documentos - tráigalos con usted**

Nosotros podemos asignar un número de Seguro Social para trabajar solamente si usted es un extranjero de residencia permanente o de otra manera la Oficina del Servicio de Inmigración y Naturalización (INS) le dio autorización para trabajar.

Si usted es un extranjero legalmente admitido *pero no está autorizado a trabajar* y usted tiene una necesidad justificada para obtener un número de Seguro Social por una razón que no sea trabajo, nosotros le expediremos un número. Sin embargo, anotaremos su registro y la tarjeta indicará que el número no es válido para un empleo. Si alguna usa el número en un empleo, notificaremos al Servicio de Inmigración de que está trabajando sin autorización. Además, cualquier información obtenida con referencia a esta solicitud puede ser entregada al Servicio de Inmigración y Naturalización.

**4. Cualquier Solicitante Pidiendo una Corrección o Tarjeta de Reemplazo**

Usted tiene que presentar por lo menos prueba de su identidad, tales como uno o más de los documentos en categorías 1 (Lista B), 2 o 3. Si usted nació en el extranjero (o nació en los EE.UU. pero ya no es ciudadano de los EE.UU.), tiene que presentar también prueba de ciudadanía actual de los EE.UU. o estado legal de extranjero. Después que revisemos sus documentos, se le pueden pedir pruebas adicionales de su edad o ciudadanía de los EE.UU. o estado legal de extranjero.

Si usted está cambiando su nombre, tiene que proveer documentos que indiquen su nombre **previo** y su **nuevo** nombre. Aceptaremos un documento si indica el nombre previo y el nuevo nombre o más de un documento si cada uno solamente uno de los nombres. Si el cambio de nombre se debe a matrimonio o divorcio, el certificado de matrimonio o el decreto de divorcio generalmente es suficiente si el documento indica su nombre previo y su nuevo nombre.

Form SS-5-SP (7-82)

**B.** Analice y estudie cuidadosamente las siguientes instrucciones del panfleto sobre cómo llenar la solicitud. Despues llene la solicitud de la manera más completa posible.

### INSTRUCCIONES PARA LLENAR EL FORMULARIO DE SOLICITUD

**Si usted no sabe la respuesta a una pregunta y no puede hallar la respuesta, escriba "desconocido" en el espacio para la respuesta.**

Si tiene algunas preguntas acerca de cómo llenar el formulario, qué documentos tiene que someter con él, o si una entrevista en persona es necesaria, por favor llame a la oficina de Seguro Social más cercana al número indicado en el directorio de teléfono. Después que su solicitud sea completada y todas las pruebas necesarias sean recibidas, su oficina local le puede decir aproximadamente en cuánto tiempo usted recibirá su tarjeta de Seguro Social en el correo. Las instrucciones abajo están numeradas para que correspondan con los renglones numerados en la solicitud.

1. Haga el favor de escribir su nombre completo como usted lo usa para el trabajo, escuela, u otro asunto oficial. Si usted tiene un segundo nombre, indíquelo en el espacio apropiado. Su nombre completo será registrado en nuestros registros; sin embargo, solamente su primer nombre, inicial y apellido aparecerán en la tarjeta misma, a menos que usted específicamente pida que escribamos su nombre por completo.
    Si su nombre ha cambiado, indique en el segundo renglón el nombre que se le dió al nacer.
    Si ha usado cualquier otro nombre durante su vida, indíquelo en el tercer renglón. No incluya apodos a menos que sean usados oficialmente en la escuela o trabajo. Más de un nombre puede ser indicado.

2. Escriba la dirección donde usted quiere que le envíen su tarjeta de Seguro Social. Si la correspondencia a su nombre normalmente no se recibe en la dirección que usted indica, use una dirección "al cuidado de." Ejemplo: c/o J. Sanchez, 1 Elm St.

3. Marque el encasillado que aplica a usted. Si usted marcó "Otro," por favor someta una declaración explicando su situación y por qué usted necesita un número de Seguro Social. (Puede adjuntar una hoja por separado.)

4. Marque el encasillado para indicar su sexo.

5. Mientras que el no completar esta sección no tendrá efecto para obtener un número de Seguro Social, esta información es importante para saber cómo los programas de Seguro Social afectan a diferentes grupos de personas en nuestra Nación. También es esencial para preparar estadísticas para determinar el acatamiento de las leyes Federales de derechos civiles. Cuando son usadas para este propósito las estadísticas son presentadas como sumarios u otras formas de información que no revelan los nombres de los individuos.

6. Indique su fecha de nacimiento, mes, día, año.

7. Indique su edad desde su **último** cumpleaños.

8. Indique la ciudad y Estado donde nació. Si usted nació fuera de los Estados Unidos, indique el nombre de la ciudad y país. Por favor no use abreviaciones.

9. Los nombres de sus padres, aunque hayan fallecido, son muy importantes en establecer su récord original e individual con el Seguro Social. Esté seguro de indicar el nombre completo de su madre cuando ella nació. Si el apellido de su padre es diferente a su nombre al nacer, por favor explique por escrito, por ejemplo, "padrastro" o "padre adoptivo" después del nombre de su padre. Use cualquier nombre que usted prefiera. Sin embargo, si usted ha solicitado una tarjeta anteriormente, use el nombre del mismo padre, padrastro, etc., que usted usó cuando solicitó la primera vez.

10. Si el individuo en el ítem 1 ha solicitado una tarjeta de Seguro Social anteriormente pero necesita una corrección o una tarjeta de reemplazo, marque "Sí" en 10a y complete 10b-10e. Asegúrese de escribir los nueve dígitos completos del número de Seguro Social en 10c en el orden exacto. Si la fecha de nacimiento en el ítem 6 es diferente a la fecha indicada en cualquier solicitud anterior de un número de Seguro Social o tarjeta de reemplazo, indique en 10e la fecha de nacimiento usada anteriormente.
    Si el individuo en el ítem 1 no solicitó nunca la tarjeta de número de Seguro Social, marque "No" en 10a, y pase al Ítem 11.
    Si el individuo en el ítem 1 no sabe si él/ella solicitó antes la tarjeta de número de Seguro Social, marque "Desconocido" en 10a, y pase al ítem 11.

11. Indique la fecha de hoy en mes, día y año.

12. Si tenemos que comunicarnos con usted por cualquier razón, preferimos llamarlo por teléfono. Haga el favor de indicar un número de teléfono donde podemos llamarlo o dejar un mensaje para usted. Incluya el prefijo de zona.

13. Firme su nombre como lo escribe usualmente. No escriba en letra de molde a menos que usted firme corrientemente en letra de molde. Si está solicitando en nombre de otra persona, firme el nombre de usted. Si usted no puede escribir su nombre, puede firmar con una cruz "X." Dos personas tienen que firmar como testigos de su firma.

14. Marque el encasillado al lado de "Sí mismo," si usted está llenando el formulario para usted. Si usted está llenando el formulario para otra persona, marque el encasillado al lado de "Otro" e indique su relación con el solicitante; por ejemplo, "padre" o "tutor."

Form SS-5-SP (7-82)

2

## CASO 13 | SOLICITANDO TRABAJO

**DEPARTMENT OF HEALTH AND HUMAN SERVICES**
**SOCIAL SECURITY ADMINISTRATION**

Form Approved
OMB No. 0960-0066

**FORMULARIO SS-5-SP - SOLICITUD PARA UNA TARJETA DE NUMERO DE SEGURO SOCIAL**
(Original, Reemplazo o Corrección)
(Application for a Social Security Number Card)
(Original, Replacement or Correction)

MICROFILM REF. NO. (PARA USO DE SSA SOLAMENTE)

A menos que la información solicitada sea suministrada, no podremos expedir un Número de Seguro Social (20 CFR 422.103(b))

**INSTRUCCIONES PARA EL SOLICITANTE** ▶ Antes de llenar este formulario, haga el favor de leer las instrucciones en la página opuesta. Puede escribir a máquina o en letra de molde, usando una pluma con tinta azul oscura o negra. No use lápiz.

**1.** NOMBRE QUE SE VA A PONER EN LA TARJETA — Primer Nombre | Segundo Nombre | Apellido
NOMBRE COMPLETO AL NACER (SI ES DIFERENTE DEL ANTERIOR) — Primer Nombre | Segundo Nombre | Apellido
OTRO(S) NOMBRE(S) USADO(S)

**2.** DIRECCION POSTAL *(Calle y Número, Número de Apartamento, Apartado Postal, Ruta Rural)*
CIUDAD | ESTADO | ZONA POSTAL

**3.** CIUDADANIA *(Marque solamente uno)*
☐ a. Ciudadano de los EE.UU.
☐ b. Extranjero legal con permiso para trabajar
☐ c. Extranjero legal sin permiso para trabajar
☐ d. Otro *(Vea instrucciones en la página 2)*

**4.** SEXO
☐ Hombre
☐ Mujer

**5.** RAZA /DESCRIPCION ETNICA *(Marque solamente uno) (Voluntario)*
☐ a. Asiático, Asiático-americano o Isleño del Pacífico *(incluye personas de ascendencia o descendencia China, Filipina, Japonesa, Coreana, Samoana, etc.)*
☐ b. Hispano *(Incluye personas de ascendencia o descendencia Chicana, Cubana, Mejicana o Mejicana-americana, Puertorriqueña, Sud-o Centro-Americana o de otra ascendencia o descendencia Española)*
☐ c. Negro *(no Hispano)*
☐ d. Indio Norte-Americano o Indígena de Alaska
☐ e. Blanco *(no Hispano)*

**6.** FECHA DE NACIMIENTO ▶ MES | DIA | AÑO
**7.** EDAD EN LA ACTUALIDAD
**8.** LUGAR DE NACIMIENTO ▶ CIUDAD | ESTADO O PAIS

**9.** NOMBRE DADO A LA MADRE CUANDO ELLA NACIO — Primer Nombre | Segundo Nombre | Apellido *(nombre de soltera)*
NOMBRE DEL PADRE — Primer Nombre | Segundo Nombre | Apellido

**10.**
a. ¿Ha solicitado anteriormente la persona cuyo nombre aparece en Item 1, o cualquiera actuando en su nombre, una tarjeta de número de Seguro Social? ☐ SI (2) ☐ NO (1) ☐ Desconocido (1)
Si contestó "SI," ¿cuándo? — MES | AÑO
b. ¿Se recibió la tarjeta? ☐ SI (3) ☐ NO (1) ☐ Desconocido (1)
Si contestó "SI" al "a" o "b", complete Items c, d, y e; en otro caso, pase al Item 11.
c. Indique el Número de Seguro Social ☐☐☐-☐☐-☐☐☐☐
d. Indique el nombre que aparece en la tarjeta de Seguro Social más reciente.
e. Fecha de nacimiento anterior incorrecta *(Vea la Instrucción 10 en la página 2.)* — MES | DIA | AÑO

**11.** LA FECHA DE HOY ▶ MES | DIA | AÑO
**12.** Número de teléfono donde lo podemos llamar durante el día. Incluya el prefijo de zona. ▶ CASA | OTRO

**ADVERTENCIA:** El proveer deliberadamente (o causar que se provea) información falsa en esta solicitud es un crimen que tiene castigo de multa, encarcelamiento, o ambos.

**13.** SU FIRMA
**14.** SU PARENTESCO CON LA PERSONA EN ITEM 1
☐ SI mismo ☐ Otro *(Especifique)*

TESTIGO *(Se necesita solamente si firma con una cruz " X ")* | TESTIGO *(Se necesita solamente si firma con una cruz " X ")*

---

NO ESCRIBA DEBAJO DE ESTE RENGLON (PARA USO DE SSA SOLAMENTE)

SSN ASSIGNED ☐☐☐-☐☐-☐☐☐☐
DTC | SSA RECEIPT DATE:
NPN
BIC
DOC | NTC | CAN
SIGNATURE AND TITLE OF EMPLOYEE(S) REVIEWING EVIDENCE AND/OR CONDUCTING INTERVIEW.
TYPE(S) OF EVIDENCE SUBMITTED
☐ MANDATORY IN PERSON INTERVIEW CONDUCTED
DATE
DATE
IDN | ITV | DCL

Form **SS-5-SP** (7-82)

## Temas de conversación

**A.** Usted solicita para un trabajo como consejero/a en el Centro de Ayuda a Inmigrantes. El director del Centro le hará una entrevista para averiguar cuáles son sus cualificaciones. Con un/a compañero/a de clase en el papel del director, representen la entrevista en frente de la clase.

*Director:* Cuénteme algo sobre sus experiencias previas. ¿Qué hizo en su primer trabajo?
*Usted:* ..................
*Director:* ..................

**B.** Con otra persona de la clase simule una llamada de teléfono solicitando el trabajo que aparece en este anuncio.

### TRABAJO INMEDIATO

Es un Part-Time en el Diario Las Américas donde se necesitan personas para el Departamento de Venta de Suscripciones.

Se gana desde el entrenamiento y se paga sueldo básico más comisión por ventas.

Es indispensable tener automóvil y poder trabajar desde las 5 de la tarde en punto.

Se están aceptando aplicaciones durante los próximos 3 días de 4:00 a 5:00 de la tarde, en cualquiera de las siguientes direcciones.

10989 S.W. 40 St. (Bird Road) Plaza de Compras Granada.

2920 N.W. 39 St. (Diario Las Américas)

5370 Palm Ave. No. 4 (Hialeh)

NO ES PARA REPARTIR RUTA DE PERIODICOS

## Temas de composición

**A.** Escriba una lista de recomendaciones que se podrían hacer a un grupo de inmigrantes hispanos que han comenzado a trabajar en los Estados Unidos. Comente la importancia de la puntualidad y de saber cuáles son los beneficios y los requisitos del trabajo.

**B.** Complete la siguiente solicitud como si usted estuviera solicitando trabajo.

```
                        SOLICITUD DE EMPLEO

   Sr.
   Sra.
   Srta. _____
         Apellido        Nombre              Inicial
   Dirección _____
            Número    Calle              Ciudad         Estado
   Teléfono _____   Edad _____  Nacionalidad _____
   Lugar de nacimiento _____ Número de Seguro Social _____
   Estado civil: soltero  casado  divorciado  Nombre de esposa o esposo _____
   _____ Nombre y edad de los hijos: _____
   _____


   Educación    Nombre de la institución    Desde/Hasta    Título
   Primaria:    _____      _____     _____
   Secundaria:  _____      _____     _____
   Universitaria: _____      _____     _____
   Otra:        _____      _____     _____


   Experiencia:
   Nombre de la empresa         Dirección              Desde/Hasta
   _____     _____         _____

   _____     _____         _____


   Referencias personales:
   Nombres y apellido           Dirección              Teléfono
   _____     _____         _____

   _____     _____         _____

   Fecha _____   Firma del solicitante _____
```

# CASO 14

# *Preparándose para una entrevista*

# Preparándose para una entrevista

## Vocabulario útil

### SUSTANTIVOS

**el alivio**  relief
**el ánimo**  spirit, courage
**la costura**  sewing; dressmaking
**la alta costura**  high fashion
**la hoja de vida**  work history, résumé
**las prestaciones sociales**  workers' benefits

### VERBOS

**colocar**  to place
**coser**  to sew

**lucir**  to shine, stand out
**quedar(se)**  to turn out; to stay, remain
**sacar**  to take out

### EXPRESIONES

**a brazo partido**  tooth and nail, with all one's might
**así es**  that's how (the way) it is
**no todo es soplar y hacer botellas**  everything isn't easy

## Notas culturales

1. Although the occupational status of Cubans has declined in their exile from Cuba to the United States (Rogg, 1974), their occupations are at the highest level of all the Hispanic groups; in fact, they are almost as high as that for the total United States. (Fitzpatrick and Gurak, 1979)

2. The good old American regard for a straightforward *yes* or *no* or plain answer clashes here with a culture where diffidence and stalling are considered virtues, and where prudence in committing oneself and constant regard for the person's feelings manifest themselves in never letting you say or do anything that may make you seem forward, pushy, rude, offensive or unpleasant to anybody, especially to those who are considered authority figures. (Nine Curt, 1979)

## Preparándose para una entrevista

*Miriam Ruiz es una cubana recién llegada a los Estados Unidos. En busca de ayuda para encontrar trabajo, visita el Centro de Asistencia para Refugiados, donde funciona una oficina de empleo. Allí la atiende Adriana Camayo, una trabajadora social experta en asuntos de empleo.*

M. Ruiz: Me mandaron de la oficina...
A. Camayo: Ah, sí, mucho gusto. Siga, siga°, siéntese. Usted vino para lo del empleo, ¿no?   °come in
M. Ruiz: Allá me dijeron que usted se encargaba de eso.
5 A. Camayo: Claro, ya sabe que me llamo Adriana Camayo y aquí estoy para servirle. Se llama Miriam Ruiz, ¿verdad?

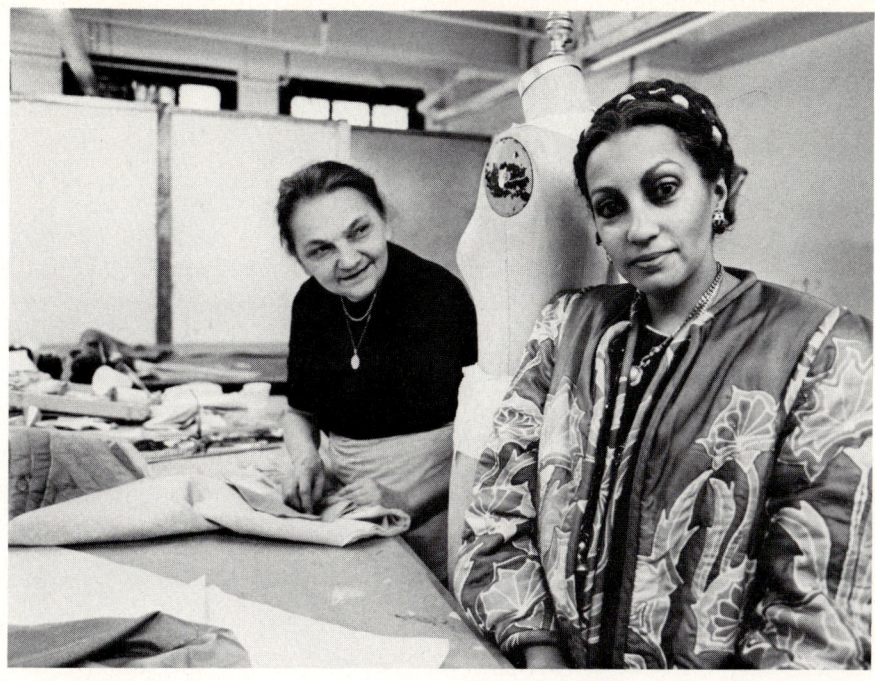

Para confeccionar un traje como el que luce Ana Colón, creadora de alta costura, se necesita una gran especialización. En 1985, un carpintero cobra 18 dólares por hora de trabajo. Una modista cobra 8 dólares. ¿A qué se debe esta diferencia de pago?

| | |
|---|---|
| M. Ruiz: | Sí. |
| A. Camayo: | Ah, bueno, dígame, ¿cómo va esa búsqueda? Hay que tener mucho ánimo porque la verdad es que aquí hay que luchar mucho. |
| M. Ruiz: | Vaya, a brazo partido, ¿verdad? |
| A. Camayo: | No todo es soplar y hacer botellas, ¿verdad? |
| M. Ruiz: | Así es, así es. |
| A. Camayo: | Pues aquí en su hoja de vida dice que usted tiene experiencia en la costura. Esto es algo muy útil en este país. |
| M. Ruiz: | ¡Eh! La verdad es que eso es lo que siempre he hecho. |
| A. Camayo: | Muy bien. |
| M. Ruiz: | Vaya, antes de Fidel°, allá en *El Encanto*° yo cosía exclusivamente para el salón de novias. Después ya usted sabe cómo fueron las cosas. Pero pasaron unos años y logré trabajar para el Ballet de Cuba, el de Alicia Alonso. Eso sí que me gustaba, y después ver cómo quedaban las muchachas cuando bailaban. Pero me afectó la vista tener que coser todas esas lentejuelas° y ya no podía con la cabeza. |
| A. Camayo: | Vaya, la verdad es que uno ve cómo lucen y nunca piensa en la labor que representan. En realidad eso es un arte. Aquí hay buenas oportunidades en la alta costura. |
| M. Ruiz: | ¡Qué alivio saber eso! Es que yo siempre he trabajado y para mí lo más importante es volverme a sentir como persona útil. Estoy tan agradecida con todos los que me han ayudado, pero ya yo quiero trabajar y ganarme mi dinero. |

*Fidel Castro/department store in Havana, Cuba*

*sequins*

| | | | |
|---|---|---|---|
| 30 | A. Camayo: | Con ese modo de pensar es cómo sale adelante la gente. Usted me recuerda cuándo llegamos nosotros. Bueno, pero eso ya es historia antigua. Volviendo al presente, creo que se puede colocar muy fácilmente con esa experiencia que tiene. Hay una casa de trajes de novia, *Bride's City*, que necesita a una persona experta en costura fina. Hasta el momento no se ha presentado ni una sola persona con ese tipo de experiencia. Pero, dígame, ¿ya usted tiene la tarjeta del Seguro Social? | |
| | M. Ruiz: | Aquí mismo. (La saca de la cartera°.) | *wallet* |
| | A. Camayo: | Bien, entonces yo voy a llamar a la señora Martínez, la dueña que es cubana también, y le aviso que le tengo una candidata perfecta. Mire, le debe preguntar a ella en qué consiste el trabajo, las horas y las prestaciones sociales. Debe explicarle muy bien en lo que ha trabajado. Es muy probable que la ponga en una máquina para hacerle una prueba. | |
| | M. Ruiz: | Sí, vaya, pues lo normal, ¿no es así? | |
| 45 | A. Camayo: | Mire, léase este folleto sobre cómo debe uno prepararse para una entrevista. Voy a poner esa llamada ahora mismo. | |
| | M. Ruiz: | ¡Virgen de la Caridad°! Yo quería algo pronto, pero nunca pensé que sería hoy mismo. | *patron saint of Cuba* |
| | A. Camayo: | ¡Ya ve que la patrona de Cuba tampoco se hace esperar! | |

## *Ejercicios de comprensión*

**A.** Dé el antónimo que corresponda a la palabra en cursiva.

1. La dueña quiere *colocar* la nueva máquina de coser aquí y ................. la vieja que ya no sirve.
2. ¿Por qué ese *desánimo*? Tienes que tener ................. si quieres tener éxito.
3. Al no encontrar trabajo, ella tenía mucha *tensión,* pero ya que trabaja siente .................
4. Ese traje *no te sienta bien*, sin embargo el azul te ................. de maravillas.
5. *Descoser* es mucho más fácil que .................

**B.** Responda a las siguientes preguntas sobre la entrevista que le hace Adriana Camayo a Miriam Ruiz.

1. ¿Cuál es el propósito de la visita de Miriam Ruiz al Centro de Refugiados?
2. ¿De dónde viene Miriam? ¿Cuál ha sido su experiencia de trabajo en su país?
3. ¿Creía Miriam que le sería fácil encontrar trabajo?
4. ¿A qué se refiere la trabajadora social cuando dice "no todo es soplar y hacer botellas"?
5. ¿Qué recomendaciones le hace la trabajadora social?
6. ¿Qué tipo de trabajo tiene disponible la trabajadora social para Miriam?
7. ¿De dónde es la propietaria de *Bride's City*?

## Ejercicios de análisis

**A.** Comente con el resto de la clase los siguientes aspectos del diálogo.

1. Miriam fue a un centro de refugiados. ¿Quién se encarga de crear estos centros en los Estados Unidos? ¿Quién los atiende? ¿Existen esos centros en todas las ciudades? ¿Hablan todos los idiomas? ¿Qué opina sobre la existencia de esos centros? ¿Son necesarios o no?
2. ¿Qué actitud adopta la trabajadora social con respecto a Miriam? ¿Le parece que sus palabras son de apoyo o de crítica? ¿Qué opina del hecho de que las dos son cubanas?
3. ¿Qué actitud tiene Miriam frente al trabajo? ¿Qué opina la trabajadora social de su actitud?

## Temas de conversación

**A.** Imagínese la entrevista que le hace la Sra. Martínez, propietaria de *Bride's City*, a Miriam Ruiz. Represéntela con otro/a compañero/a de clase.

*Sra. Martínez:* ¿Así que usted es costurera?
*M. Ruiz:* Sí, he tenido mucha experiencia en la costura.
*Sra. Martínez:* ..................
*M. Ruiz:* ..................

**B.** Hágale a otra persona en la clase algunas de las siguientes preguntas. Después pídale que le haga las mismas preguntas a usted.

1. ¿Cuál ha sido tu entrevista de trabajo de más éxito? ¿Por qué?
2. ¿Cómo te preparas para una entrevista? ¿Cómo te gusta vestir? ¿Preparas respuestas a las preguntas que te podrían hacer?
3. ¿Cuál ha sido tu entrevista de menos éxito? ¿Por qué?

**C.** Busque en la sección de empleos del periódico local algún trabajo que Ud. crea que pudiera ser bueno para Miriam Ruiz, la costurera del diálogo. Presente a la clase el anuncio y su justificación.

## Temas de composición

**A.** Elabore un plan de búsqueda de trabajo en el que haya dos listas. En la primera enumere cuáles son sus destrezas y sus prioridades en su campo de trabajo. En la segunda enumere los requisitos exigidos por algunos trabajos anunciados en el periódico de su comunidad.

| 1 | 2 |
|---|---|
| Destrezas y prioridades personales | Requisitos del trabajo |

# CASO 15

# *Un caso de inmigración*

# Un caso de inmigración

## Vocabulario útil

**SUSTANTIVOS**

*el formulario*   form
*el gasto*   expense
*la maestría*   master's degree
*la matrícula*   tuition

**VERBOS**

*demorar*   to delay, take time
*intentar*   to try
*opinar*   to think; to form, have or express an opinion
*sentir (Lo siento)*   to be sorry (I'm sorry)
*prestar*   to provide, supply; to lend

**ADJETIVOS**

*particular*   private

**EXPRESIONES**

*encantado/a*   pleased to meet you

**VARIACIONES LINGÜÍSTICAS**

*doctor/a*   doctor (Regionalism) En muchos países se usa este título para indicar respeto hacia cualquier/a profesional.

## Notas culturales

The literature seems to suggest that middle and upper income Hispanics are similar in IQ, achievement, and cognitive styles to middle and upper income Anglos. It would follow that the more opportunities the Hispanic population has to achieve high economic and social status, the fewer difficulties would be observed in school performance, achievement, and IQ scores. (Canino, 1980)

## Un caso de inmigración

*En la Oficina de Servicios Legales, Yvette López, una abogada, da consejos a Ana María Fassari, una estudiante argentina quien desea pedir la residencia estadounidense a la Oficina de Inmigración.*

Y. López:   ¿Señora Fassari? Pase, por favor, y tome asiento. Soy Yvette López.
A. Fassari:   Encantada.
Y. López:   Entiendo que tiene algunos problemas de inmigración.
A. Fassari:   Sí, doctora.
Y. López:   Bueno, lo primero que necesito es cierta información básica. Veo en el formulario que usted vive en Menlo Park con su esposo, Bruno, y que es estudiante. ¿Lo son ambos?
A. Fassari:   Traté de explicarle al otro abogado, pero es que, aunque comprendo bastante bien el inglés, todavía me cuesta esfuerzo hacerme entender°.   *it is difficult to make myself understood*
   Por eso pedí la cita con usted.
Y. López:   Sí, claro, ¿entonces?

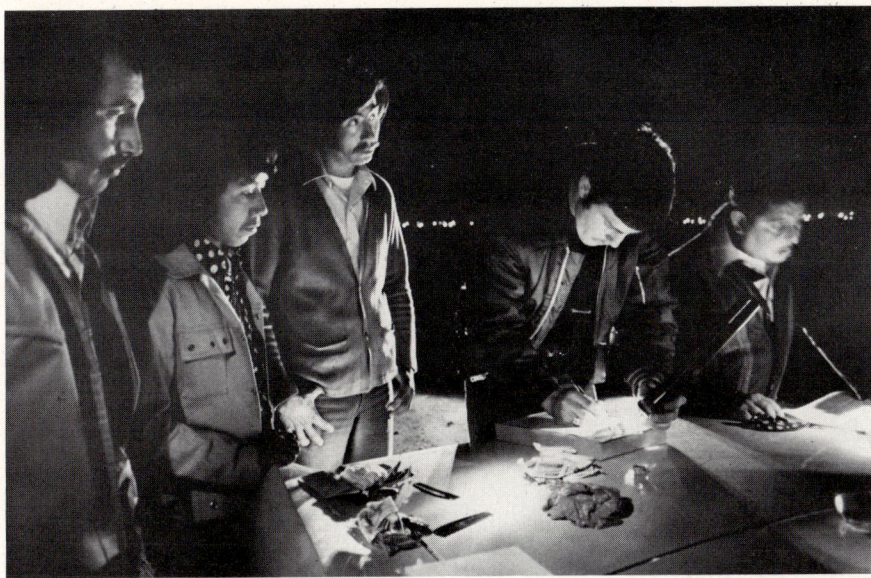

Esta escena, la captura de inmigrantes ilegales en la frontera, se repite día y noche. ¿Cómo se diferencia la emigración profesional a la no profesional?

| | | |
|---|---|---|
| 15 *A. Fassari:* | Ah sí, los estudios, pues yo estudio para la maestría en literatura española y Bruno, mi esposo, está terminando su residencia en cirugía° general. | *surgery* |
| *Y. López:* | Ya veo. Ahora dos preguntas más. ¿Cuánto tiempo hace que están aquí, y qué tipo de visa tienen? | |
| 20 *A. Fassari:* | Yo vine con la F-1°, como estudiante, y Bruno con la de *Exchange Visitors*, la J-1. Ya vamos a tener dos años de estar aquí. | *student visa* |
| *Y. López:* | Muy bien, ¿y cuál es el problema? | |
| *A. Fassari:* | Sencillamente, que queremos pedir la residencia: la tarjeta verde. Hemos pensado que nos gustaría quedarnos aquí. | |
| 25 *Y. López:* | Bueno, necesito otro dato antes de que podamos aceptar su caso. Como somos una agencia que se dedica a prestar ayuda legal a las personas de bajos ingresos, necesitamos saber cuánto ganan ustedes. | |
| *A. Fassari:* | Bueno, lo mío es fácil porque no trabajo. Tengo una beca de la universidad: me pagan la matrícula y los gastos de vivienda y comida. 30 En el caso de Bruno, él recibe un sueldo del hospital. Apenas° cubre lo básico. Gana $15.000 dólares al año. | *it hardly* |
| *Y. López:* | Lo siento, pero ese sueldo excede el límite fijado° por la Corporación de Servicios Legales. | *set* |
| *A. Fassari:* | Pero, ¿cuánto es el límite? Realmente tenemos unos ingresos muy 35 modestos. | |
| *Y. López:* | El límite es de $117,00 dólares por semana. Es decir, poco más de seis mil al año. | |

| | | |
|---|---|---|
| A. Fassari: | ¡Qué problema! Sabía que ayudaban a las personas de bajos ingresos y por eso pensé… | |
| 40 Y. López: | Bueno, lamentablemente° ésa es la situación…. Usted tendrá que consultar un abogado particular. | *unfortunately* |
| A. Fassari: | Bueno, si es la única solución, ¿me podría recomendar usted un abogado experto en asuntos de inmigración? | |
| Y. López: | No le podemos recomendar a uno en particular, pero si quiere le puedo dar el número de teléfono de la Asociación de Abogados y allí le pueden dar los nombres de algunos. | |
| A. Fassari: | Bueno, muchas gracias, pero ya que estoy aquí, ¿no me podría indicar cómo sería el proceso? ¿Qué documentos tendría que conseguir? | |
| Y. López: | Hay que pedir el formulario I-475° del Departamento de Inmigración y el ETA-750° del Departamento de Trabajo. | *application for status as permanent resident/Alien Employment Certification* |
| A. Fassari: | ¿Demora mucho el proceso? | |
| Y. López: | Bueno siempre se demora un poco, depende del caso. | |
| A. Fassari: | En su opinión, ¿cómo ve el caso nuestro? ¿Va a ser muy difícil lograr el cambio? | |
| 55 Y. López: | Claro, comprende usted, es muy difícil opinar sin tener a la mano todos los datos, pero en general sí le puedo decir que el caso de los médicos siempre es un poco complicado. La AMA° ha impuesto tantos requisitos. | *American Medical Association* |
| A. Fassar: | ¡Ay, sí! Bruno no hace sino hablar del VQE° y de los otros requisitos. Pero, ¿qué se va a hacer? Uno tiene que intentar. | *Visa Qualifying Examination* |
| Y. López: | Les deseo muy buena suerte. | |
| A. Fassari: | Muy agradecida, doctora. Siento que ustedes no nos puedan ayudar. Muchas gracias por la información. | |
| Y. López: | Ha sido un placer°. Que esté muy bien. | *pleasure* |
| 65 A. Fassari: | Buenas tardes. | |
| Y. López: | Muy buenas. | |

## *Ejercicios de comprensión*

**A.** Responda a las siguientes preguntas sobre el caso de Ana María Fassari.

1. ¿Qué estudia Ana María Fassari? ¿Qué estudia su esposo?
2. ¿Por qué vinieron los Fassari a los Estados Unidos?
3. ¿Por qué motivo Yvette López no puede aceptarlos como clientes?
4. ¿Qué recomienda Yvette López que hagan?
5. ¿Qué tipo de visa tienen ahora? ¿Qué quieren?
6. ¿Qué problemas prevee la consejera para la situación de los Fassari?

## *Ejercicios de análisis*

**A.** Comente con el resto de la clase los siguientes aspectos del diálogo.

1. ¿Cree Ud. que la agencia donde trabaja la Sra. López debiera tomar el caso de la Sra. Fassari?

2. ¿Si Ud. estuviera en el caso de Bruno y Ana María, regresaría a la Argentina? ¿Cuáles serían los pros y los contras?
3. Si Ud. fuera la trabajadora social, ¿qué recomendaciones le haría Ud. a Ana María y Bruno?

## *Temas de conversación*

**A.** Dividan la clase en grupos de cuatro personas. Hagan una lista con toda la información que conozcan sobre las leyes de inmigración. Hagan otra lista con preguntas. Compartan la información y las preguntas con el resto de la clase hasta tener una idea clara sobre las leyes de inmigración en los Estados Unidos.

**B.** Comenten sus opiniones sobre las leyes de inmigración en los Estados Unidos. ¿Son justas? ¿Son suficientes? ¿Deben modificarse? ¿Cómo?

## *Temas de composición*

**A.** Ana María le ha escrito una carta a su profesor de literatura española, pidiéndole una recomendación para conseguir la residencia en los Estados Unidos. Escriba la carta como si Ud. fuera Ana María y explique por qué necesita la recomendación.

**B.** En los Estados Unidos existe actualmente una escasez de médicos en las regiones rurales. Escriba un breve ensayo proponiendo la idea de permitir la inmigración de médicos extranjeros con tal que vayan a trabajar a estas regiones.

# CUADRO 4

# *Tierra de promisión*

# El éxodo centroamericano

## ☐ María Antonia Romero

Salvadoreña; llegó en 1982, de 41 años, empleada doméstica, Jamaica Plain, Boston.

La verdá° es que en esta tierra hace mucho frío pero mire, usté° sabe que yo vengo de Morazán. Por lo menos aquí se vive sin terror y sin violencia; uno en mi país sólo piensa que los orejas° pueden denunciarlo a uno por na'a°. Hay amenazas° de muerte a diario°, cerraron las escuelas. Yo más que todo temía por mi hijo; el ejército anda reclutando° a los jóvenes; y es que mi hijo es toíto° pa'° mí. Por eso nos vinimos aquí. Él ehtá° en el último año del *High School* y yo trabajo aquí en el edificio. Lo único que nos falta es arreglar los papeles pa' sentirnos seguros porque allá no se puede volver.

verdad/usted

espías/nada/*threats* todos los días *recruiting*/todo/para está

## ☐ Pascual Domingo

Guatemalteco; llegó en 1983, de 44 años, mesero en un restaurante en San Francisco, California.

Escuche bien lo que pasó; la guerrilla se tomó mi pueblo, Santiago de Atitlán; después de unas semanas lo abandonaron; luego vino el ejército y lo ocupó. Ya del miedo yo

Hora del almuerzo en un campo de refugiados en San Salvador. ¿Ha cambiado esta situación desde que se tomó la foto?

no me podía sentir bien en mi tierra; nos encaminamos° al otro lado, allá a Chiapas°, luego a uno de los campamentos°. Después logramos arreglar con un coyote°, que Dios le bendiga° nos cumplió y nos pasó a Arizona. Yo venía con Luis, mi hermano, y con el primo, Santiago. Bueno, luego llegamos a Los Ángeles y después nos pasamos a San Francisco porque teníamos un pariente allá en la Misión°. Así fue lo nuestro.

*walked*/estado en México/*refugee camps*/*one who smuggles illegal aliens across the border*/*May God bless him*/barrio de San Francisco donde viven muchos centroamericanos

## ☐ LAURA MELGAR

Salvadoreña; llegó en 1981, de 33 años, vendedora en Washington, D.C.

Somos de la capital, de San Salvador. Mi cuñado ya se había establecido acá y por eso vinimos a este sitio. La mera° verdad es que con la niña no podíamos seguir en el país: sólo se oía de terror y de muertes, aunque en la capital estábamos más protegidos. Cuando llegamos aquí pusimos a Susanita en el *nursery* y así yo pude trabajar. Tengo un puesto en *Garfinkel's*° y creo que voy a hacer un entrenamiento° especial de administración. Lo bueno es que aquí conseguimos los periódicos salvadoreños y la comida típica; allá en el restaurante cocinan todo lo nuestro: los pasteles, las pupusas°, la sopa de mondongo°, y hasta las quesadillas°. Estamos muy contentos acá.

*real*

almacén en Washington, D.C./*training*

*cheese-filled turnovers tripe*/*tortilla with filling*

## La inmigración latinoamericana

La inmigración latinoamericana más reciente es la centroamericana, que se calcula en más de 400.000 en los últimos años. Esto quiere decir que han llegado tres veces más refugiados de Centroamérica que cubanos de Mariel en 1980. Los centroamericanos se han concentrado principalmente en la región del suroeste, pero también han
5  establecido grandes colonias° en San Francisco, Boston y Washington, D.C.

*communities*

Muy significativo es el hecho de que este éxodo no da señal alguna de disminuir, dada la crisis económica y política que afecta a la región.

### ☐ El Salvador

Los salvadoreños forman el 75% del total de la emigración centroamericana. Huyendo° de la violencia y de la inestabilidad política que han acosado° al país en los últimos
10  años, muchos han buscado refugio en países vecinos como Honduras y México con la esperanza de poder llegar algún día a los Estados Unidos.

*fleeing plagued*

Desde 1978 la guerra civil en El Salvador se ha intensificado, enfrentando a dos grupos: los partidarios° de la izquierda, agrupados bajo el Frente Democrático Revolucionario (FDR) y el Frente Farabundo Martí de Liberación Nacional (FMLN), y el
15  gobierno civil respaldado° por las fuerzas militares y el apoyo° del gobierno norteamericano. El FMLN está realizando una lucha guerrillera en las regiones rurales del país y una campaña de sabotaje económico con el propósito de desestabilizar el régimen actual. Las fuerzas militares y los llamados "escuadrones de la muerte°", por su parte, resueltos a pagar cualquier precio por la derrota° de los izquierdistas, llevan
20  a cabo una campaña de represión y violencia en contra de la población civil.

*supporters*

*backed*/*support*

*death squads defeat*

Todos los días aparecen fotografías de muertos y desaparecidos° en los diarios°.

*disappeared persons*/ *daily newspapers*

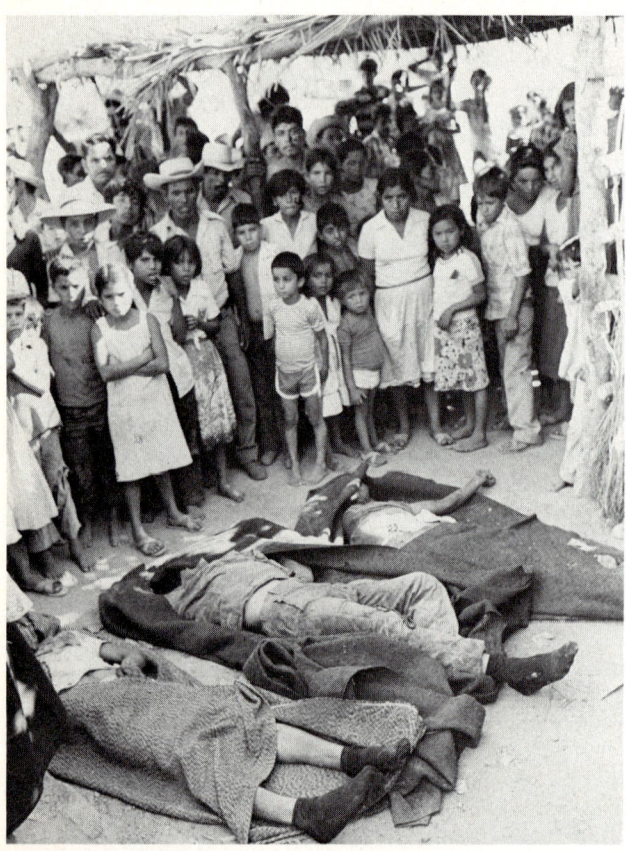

Víctimas de la guerra en El Salvador.

No es extraño° que los Cuerpos de Seguridad del Estado detengan a cualquier persona a quien sospechen° de actos subversivos. La población civil es perseguida° y muchas veces capturada o asesinada como sucedió con las muertes del arzobispo° Oscar Arnulfo Romero en marzo de 1980, las misioneras estadounidenses de Maryknoll y varios periodistas extranjeros. Debido a esta violencia, a la inseguridad y el caos económico, miles de salvadoreños buscan un futuro más digno y seguro fuera de su país.

*unusual*
*suspect/persecuted*
*archbishop*

## ☐ Guatemala

En Guatemala, así como en El Salvador, desde hace varios años, el país vive en una ola° de violencia y terror que victimiza especialmente a la población indígena. Casi un sesenta porciento de la población guatemalteca es india y éstos, por lo general, habitan las regiones rurales de la Sierra Oriental y el norte del país. El ejército guatemalteco ha desatado° contra ellos una campaña despiadada° con el propósito de reprimir° cualquier intento de rebelión. La insurgencia, por lo tanto, se ha unido en varios grupos entre los cuales se pueden mencionar la Unidad Revolucionaria

*wave*

*unleashed/merciless*
*repress*

El ejército guatemalteco controla cada movimiento de la población civil, de un país con 5 millones de habitantes. En la foto se comprueba la identidad de los viajeros de un camión en la región de Quiché.

Nacional Guatemalteca (URNG), el Ejército de Gente Pobre (EGP) y la Organización del Pueblo en Armas (ORPA).

Dada la atmósfera de terror que existe en el país y la crisis económica, se ha venido acelerando en los últimos años la emigración a los países del norte. Según los datos más recientes, hay más de 130.000 refugiados guatemaltecos en México. Muchos de éstos llegan a los Estados Unidos en busca de mejores condiciones económicas.

## ☐ *Nicaragua*

El triunfo de la revolución sandinista en 1979 acabó con los 42 años de dictadura° por parte de la familia Somoza. El ex-dictador Anastasio Somoza Debayle se exilió en el Paraguay mientras muchos de sus partidarios, especialmente los adinerados°, se establecieron en el sur de Florida. Dos años más tarde Somoza fue asesinado.

No pasó mucho tiempo antes de que los somocistas, con la ayuda del gobierno estadounidense, se unieran en la Fuerza Democrática Nicaragüense para combatir al gobierno sandinista. En la frontera entre Honduras y Nicaragua, y aun dentro de Honduras, se han establecido campos de entrenamiento° para guerrilleros, muchos de los cuales habían sido miembros de la Guardia Nacional bajo Somoza. En el sur, en la frontera con Costa Rica, el gobierno nicaragüense ha tenido que defenderse contra las guerrillas bajo el mando de Edén Pastora, ex-partidario de los sandinistas. El combate armado fronterizo ha obligado a muchos campesinos a abandonar sus pueblos y refugiarse en Honduras y Costa Rica. Algunos de éstos han logrado emigrar a los Estados Unidos, especialmente al suroeste.

No obstante lo que pueda ocurrir en el futuro, la emigración centroamericana le ha dado a los Estados Unidos un nuevo grupo de inmigrantes y refugiados políticos

*dictatorship*

*wealthy*

*training*

La película EL NORTE reflejó vivamente la angustia del exilio centroamericano en las tierras del norte. Rosa, la protagonista, mira con tristeza la tierra que sabe tendrá que abandonar.

que han huído° no por ningún motivo político específico sino por la falta de seguridad en sus países y el temor° a la violencia. Todo parece indicar que el éxodo continuará mientras los centroamericanos se vean forzados a buscar un porvenir° más seguro y humano fuera de sus países.

*fled*
*fear*
*future*

## ☐ *El papel de la iglesia*

Desde los años sesenta la Iglesia Católica ha desempeñado un papel sociopolítico muy importante en Centroamérica. La Segunda Conferencia de Obispos° Latinoamericanos que tuvo lugar en 1968 dio el primer paso para quebrantar la alianza° entre la iglesia, las oligarquías y las fuerzas militares. La Teología de la Liberación, que surgió a raíz de la conferencia, fue el punto de arranque° para que miles de sacerdotes°, monjas° y muchos obispos adoptaran una actitud de crítica hacia las condiciones sociales, políticas y económicas de los países centroamericanos. En muchos casos la Iglesia se ha visto dividida entre los altos jerarcas° que apoyan las posiciones tradicionales y los sacerdotes que intentan promover la justicia social. De aquí que se hayan formado Comunidades Eclesiásticas de Base (CEB) que ofrecen una interpretación de la Biblia dentro del contexto de la experiencia de las clases populares.

En los Estados Unidos muchos laicos°, sacerdotes, monjas, e inclusive protestantes y judíos, han abierto las puertas de sus templos a los miles de refugiados centroamericanos que cruzan la frontera todos los días. A este movimiento se le conoce como "Santuario" y se contrapone° a la actual política del gobierno norteamericano de no reconocer que los centroamericanos son realmente refugiados políticos. El gobierno

*bishops*
*alliance*

*starting point/priests*
*nuns*

*high church officials*

*laypersons*

*counteracts*

Desfile militar en Managua, julio 1980. Celebración del primer aniversario de la revolución.

estadounidense ha deportado a miles de centroamericanos, aun teniendo en cuenta las posibles consecuencias trágicas de estas acciones. Muchos de los que han regresado de esta forma han sido asesinados o han desaparecido en países como El Salvador o Guatemala.

## *Actividades de comprensión*

**A.** Agrupe las palabras de la siguiente lista en la categoría donde mejor quepan.

    1. Terror

    2. Violencia

    3. Economía

denuncias
amenazas de muerte
escuelas cerradas
reclutamiento de los jóvenes al ejército
miedo de las fuerzas del gobierno
miedo de la guerrilla
asesinatos
hambre
peligro constante
falta de empleo
tarjeta de identidad
inseguridad

**B.** Mire el mapa de Centroamérica en las páginas 56 y 57. Si Ud. fuera salvadoreño y quisiera escaparse del país, ¿adónde iría? Si Ud. fuera guatemalteco, ¿adónde iría? ¿Sería buena idea ir a Nicaragua? Explique su respuesta.

**C.** Miguel, un joven salvadoreño de 20 años, tiene un hermano mayor, Luis, que desde hace dos años es guerrillero del FMLN. Luis fue a luchar con la guerrilla después de la muerte de otro hermano, Pedro, asesinado por desconocidos. Un día un grupo de soldados de las fuerzas del gobierno detuvo el autobús en que Miguel iba a su trabajo y se llevó a todos los jóvenes menores de 25 años. Les avisaron que habían sido reclutados en el ejército. Comente sobre los sentimientos de Miguel, los de Luis, y los de sus padres. ¿Cuáles serían las consecuencias para esta familia?

**D.** Para entender mejor lo que pasa en Centroamérica, prepare y presente a la clase un informe sobre uno de los siguientes temas:

1. La dictadura de los Somoza
2. El gobierno sandinista
3. Una breve historia política, económica y social de El Salvador
4. Los asesinatos del Arzobispo Romero y las misioneras estadounidenses de Maryknoll
5. Una breve historia política, económica y social de Guatemala

# La emigración económica

## ☐ *Mauricio y Lilia Fajardo*

Colombianos; de 35 años, llegaron en 1968, él es contador, ella ama de casa en Queens Village, Nueva York.

| | | |
|---|---|---|
| *M. Fajardo:* | Yo no sé, uno piensa en volver, pero la vida lo agarra° a uno. Mire, tengo buen puesto aquí como soy veterano de Vietnam. Después pude estudiar contabilidad° en un *community college* y ahora estoy con un banco y hay buenas oportunidades de avanzar. | *grabs* <br><br> *accounting* |
| *L. Fajardo:* | La otra cosa es que ya tenemos casa en un vecindario muy bueno. Tenemos dos hijas y ya la más grandecita va a entrar a un *kinder*° que nos queda muy cerca. Tenemos buenos amigos aquí. Quiero volver sólo para ver a mi mamá. | *kindergarten* |
| *M. Fajardo:* | Ya este diciembre nos vamos de vacaciones. Ya llevo diez años de no ir a Colombia y además quiero que la familia conozca a las niñas. | |

## ☐ *Matilde Navas*

Ecuatoriana; llegó en 1960, costurera de 54 años en Washington Heights, N.Y.

Dicen que todos en Guayaquil tienen un pariente° en Nueva York. Parece mentira, *relative* pero es la pura verdad. Ya toda mi familia está acá. Los hijos ya están casados y ya

Las duras condiciones de la vida en los Andes fuerzan a sus jóvenes a emigrar en busca de una vida mejor.

tengo diez nietos°. ¿Para qué volver? Claro, voy de vacaciones para escapar un poco el frío, pero eso ya es otra cosa. Tengo mi tallercito de costura°, buena clientela y me gano mis pesitos°. Así que ¿por qué no darme un gusto de vez en cuando? En el último viaje, me llevé a la nieta° mayor. Vivo muy sabroso°. No cambiaría mi vida por nada.

*grandchildren*
*dessmaking workshop*
pesos
*granddaughter*/muy bien

## ☐ *Marina Casas*

Colombiana; llegó en 1981, de 28 años, recepcionista en Jackson Heights, Nueva York.

Por nada del mundo pienso volver. Es que uno de soltera está frickiada° allá: los chismes° de las viejas, las costumbres tan atrasadas°. Ni de riesgos° cambiaría mi libertad de ir y venir por nada. ¿Qué papel voy a jugar allá? Todas mis hermanas están casadas y yo la dejada°. ¡Qué diablos! Uno tiene que hacerse su propia vida. Aquí tengo a mis amigas, vamos a las discos, organizamos fiestas, paseos. No hay fin de semana que no tenga un programa°, paso de lo más chévere°. Claro yo me gano mi platica°: trabajo en una oficina muy elegante de recepcionista y estudio mercadeo°

*freaked out*
*gossip*/*backward*/*in no way*
*the one who's left out*
algo que hacer/fantástico
dinero/*marketing*

por las noches. Yo tengo ambiciones y claro, si conozco a alguien que me convenga° pues me gustaría casarme.

*suits me*

## ☐ Wilfrido Aguirre

Dominicano; llegó en 1976, de 35 años, bodeguero en el Bronx, Nueva York.

Las cosas no estaban tan malas en mi pueblo pero yo quería algo más. Siempre he tenido el sueño de tener mi propio negocio y allá eso iba a ser muy difícil. Pues me vine, me puse a trabajar en una factoría por el día y de noche en una bodega°. Pude ahorrar un poco y cuando se presentó una oportunidad pude, con la ayuda de mi cuñado, comprar la bodega.

*grocery store*

Ahora va a venir mi hermano y la vamos a manejar juntos. Estoy arreglando el apartamento de encima°, así mi esposa y los niños y yo nos podemos pasar a° vivir allá. No tendremos que pagar arriendo° y nos podremos ver más.

*upstairs/to move*
*alquiler*

## ☐ La otra emigración

Las causas de la emigración de miles de colombianos, dominicanos y ecuatorianos a los Estados Unidos son principalmente económicas. Para estos emigrantes, los Estados Unidos sigue siendo la tierra de promisión° donde pueden ganarse la vida, vivir cómodamente, comprar fácilmente bienes de consumo°, tener oportunidades edu-
5 cativas para sus hijos y comprar casa propia. Hoy día se calcula que hay más de 500.000 dominicanos, 300.000 colombianos y 100.000 ecuatorianos sólo en la región neoyorquina. En Nueva Jersey, Connecticut y el sur de la Florida también hay grandes colonias de estos países, pero el barrio de mayor concentración es el de Jackson Heights en Nueva York, también conocido como "Chapinerito", un vecindario de la
10 capital colombiana, Bogotá.

*promised land*
*consumer goods*

Aquí abundan restaurantes típicos como "Illimani", "Tierra Colombiana", y "El Sudamericano" que ofrecen a los inmigrantes la comida típica de sus países que tanto añoran°. También pueden obtener información sobre vuelos° a sus países en las numerosas agencias de viaje; visitar médicos o dentistas compatriotas y hasta comprar
15 una casa en el vecindario de una de las muchas agencias de fincaraíz°.

*they long for/flights*

*real estate*

La gran mayoría de los inmigrantes suramericanos son de clase media y tienen los recursos para pagar los viajes costosos° entre sus países y los Estados Unidos. Además los inmigrantes suramericanos han tenido preparación técnica o especializada en sus países. Algunos son mecánicos, otros son barberos, y otros trabajadores u
20 oficinistas.

*caros*

Los dominicanos y los suramericanos comparten el sueño de regresar a sus tierras natales°, y a pesar de que° muchos tienen el derecho de pedir la ciudadanía estadounidense, no lo hacen. Se mantienen al tanto° de los acontecimientos° políticos de sus países y participan en las elecciones nacionales, votando en sus consulados.
25 Celebran las fiestas nacionales y en general tienen lazos° muy estrechos° con sus patrias. En sus casas siguen hablándoles en español a sus hijos y tratan de mantener activa la cultura hispana. Pero no es fácil conservar raíces en el país de origen y vivir en otro. A medida que° pasa el tiempo se hace más difícil que los hijos hablen el español y cuando llegan a la adolescencia la brecha° cultural se hace más evidente:

*birthplaces/although*
*up-to-date/events*

*ties/close*

*as*
*gap*

Países como Venezuela tienen más inmigración que emigración. ¿A qué cree Ud. que se debe ese hecho? En la foto, el estudio de un arquitecto en Caracas.

30 los padres insisten en las costumbres tradicionales de sus países y los hijos luchan por la misma libertad de que gozan sus amigos.

    La dificultad de vivir con un pie en cada cultura también sale a flote° cuando el inmigrante regresa a su patria. Se siente desadaptado, echa de menos° la movilidad y las oportunidades de que disfruta en los Estados Unidos. De esta manera, para muchos
35 el regreso se va convirtiendo° en algo mítico y empiezan a integrarse más en la vida de la comunidad participando en las juntas, las escuelas y las iglesias. Pero es una integración que no extirpa° las raíces culturales porque a la vez° insisten en que el sistema operante tome en cuenta su cultura tanto en las escuelas como en la celebración de la misa° en su propio idioma. Estos inmigrantes han escogido° un nuevo sendero°
40 que puede ofrecer un modelo de asimilación cuyo curso podrá enseñarnos mucho en el futuro.

*stands out*
*he misses*

*becomes*

*wipe out/at the same time*
*mass/have chosen/path*

## Actividades de comprensión

**A.** Identifique las razones para la emigración de ecuatorianos, colombianos, y dominicanos.

    1.   Vienen a los Estados Unidos porque buscan ....................
    2.   No regresan a sus países porque ..................

**B.** Compare las razones para la emigración de ecuatorianos, colombianos y dominicanos respecto al grupo centroamericano.

1. ¿Cuál es el nivel de preparación técnica o especializada de este grupo? ¿Cómo les facilita la adaptación en este país?
2. ¿Dónde se concentran en los Estados Unidos? ¿Qué ventajas ofrece la concentración geográfica? ¿Cuáles son las desventajas?

**C.** Estudie el caso siguiente y conteste a las preguntas.

Graciela Ochoa tiene 18 años y vive en Jackson Heights, Nueva York. Sus padres son colombianos, pero Graciela nació en Nueva York, pocos meses después de la llegada de sus padres a este país. Graciela acaba de graduarse de la escuela secundaria y ahora ingresa al Queens College donde piensa estudiar psicología. ¿Cuáles son algunos de los problemas que enfrentarán los padres y su hija? ¿Y cuáles son algunos de los problemas que tendría la familia con Fernando, el hermano de Graciela que ahora tiene 15 años?

# Desde el Cono Sur

El Cono Sur es la región que incluye Argentina, Chile, Uruguay y Paraguay.

## ☐ *Patricia Sosa*

Argentina; llegó en 1982, de 24 años, estudiante en San José, California.

Me preparo para el doctorado en educación. Vine con mi esposo, Dalmiro. La verdad es que fue más que todo por la falta de oportunidades. Además como profesora me sentía muy vulnerable: así no se puede vivir. Bueno, y para Dalmiro es una oportunidad excelente. Está haciendo su residencia en neurología. Claro, ahora las cosas cambian, pero por el momento preferimos quedarnos aquí.

## ☐ *Liliana y Juan Skármeta*

Chilenos; llegaron en 1976, él es geólogo y ella arquitecta, de 34 y 32 años, viven en Cambridge, Massachusetts.

| | |
|---|---|
| J. Skármeta: | Bueno, había que pensar en los chicos, en un futuro alegre y tranquilo. Allá ya no era posible; además, Liliana no encontraba trabajo, todo se nos iba en la compra de los alimentos°. Aquí ambos hemos logrado colocarnos bien y los chicos están en escuelas que son una maravilla. |
| L. Skármeta: | Juan no lo ha dicho todavía, pero sé lo que siente. Después que uno pierde a un ser querido°, no saber si está vivo o muerto...pierde uno las esperanzas. Fue lo que sucedió con Luis, el hermano menor de Juan. Teníamos que venirnos. |

° food

° loved one

Esta familia hispana sonríe feliz frente a su nuevo hogar en los Estados Unidos.

## ☐ *Chile*

Desde 1973 Chile está gobernado por una dictadura militar. Con el golpe de estado° del 11 de septiembre de 1973, las fuerzas armadas implantaron° un régimen en el que cualquier tipo de oposición conduce° a la tortura, al encarcelamiento° o a la muerte. Los organismos de seguridad están organizados bajo la Central Nacional de Información (CNI) que se encarga de descubrir a los "traidores° de la patria". Amnistía Internacional, organización que denuncia los abusos de los derechos humanos, ha recopilado° unas estadísticas aterradoras° sobre la situación en Chile. Desde 1973 han habido 6 a 7 mil prisioneros políticos, 180 mil encarcelamientos, 100 mil detenidos sin cargos° y han desaparecido unas 30 mil personas. Se calcula que el número de exiliados sobrepasa° los 100 mil, muchos de ellos intelectuales que se escaparon a México, Venezuela, Europa occidental y a los Estados Unidos.

Además de una crisis política, el país sufre de graves problemas económicos. El mayor es el desempleo: uno de cada cuatro chilenos está sin trabajo, según fuentes° oficiales. A la vez ha habido una disminución del poder adquisitivo° y un aumento de la deuda externa°. Hoy día Chile importa la mayoría de los alimentos que necesita. En vista de la falta de trabajo y los altos precios, muchos chilenos no tienen dinero para comer de forma adecuada, y el resultado es un grave problema de desnutrición°.

A pesar de° las denuncias° sobre violaciones de los derechos humanos en la

*military coup*
*established*
*leads/imprisonment*

*traitors*

*compiled/terrifying*
*detained without charges*
*exceeds*

*sources*
*purchasing power*
*foreign debt*

*malnutrition*
*despite/reports*

Calle principal en Santiago, Chile.

Asamblea General de la ONU° y la oposición de la Comisión de Obispos Chilenos, no se prevee° ninguna disminución en las torturas que sufren los chilenos.

°Organización de las Naciones Unidas/foresee

## □ La Argentina

Después de ocho años de dictadura militar, la democracia ha vuelto a la Argentina. En las elecciones presidenciales de octubre de 1983, el 52% de los argentinos le dio la victoria a Raúl Alfonsín, líder del partido Radical y defensor de los derechos humanos. Pocos pensaban que Alfonsín, fundador° de la Asamblea Permanente Sobre Derechos Humanos y opositor del régimen militar, pudiera ganar. Fue un triunfo totalmente inesperado° ya que los militares esperaban que la alianza° creada° entre el ejército y los sindicatos° laborales hace más de cuarenta años por el antiguo dictador, Juan Domingo Perón, aseguraría la victoria del partido peronista, como había sucedido° en todas las elecciones anteriores°.

Durante los gobiernos militares de 1976 a 1983, la Argentina se convirtió en un país en donde la violación de los derechos humanos era la orden del día. Se aplicaban medidas° represivas contra aquéllos que expresaban, o se sospechaba que tuvieran, opiniones en contra del gobierno. Las detenciones, torturas y desapariciones° ocurrían

°founder

°unexpected/alliance/created/unions
°occurred
°previous

°measures
°disappearances

a diario°. Según Amnistía Internacional, hubo más de 30 mil desaparecidos en la     *daily*
Argentina en los últimos ocho años.

    El régimen también fue condenado° por varias organizaciones argentinas, entre     *condemned*
éstas el Servicio Paz y Justicia en América Latina, una organización de clérigos° y     *clergy*
laicos° católicos que promueve° los derechos humanos, sociales y económicos a     *laypersons/promotes*
través de medios° pacíficos. En 1980, se le otorgó° el premio Nobel de la Paz a Adolfo     *means/awarded*
Pérez Esquivel, director del Servicio Paz y Justicia, por sus esfuerzos en favor de los
derechos humanos en su país.

    Pérez Esquivel ha trabajado con otro grupo que ha conmovido° al mundo en su     *touched*
lucha por la justicia, las Madres de la Plaza de Mayo. Todos los jueves, estas mujeres
desfilan° en frente del palacio presidencial, la Casa Rosada, exigiendo° información     *march/demanding*
al gobierno sobre sus familiares° desaparecidos.     *family members*

    Pero la violenta represión de derechos humanos no era la única crisis que
afectaba al país. Existía un caos económico que la junta militar no podía controlar. La
deuda externa había llegado a 40 mil millones de dólares y la tasa de inflación anual
se había pasado del 300%. El pueblo se encontraba deprimido° y desmoralizado ante     *depressed*
esta desastrosa situación.

    Fueron estos factores—la inestabilidad económica y la represión política—las

Alfonsín, el hombre que lucha por restaurar la democracia en Argentina.

fuerzas motrices° en la fuga° de miles de profesionales, intelectuales y obreros calificados° argentinos a otros países. Estos profesionales se han establecido en Brasil, Colombia, España, Venezuela, Alemania y los Estados Unidos.

*driving forces/flight*
*skilled labor*

No obstante° los problemas económicos y las protestas por la represión de los derechos ciudadanos°, el régimen siguió en control hasta la derrota humillante de las Malvinas en 1982, en una guerra de 74 días contra Gran Bretaña por la soberanía° de las islas. Este fracaso° convenció a los argentinos que el régimen ya no podía seguir al mando°.

*despite*
*civil rights*
*sovereignty*
*disaster*
*in charge*

Ante el furor de los argentinos por la humillación nacional, y las demandas de justicia por parte de los soldados sobrevivientes° y de los padres de los que dieron la vida por la patria, el gobierno accedió a llevar a cabo elecciones. Los militares convinieron° con los peronistas en que los apoyarían en las elecciones a cambio de que no hubiera investigaciones ni se castigaran° a los culpables de los desastres nacionales de los últimos ocho años. El régimen fracasó° una vez más. El pueblo se decidió por Alfonsín, y el país volvió a la democracia.

*surviving*
*agreed*
*punish*
*failed*

Hoy día Alfonsín está luchando para que triunfe la justicia otra vez en la Argentina. Ha mandado encarcelar° a los miembros de las juntas que gobernaron al país de 1976 a 1982, acusándolos de violaciones de derechos humanos y de complicidad en las desapariciones. Ha nombrado al escritor, Ernesto Sábato, director del Comité Nacional Sobre Desaparecidos, para averiguar lo sucedido a las miles de víctimas del régimen militar. Alfonsín también ha hecho un llamamiento° a los emigrados para que vuelvan a su patria. El tiempo nos dirá si aquéllos que han echado° raíces en otras tierras van a desarraigarse° una vez más.

*to imprison*

*call*
*put down*
*uproot*

## *Actividades de comprensión*

**A.** Conteste a las siguientes preguntas.

1. ¿Cuál era la situación en la Argentina con respecto a los derechos humanos durante los años 1976 hasta 1983?
2. ¿Cómo era la situación económica en la Argentina durante esa época?
3. ¿Cuál es la relación entre el fracaso militar de las Islas Malvinas y el retorno de la democracia a la Argentina?
4. ¿Qué medidas toma el gobierno actual para rectificar los abusos del pasado?

**B.** ¿Cuál ha sido la importancia de los siguientes grupos o individuos en la historia actual de la Argentina?

1. Juan Domingo Perón
2. Raúl Alfonsín
3. Adolfo Pérez Esquivel
4. Las Madres de la Plaza de Mayo

**C.** Si Ud. fuera refugiado/a político/a y su país volviera a ser una democracia, ¿dejaría el país que le había dado refugio? ¿Cuáles serían sus sentimientos?

**D.** Haga una o más entrevistas con un pariente o amigo suyo para averiguar por qué esta persona o sus antepasados vinieron a los Estados Unidos. Analice los motivos de su inmigración. ¿Buscaba oportunidades económicas? ¿Huía de violencia, persecución o una guerra? ¿Era refugiado político?

# Reflejos culturales

### ☐ *Como tú,* por Roque Dalton (El Salvador)

Roque Dalton, nacido en El Salvador en 1935, murió a los 41 años, asesinado por una facción ultraizquierdista de su propio partido. Dalton, poeta galardonado° con varios *awarded* premios internacionales, como el famoso de Casa de las Américas, se exilió en Guatemala, México, Checoslovaquia y Cuba. Se hizo miembro del Ejército Revolucionario del Pueblo (ERP), organización salvadoreña, y regresó clandestinamente a El Salvador para luchar en defensa de su pueblo. El 10 de mayo de 1976 fue asesinado.

COMO TÚ

Yo, como tú,
amo el amor, la vida, el dulce encanto° *charm*
de las cosas, el paisaje° *countryside*
celeste de los días de enero.

También mi sangre bulle° *boils*
y río° por los ojos *I laugh*
que han conocido el brote° de las lágrimas. *gushing*

Creo que el mundo es bello,
que la poesía es como el pan, de todos.

Y que mis venas no terminan en mí
sino en la sangre unánime
de los que luchan por la vida,
el amor,
las cosas,
el paisaje y el pan
la poesía de todos.

### *Comprensión cultural*

**A.** Conteste a las siguientes preguntas sobre el poema.

1. ¿Cuáles son las cosas que ama el poeta?
2. ¿Son las mismas cosas que ama Ud.?

3. ¿Cómo expresa el poeta sus sentimientos?
4. ¿Tiene Ud. los mismos sentimientos?
5. ¿Qué cree el poeta?
6. ¿Cree Ud. que él tiene razón?
7. ¿Qué significa el título del poema para Ud.?

## ☐ *Posibilidad de los sueños,* por *Gioconda Belli*
*(Nicaragua)*

Nació en Managua, Nicaragua en 1948. Ha vivido exiliada en Costa Rica. Regresó a su país después del triunfo de la revolución sandinista. *Truenos° y arco iris°*, su último libro de poemas, fue escrito en 1978. — *thunder/rainbow*

### POSIBILIDAD DE LOS SUEÑOS

Mis hijas quedaron calladas° — *silent*
a la orilla° del lago — *shore*
y hablaron después
como mariposas° alborotadas° — *butterflies/impetuous*
contagiadas de la algarabía° de la libertad — *clamor*
del verdor desvergonzado° de los campos. — *impudent*

Y estaban felices
oyendo las canciones conocidas
tarareando° el himno° clandestino — *humming/hymn*
a todo pulmón° — *at the top of their lungs*
en media° carretera. — *in the middle of*

Mis abejitas golosas° — *sweet-toothed little bees*
saborearán° la miel° de la dignidad, — *will savor/honey*
conocerán la patria
envuelta° en sueños — *wrapped*
que ya les delineaba en el exilio;
vivirán entre caras morenas
que no tendrán que esconder ya
la serena mirada decidida°; — *decisive*
crecerán cubriendo con su risa
la piedra dura del sacrificio,
honrando los conocidos nombres que partieron°. — *left*

Mis hijas que conocieron la separación,
la obligada orfandad°, — *orphanhood*
la callada guerrilla° — *guerrilla war*
de compartir madre con niños desconocidos,
apenas° entendiendo, — *barely*
apenas perdonando el abandono;

ahora,
algún día,
comprenderán
y creerán en lo posible de los sueños.

## *Comprensión cultural*

**A.** Conteste a las preguntas siguientes.

1. ¿Cuál es la imagen de la naturaleza en la primera estrofa?
2. ¿Cómo compara la poeta a sus hijas con las mariposas?
3. ¿Qué hacían sus hijas en la segunda estrofa?
4. ¿Cuál es la sensación que sienten en esta estrofa?
5. ¿Por qué compara a sus hijas con las abejitas en la tercera estrofa?
6. ¿Cómo sabe Ud. que ellas no vivían en su país?
7. ¿De qué esperanza futura nos habla la poeta en la tercera estrofa?
8. ¿Cómo explica la separación de sus hijas en la cuarta estrofa?
9. ¿Qué esperanza tiene la poeta? ¿Son distintas de las esperanzas de otros padres en otras partes del mundo? Explique su respuesta.

## ☐ *Visión de la ventanilla azul,* por Ernesto Cardenal
(Nicaragua)

Ernesto Cardenal es un sacerdote católico que participó en el movimiento guerrillero sandinista en contra de la dictadura de Somoza. También es un poeta destacado, y actualmente es el ministro de cultura del gobierno de Nicaragua.

### VISIÓN DE LA VENTANILLA AZUL

En la ventanita redonda°, todo es azul, tierra azulosa°, verde-azul, azul     *round/bluish*
(y cielo)
    todo es azul
lago y lagunas azules
    volcanes° azules     *volcanos*
mientras más lejos la tierra más azul
    islas azules en lago azul.
Éste es el rostro° de la tierra liberada.     *face*
Y donde todo el pueblo peleó, pienso:
¡para el amor!
Vivir sin el odio
de la explotación,
Para amarnos en una tierra bella
muy bella, no sólo por ella
    sino por los hombres en ella,
sobre todo por los hombres en ella,
Por eso nos la dio Dios bella
para la sociedad en ella.

Y en todos esos sitios azules se peleó, se sufrió
    para una sociedad de amor,
        aquí en esta tierra.
Un trozo° azul tiene mayor intensidad...         *piece*
Y me pareció estar viendo allí los lugares de todos los combates,
y de todas las muertes,
detrás de ese vidrio redondo, pequeño,
azul
    todos los tonos de azul.


## *Comprensión cultural*

**A.** Conteste a las preguntas siguientes.

1. ¿Cuáles son las cosas azules en el poema?
2. Los colores provocan asociaciones y reacciones. ¿Con qué asociaría Ud. este color? ¿Qué reacción tiene Ud. al azul?
3. ¿Qué representa el color azul para el poeta?

**B.** Desarrolle una conversación sobre los siguientes temas.

1. ¿Cuál es la visión de la sociedad que tiene el poeta?
2. ¿Cómo expresa la historia reciente de su país en el poema?
3. Refiriéndose a lo que Ud. ha leído sobre la situación actual en Nicaragua, ¿se ha cumplido la visión de Cardenal?


□ ***Serenata para la tierra de uno,*** *por María Elena Walsh (Argentina)*

María Elena Walsh comenzó su carrera literaria escribiendo poesía infantil y dirigiendo programas de televisión para niños. Últimamente ha enfocado sus talentos en la creación de obras satíricas y políticas.


SERENATA PARA LA TIERRA DE UNO

Porque me duele si me quedo
pero me muero si me voy.
Por todo y a pesar de todo, mi amor,
yo quiero vivir en vos°.         *Argentine usage for* tú *and* ti

Por tu decencia de vidala°         *folksong*
y por tu escándalo de sol
por tu verano con jazmines, mi amor,
yo quiero vivir en vos.

*Porque el idioma de infancia*
*es un secreto entre los dos.*
*Porque le diste reparo°*                                         *restored*
*al desarraigo° de mi corazón.*                            *uprooting*

Por tus antiguas rebeldías
y por la edad de tu dolor,
por tu esperanza interminable, mi amor,
yo quiero vivir en vos.

Para sembrarte° de guitarra,                                    *sow*
para cuidarte en cada flor,
y odiar a los que te castigan,° mi amor,                *punish*
yo quiero vivir en vos.

## *Comprensión cultural*

**A.** En este poema la poeta habla de su patria como si fuera un ser querido. Analice el poema según los siguientes puntos:

1. Las palabras o expresiones que pueden describir al ser querido
2. Los sentimientos de la poeta hacia su país

**B.** Explique el significado de las siguientes frases del poema:

1. "Porque me duele si me quedo pero me muero si me voy".
2. "Por todo y a pesar de todo…"
3. "Porque el idioma de infancia es un secreto entre los dos".
4. "Por tus antiguas rebeldías y por la edad de tu dolor".

**C.** Conteste, según su experiencia, las preguntas siguientes.

1. ¿Tiene Ud. los mismos sentimientos hacia su país?
2. ¿Cómo se sentiría Ud. si tuviera que vivir en otro país?
3. ¿Cree Ud. que "el idioma de infancia" tiene un papel importante en la vida de una persona? Explique su respuesta.
4. Si Ud. tuviera que vivir en otro país, ¿cuáles serían las cosas de su patria que echaría de menos?

## ☐ *Mi nación y los sistemas de correo,* por Marjorie Agosín
*(Chile)*

Nacida en Chile, Marjorie Agosín actualmente es profesora de español en Wellesley College y una de las más destacadas jóvenes poetas que escriben en español hoy día.

Las Madres de la Plaza de Mayo.

## MI NACIÓN Y LOS SISTEMAS DE CORREO

Dirección° Insuficiente,     *address*
casa deshabitada°,     *uninhabited*
voló° como paloma° en soledad,     *flew away/dove*
Ausente.
Fallecido°.     *deceased*
Mutilado.
Rehusado°.     *rejected*
Desconocido en los círculos sin salida.
No existe tal nombre.
DESAPARECIDO.

## A LAS LOCAS DE LA PLAZA DE MAYO
### A Marta Traba

no hay nada aquí.
La plaza, en silencios,
diminuta, azulada,
entre los cirios° que se despliegan°     *candles/unfold*
como ajenos bultos°     *strange shapes*

revolcándose°      *rolling around*
encima de las piedras.

¿Hay alguien aquí?
comienzan las peregrinaciones de las transparentes,
las procesiones,
las palabras de las ilusas°,      *deluded*
son, dicen
Las Locas de la Plaza de Mayo
en busca de tus ojos,
de tus labios,
para siempre
llamarte amado°.      *beloved*
Las Locas,
de la Plaza de Mayo,
agrietadas°, enjutas°      *cracked/dried up*
orando°,      *praying*
gritando de rabia,
preguntando más allá° de los ecos      *beyond*
¿Dónde están los hijos?
¿Los padres-esposos?
¿Los novios de las más niñas?
¿acaso son arrojados° al río maloliente° de los inocentes?      *thrown/foul smelling*

Las Locas de la Plaza de Mayo
se acercan,
míralas como vuelan las brujas° de la verdad,      *witches*
míralas como la lluvia arrastra° sus lánguidos y demenciales cabellos,      *drags*
míralas los pies, tan pequeños para arrastrar el dolor del abandono, el dolor de la
    indiferencia.

Las Locas de la Plaza de Mayo,
amarrando al cuello la fotografía demolida°, arrugada°,      *demolished/wrinkled*
    vacía,
la fotografía cautiva°.      *captive*
¿por quién?
¿para quién?
mira el silencio en la plaza de las locas, mira como la
    tierra
se esconde°,      *hides itself*
se enmudece°,      *becomes silent*
se revuelca° como una muerta herida que sólo      *wallows*
quiere descansar.
Míralas,
y es sólo silencio de la plaza
quien oye
las fotografías
de las olvidadas
presentes.

## Comprensión cultural

**A.** Mi nación y los sistemas de correo

¿Cómo refleja el poema la realidad actual de Chile? Explique la relación entre el contenido del poema y lo que usted ha leído sobre Chile en este cuadro.

**B.** Las Locas de la Plaza de Mayo

1. Haga una lista de los adjetivos que se usan para describir a "Las Locas de la Plaza de Mayo".
2. ¿Cuáles son otros sustantivos que se usan como sinónimos para describir a esas mujeres?
3. En este poema, ¿cuál es la reacción de los demás argentinos a "Las locas de la Plaza de Mayo"? ¿Cómo reaccionaría Ud. a ellas?
4. ¿Por qué protestan?

# APÉNDICE A
## Vocabulario español-inglés

**A**
**abajo** below; down
**abandonar** to abandon
**abandono** m. abandonment
**abarcar** to cover, include
**abecedario** m. alphabet
**abeja** f. bee
**abierto(a)** open
**abismo** m. abyss
**abogado(a)** m./f. lawyer
**abogar** to advocate; to intercede
**abolición** f. abolition
**abollado(a)** dented
**abolladura** f. dent
**abotonarse** to button one's clothes
**abrigo** m. shelter, protection; coat
**abril** m. April
**abrir** to open
   —*abrir campo* to lead the way
**absoluto(a)** absolute
**absorto(a)** absorbed
**abuelo(a)** grandfather, grandmother
**abundante** abundant
**abundar** to abound
**aburrirse** to get bored
**abuso** m. abuse
**acá** here
**acabar** to end, finish, finish off, run out
   —*acabar de +inf.* to have just done something
**acabóse** m. end (regionalism)
**académico(a)** academic
**acarrear** to carry
**acaso** perhaps
**acceder (a)** to agree to
**accidente** m. accident
**acción** f. action

**acelerar** to speed up
**acento** m. accent
**aceptación** f. acceptance
**aceptar** to accept
**acerca de** concerning, about
**acercarse (a)** to approach
**ácido** m. acid
**acomodar** to accomodate
**acompañar** to accompany
**acontecimiento** m. event
**acordar** to agree
**acordarse de** to remember
**acortar** to shorten
**acosado(a)** pursued
**acosar** to plague
**acostado(a)** in bed
**acostarse** to go to bed
**acostumbrarse (a)** to get used to
**acta** f. law
**actitud** f. attitude
**actividad** f. activity
**activo(a)** active
**acto** m. act
**actual** current, present
**actualidad** f. at present
**actualmente** presently
**actuar** to act
**actuación** f. performance
**acuerdo** m. agreement
   —*acuerdo comercial* marketing arrangement
   —*estar de acuerdo* to agree
**adaptación** f. adaptation
**adecuado(a)** adequate
**adelantado** m. governor (archaic)
**adelantarse** to advance, progress, get ahead
**adelante** ahead

**adelanto** m. advance
**además** besides
**adiestramiento** m. training
**adinerado(a)** wealthy
**adiós** goodbye
   —*hacer adiós* to wave goodbye
**adjetival** adjectival
**adjetivo** m. adjective
**administración** f. administration
**administrador(a)** m./f. administrator
**administrativo(a)** administrative
**admirado(a)** admired
**admitido(a)** admitted
**adolescencia** f. adolescence
**adolescente** m./f. adolescent
**¿adónde?** (to) where?
**adoptado(a)** adopted
**adoptar** to adopt
**adoptivo(a)** adoptive
**adquirir** to acquire
**adquisitivo(a)** acquisitive
**aduana** Customs
**adulto(a)** adult
**adverbio** m. adverb
**advertencia** f. warning
**advertir** to warn
**aéreo(a)** aerial; air
**aeropuerto** m. airport
**afán** m. desire
**afectar** to affect
**afiliado(a)** affiliated
**afirmación** f. affirmation
**afortunado(a)** fortunate
**afrontar** to face
**afuera** outside
   —*las afueras* outskirts
**agacharse** to stoop down
**agarrado(a)** hanging onto

231

*agarrar*   to grab
*agencia* f.   agency
*agente* m./f.   agent
   —*agente judicial de vigilancia*   probation officer
*ágil*   agile, nimble
*agitado(a)*   agitated, nervous
*agitarse*   to become upset
*agosto* m.   August
*agotarse*   to exhaust, use up
*agradable*   pleasant
*agradecer*   to thank
*agradecido(a)*   grateful, thankful
*agregar*   to add
*agrícola*   agricultural
*agricultor(a)* m./f.   farmer
*agricultura*   agriculture
*agrietado(a)*   cracked
*agrupado(a)*   grouped
*agua* f.   water
*aguantar*   to stand, tolerate
*aguar*   to water
*agudo(a)*   acute
*agüitado(a)*   agitated, upset (regionalism)
*aguja* f.   needle
*agujereado(a)*   full of holes
*agujero* m.   hole
*ahí*   there
*ahora*   now
   —*ahora mismo*   right now
   —*ahorita mismo*   right away, now
*ahorrar*   to save
*aire* m.   air
*aislado(a)*   isolated
*aislamiento* m.   isolation
*ajado(a)*   rumpled
*ajeno(a)*   strange, foreign
*ajibararse*   to become shy, to feel self-conscious (Puerto Rican)
*ajuste* m.   adjustment
*al*   contraction of a + el
   —*al* + inf.   on, upon doing something
*alambre* m.   wire
*alarmado(a)*   alarmed
*alarmante*   alarming
*alarmar*   to alarm
*albañil* m.   mason
*alborotado(a)*   agitated
*alcalde* m.   mayor

*alcanzar*   to reach, achieve, attain; to cover (expenses)
   —*alcanzar a +inf.*   to manage to
   —*alcanzarle el tiempo*   to have sufficient time
*alegrarse de*   to be happy
*alegre*   happy
*alegría* f.   happiness
*alejarse*   to move away, to recede
*alfabetismo* m.   literacy
*algarabía* f.   jabbering, clamor
*algo*   something; somewhat
*algodón* m.   cotton
*alguien*   someone; anyone
*algún, alguno(a)*   some; any; some sort of
*alianza* f.   alliance
*alienación* f.   alienation
*aliento* m.   breath
*alimentación* f.   food
*alimentar*   to feed, to nourish
*alimento* m.   food, nourishment
*aliviado(a)*   relieved
*aliviar*   to relieve, to remedy
*alivio* m.   relief
*alma* f.   soul
*almuerzo* m.   lunch
*aló*   hello (anglicism)
*alquilar*   to rent
*alquiler* m.   rent
*alrededor de*   around
*alternar*   to alternate
*alternativa* f.   alternative, choice
*alto(a)*   high, tall
*alumbrar*   to give light
*alumno(a)* m./f.   student
*alza* f.   rise; increase
*alzar*   to pick up, to raise
*allá*   there
   —*más allá*   beyond
*allí*   there
*allegado(a)* m./f.   follower, relative
*amable*   kind, nice
*amaestrado(a)*   trained
*amanecer* m.   daybreak
*amar*   to love
*amarillo(a)*   yellow
*amarrar*   to tie
   —*amarrarse los cordones de los zapatos*   to tie one's shoelaces

*ambiental*   environmental
*ambiente* m.   atmosphere
*ambigüedad* f.   ambiguity
*ambiguo(a)*   ambiguous
*ámbito* m.   environment
*ambos(as)*   both
*ambulante (adj.)*   traveling
*ambulatorio(a)*   outpatient
*amenaza* f.   threat
*amenazar*   to threaten
*amnistía* f.   amnesty
*amo(a)* m./f.   master
   —*ama de casa*   housewife
*amogollarse*   to become confused (Puerto Rican)
*amparo* m.   sanctuary
*ampliar*   to extend
*amplio(a)*   broad
*analfabetismo* m.   illiteracy
*análisis* m.   analysis
*analizar*   to analyze
*anciano(a)*   old, elderly
*ancho(a)*   wide, broad
*andar*   to walk
*andarivel* m.   lots of things (Cuban)
*anexión* f.   annexation
*angelito(a)* m./f.   little angel
*anglo(a)*   Anglo-Saxon (North American)
*angustia* f.   anguish
*angustiado(a)*   upset
*ánimo* m.   spirit, courage
*aniversario* m.   anniversary
*anoche*   last night
*anotar*   to note, to jot down
*ansiosamente*   anxiously
*ante*   before
*antecedentes* m.pl.   background
*antepasado* m.   ancestor
*anterior*   previous
*anteriormente*   previously
*antes*   before
*anticipación*   anticipation
*antiguo(a)*   old, former
*antología* f.   anthology
*antónimo* m.   antonym
*anunciado(a)*   announced
*anunciar*   to announce
*anuncio* m.   advertisement
*añadir*   to add
*año* m.   year

**añorado(a)** yearned-for
**añoranza** f. homesickness, longing
**añorar** to long for
**aparecer** to appear
**aparentar** to appear
**aparición** f. appearance
**apariencia** f. appearance
**apartamento** m. apartment
**aparte de** besides
**apearse** to get off, get down, get out
**apenas** as soon as; hardly, only
**apetito** m. appetite
**aplauso** m. applause
**aplicación** f. application
**aplicar** to apply
**apoderarse de** to take over
**apoyar** to support
**apoyo** m. support
**apreciado(a)** dear; appreciated; valued
**apreciar** to appreciate
**apremiante** pressing (adj.)
**aprender** to learn
**aprendizaje** m. learning
**aprensivo(a)** apprehensive
**apresurarse** to hurry
**aprobación** f. approval
**aprobado(a)** approved, passed
**aprobar** to pass; to approve
**apropiadamente** appropriately
**apropiado(a)** appropriate
**aprovechar** to take advantage of; to be good for someone
**aproximadamente** approximately
**apuntar** to point out; to write down
**apuro** m. difficulty
**aquel, aquella** that
**aquí** here
—**aquí mismo** right here
**arbitrario(a)** arbitrary
**árbol** m. tree
—**árbol cafetero** coffee bush
**arco iris** m. rainbow
**archivo** m. file
**ardido(a)** angry (regionalism)
**arena** f. sand
**argumento** m. plot
**árido(a)** arid
**aritmética** f. arithmetic
**arma** f. weapon

**armado(a)** armed
**armamentos** m.pl. arms, armaments
**arquitecto(a)** m./f. architect
**arquitectura** f. architecture
**arrancar** to tear off
**arrasar** to raze; to finish off
**arrastrar** to drag
**arrebatado(a)** impetuous, rash
**arreglado(a)** fixed
**arreglar** to repair, fix
**arreglo** m. arrangement
**arriba** on top; up; above
**arriendo** m. rent
**arrojar** to throw
**arrostrar** to confront
**arroyo** m. stream
**arroz** m. rice
**arrugado(a)** wrinkled
**arrugar** to wrinkle
**arte** f. art
**artístico(a)** artistic
**artículo** m. article
**arzobispo** m. archbishop
**asa** f. handle
**asaltar** to attack, assail
**asegurarse** to assure (oneself)
**asentimiento** m. agreement
**asentir** to assent, agree
—**asentir con la cabeza** to nod one's head
**aserradero** m. sawmill
**asesinado(a)** killed
**asesinar** to kill
**asesor(a)** advisor
**así** in this way, like that
—**así como** as well as; like
**asiento** m. seat
**asignado(a)** assigned
**asignar** to assign
**asignatura** f. subject, course; assignment
**asimilación** f. assimilation
**asimilar** to assimilate
**asistencia** f. attendance
**asistente** m./f. assistant, helper; person attending
**asistir (a)** to attend
**asociación** f. association
**asociado(a)** associated
**asociar** to associate
**aspecto** m. aspect

**aspiración** f. aspiration
**aspirar** to aspire (to do something); to breathe in
**asumir** to assume, to take on
**asunto** m. matter, issue
**asustado(a)** scared
**ataque** m. attack
—**ataque de coraje** temper tantrum
**atención** f. attention
**atender** to serve, take care of, attend to
**aterrador(a)** terrifying
**atmósfera** f. atmosphere
**atraer** to attract
**atraído(a)** attracted
**atrás** back, behind
**atrasado(a)** behind
**atrasarse** to fall behind, to stay back
**atreverse a** to dare to
**atribuir** to attribute
**audición** f. hearing
**auge** m. impetus
**aumentar** to increase
**aumento** m. increase
**aun** even
**aún** yet, still
**aunque** although
**ausente** m./f. absentee
**auténtico(a)** authentic
**auto** m. car
**autobús** m. bus
**autodeterminación** f. self-determination
**automóvil** m. automobile
**autónomo(a)** autonomous
**autor(a)** m./f. author
**autoridad** f. authority
**autorización** f. authorization
**autosuficiente** self-sufficient
**avanzar** to advance
**avenida** f. avenue
**aventura** f. adventure
**averiguación** f. inquiry, verification, investigation
**averiguar** to find out, inquire into, check
**avisar** to inform, notify, tell
**aviso** m. sign
**¡ay, bendito!** thank goodness, good heavens!

*ayer* yesterday
*ayuda* f. help
*ayudar* to help
*azúcar* m. sugar
*azucarero(a)* pertaining to sugar; sugar bowl
*azul* blue
*azulado(a)* bluish
*azuloso(a)* bluish

## B

*baba* f. slobber
*bahía* f. bay
*bailar* to dance
*bajar* to fall; to go down; to decrease
*bajo* under
*bajo(a)* low, short
*balanceado(a)* balanced
*balsa* f. raft
*bancarrota* f. bankruptcy
*banco* m. bank
*bandera* f. flag
*bañarse* to bathe
*baño* m. bathroom, restroom
*barato(a)* cheap, inexpensive
*barbero* m. barber
*barbudo(a)* bearded
*barco* m. boat
*barra* f. bar (Anglicism)
*barrer* to sweep
*barrera* f. barrier
*barriga* f. stomach
*barrio* m. neighborhood
*basado(a)* based
*basar* to base
*básico(a)* basic
*bastante* enough
 —*bastantito* enough
*basura* f. trash, garbage
*bata* f. robe, johnny coat
*batalla* f. battle
*batido* m. milk shake
*bautismo* m. baptism
*beber* to drink
*beca* f. scholarship
*béisbol* m. baseball
*belleza* f. beauty
*bello(a)* beautiful
*bendecir* to bless
*beneficiar* to benefit
*beneficio* m. benefit

*bestia* f. beast
*biberón* m. baby bottle
*bibi* m. baby bottle (regionalism)
*biblioteca* f. library
*bibliotecario(a)* librarian
*bicicleta* f. bicycle
*bien* well; good; fine
*bienes* m. goods
 —*bienes de consumo* consumer goods
*bienvenido(a)* welcome
*bienvenida* f. welcome
*bilingüe* bilingual
*bilingüismo* m. bilingualism
*billete* m. money, bill
*blanco(a)* white
*bloqueo* m. blockade
*boca* f. mouth
*bocina* f. horn
*boda* f. wedding
*bodega* f. grocery store (Puerto Rican)
*bodeguero(a)* m./f. grocer
*bola* f. ball
*bolsa* f. bag
 —*bolsita de agua caliente* hot-water bottle
*bolsillo* m. pocket
*bombero* m. fire fighter
*bonito(a)* pretty
*boricua* m./f. Puerto Rican
*borrachera* f. drunkenness
*bos* m. boss
*bosque* m. forest
*botella* f. bottle
*botones* m. bellhop
*boquiabierto(a)* with one's mouth open
*bota* f. boot
*bracero* m. farm laborer
*brazo* m. arm
 —*a brazo partido* tooth and nail, with all one's might
*brecha* f. gap
*bregar* to struggle, fight
*breve* brief, short
*brevemente* briefly
*brincar* to skip, jump
*brindar* to offer
*bronce* m. bronze
*brote* m. outbreak
*brujo(a)* m./f. witch
*brusco(a)* sudden

*bruto(a)* stupid, brutish
*buen, bueno(a)* good, okay, well
*bufete* m. office
*bulto* m. bundle, shape
*bullir* to boil
*burguesía* f. middle class
*burlar* to fool
*busca* f. search
 —*en busca de* in search of
*buscador(a)* m./f. searcher
*buscar* to look for

## C

*caballo* m. horse
*cabello* m. hair
*cabeza* f. head
*cabizbajo(a)* head-down
*cada* each
*cadera* f. hip
*caer* to fall
 —*caerle bien* to like
 —*caerse* to fall down
 —*dejar caer* to drop
*café* m. coffee
*caída* f. fall
*caja* f. box
*cajón* m. drawer
*calcular* to calculate
*calefacción* f. heating
*caliente* hot
*calificado(a)* qualified
*calificar* to assess, rate
*calma* f. calmness
 —*con calma* calmly
*calmado(a)* calmed down
*calor* m. heat
*callado(a)* silent
*callar* to keep quiet
*calle* f. street
*cámara* f. chamber
 —*cámara de representantes* House of Representatives
*cambiar* to change
*cambio* m. change
 —*a cambio de* in exchange for
*caminar* to walk
*camino* m. road
*camión* m. truck
*camisa* f. shirt
*campamento* m. (refugee) camp
*campante* self-satisfied
*campaña* f. campaign

*campesino(a)* m./f.   farmer, country person
*campo* m.   countryside; area
*cancelado(a)*   cancelled
*canción* f.   song
*candidato(a)* m./f.   candidate
*cansado(a)*   tired
*cansancio* m.   tiredness
*cantante* m./f.   singer
*caña de azúcar* f.   sugar cane
*cañón* m.   cannon
*caos* m.   chaos
*capacidad* f.   capability
*capataz* m.   boss
*capaz*   capable
*capota* f.   hood
*captura* f.   capture
*capturado(a)*   captured
*cara* f.   face
*carácter* m.   character
*característica* f.   characteristic
*caracterizar*   to characterize
*carcacha* f.   jalopy (regionalism)
*cárcel* f.   jail
*carga* f.   load, burden
*cargamento* m.   load
*cargar*   to load
*cargo* m.   charge
*caridad* f.   charity
*cariño* m.   affection
*cariñosamente*   affectionately
*carmín* m.   red
*carpintería* f.   carpentry
*carpintero* m.   carpenter
*carrera* f.   career
*carretera* f.   highway
*carro* m.   car (regionalism)
*carta* f.   letter
*cartera* f.   handbag; wallet
*cartón* m.   cardboard
*casa* f.   house; store
   —*casa de empeño*   pawn shop
*casado(a)*   married
*casarse con*   to get married to
*casi*   almost
*caso* m.   case
*castigado(a)*   punished
*castigar*   to punish
*catarro* m.   cold (illness)
*categoría* f.   category
*católico(a)*   Catholic
*catorce*   fourteen
*causa* f.   cause

—*a causa de*   because of
*causado(a)*   caused
*causar*   to cause
*cautivo(a)* m./f.   captive
*ceder*   to give up, yield
*cedido(a)*   given up
*cegador(a)*   blinding
*celebrar*   to celebrate, to hold
*célebre*   famous, noted
*celeste*   celestial
*celos* m.pl.   jealousy
*cementerio* m.   cemetery
*cemento* m.   cement
*cenar*   to eat dinner
*centavo* m.   cent
*centenares* m.pl.   hundreds
*centro* m.   center; downtown
*cerca* f.   fence
*cerca de*   near
*cercanía* f.   closeness
*cercano(a)*   near, close
*cercar*   to fence, to surround
*cerdo* m.   pig
*cerebro* m.   brain
*cerrar*   to close
*certidumbre* f.   certainty
*certificado* m.   certificate
*cerveza* f.   beer
*cesárea* f.   caesarean birth
*cicatriz* f.   scar
*cicatrizar*   to heal
*ciclista* m./f.   bicyclist
*cielo* m.   sky, heaven
*cien*   one hundred
*ciencia* f.   science
*científico(a)*   scientific
*ciento*   one hundred
   —*por ciento*   percent
*cierto(a)*   certain
*ciervo* m.   deer
*cifra* f.   number
*cigarrero(a)*   cigar
*cima* f.   top
*cimiento* m.   foundation
*cinco*   five
*cincuenta*   fifty
*cinta* f.   tape
*cintura* f.   waist
*círculo* m.   circle
*circunstancia* f.   circumstance
*cirio* m.   candle
*cirugía* f.   operation, surgery
*cita* f.   date, appointment

*citar*   to quote
*ciudad* f.   city
*ciudadanía* f.   citizenship
*ciudadano(a)*   citizen; civil
*cívico(a)*   civic
*clandestinamente*   secretly
*clandestino(a)*   secret
*claro(a)*   clear, light
   —*¡claro!*   of course
*clase* f.   class; kind, type
*clasificado(a)*   classified
*clavado(a)*   nailed
*clavo* m.   nail
*clérigo* m.   clergyman
*cliente* m./f.   client, customer
*clientela* f.   clientele, customers
*clima* m.   climate
*clínico(a)*   clinical
*cobarde* m./f.   coward
*cobrar*   to charge, collect
*cocido(a)*   cooked
*cocina* f.   kitchen
*coco* m.   coconut
*cochino(a)*   filthy
*codiciado(a)*   coveted
*coeficiente intelectual* m.   Intelligence Quotient (IQ)
*coger*   to take
*cognoscit'vo(a)*   cognitive
*coincidir*   to coincide
*colaboración* f.   collaboration
*colaborar*   to collaborate, contribute
*colchón* m.   mattress
*colectividad* f.   group
*colega* m./f.   colleague
*colegio* m.   high school; college (Anglicism)
*cólera* f.   anger, rage
*cólico* m.   colic
*colocar*   to place, to put
*colonia* f.   colony, community
*colonialismo* m.   colonialism
*colonización* f.   colonization
*colonizador* m.   colonist, settler
*colonizar*   to colonize
*columna* f.   column
   —*columna vertebral*   spinal column
*comadre* f.   godmother; close family friend
*combate* m.   combat
*combatir*   to combat, fight

**combinar** to combine
**comején** m. termite
**comentar** to comment
**comentario** m. commentary; comment
**comenzar** to begin
**comer** to eat
—**dar de comer** to feed
**comerciante** m./f. business person
**comerciar** to trade, to have dealings
**comercio** m. commerce, business
**comestible** m. food products
**cometer** to commit, make
**comida** f. meal, food
**comienzo** m. start, beginning
**comité** m. committee
**como** like, as, such as; since
—**¿cómo?** how
**cómodamente** comfortably
**cómodo(a)** comfortable
**compadrazgo** m. the state of being a godparent
**compadres** m.pl. "co-parents," godparents
**compañero(a)** m./f. companion
—**compañero(a) de clase** classmate
**compañía** f. company
**comparar** to compare
**compartir** to share
**compás** m. beat, rhythm
—**al compás de** in time to
**compatriota** m./f. fellow countryman
**compay** m. companion (regionalism)
**competencia** f. competition
**competir** to compete
**complacer** to please
**completamente** completely
**completar** to complete
**completo(a)** complete
—**por completo** completely
**complicación** f. complication
**complicado(a)** complicated
**cómplice** m. accomplice
**complicidad** f. complicity
**componerse de** to consist of
**comportamiento** m. behavior
**comportarse** to behave
**composición** f. composition

**compra** f. purchase
**comprador(a)** buyer
**comprar** to buy
**comprender** to understand
**comprensión** f. comprehension
**comprobar** to prove
**compromiso** m. compromise
**compuesto(a)** composed
**computadora** f. computer
**común** m./f. common
**comunal** communal
**comunicación** f. communication
**comunicar** to communicate, tell
**comunicarse** to get in touch, communicate
**comunidad** f. community
**comunismo** m. communism
**comunitario(a)** community
**con** with
—**con respecto a** with respect to
**concebir** to conceive
**conceder** to grant
**concedido(a)** granted
**concentración** f. concentration
**concentrarse** to concentrate
**concepto** m. concept
**concertar** to arrange
**concesión** f. concession
**concientización** f. consciousness raising
**concurso** m. contest
**condado** m. county
**condenar** to condemn
**condición** f. condition
**conducir** to lead to
**conducta** f. conduct, behavior
**confeccionar** to make, prepare
**conferencia** f. speech, lecture
**confianza** f. confidence
**confidencia** f. confidence
**confidencial** confidential
**confiscado(a)** confiscated
**conflicto** m. conflict
**confundir** to confuse
**congreso** m. congress
**conmover** to touch
**cono** m. cone
**conocer** to meet; to know; to know about; to be familiar with
**conocido(a)** known
**conocimiento** m. knowledge
**conquista** f. conquest

**conquistado(a)** conquered
**consciente** conscious; aware
**consecuencia** f. consequence
**consecuente** consistent; consequent
**conseguir** to get, obtain
**consejería** f. counseling (regionalism)
**consejero(a)** advisor
**consejo** m. council; advice
**consentimiento** m. consent
**conservador(a)** conservative
**conservar** to conserve
**considerar** to consider
**consigo** with him, her, them, one; with himself, herself, oneself, themselves
—**consigo** ref. conseguir
**consistir en** to consist of
**consolidación** f. consolidation
**constante** constant
**constitución** constitution
**constituído(a)** made up of
**constituir** constitute
**construcción** f. construction
**construir** to construct
**consulado** m. consulate
**consultar** to consult, look at
**consultor(a)** m./f. consultant
**consumidor** m. consumer
**consumo** m. consumption, consumer
**contabilidad** f. accounting
**contacto** m. contact
**contador(a)** m./f. accountant
**contagiado(a)** infected
**contagioso(a)** contagious
**contaminación** f. contamination, pollution
**contar** to tell; to count
—**contar con** count on
**contemplar** to watch, look at
**contemporáneo(a)** contemporary
**contenido** m. contents
**contenido(a)** contained
**contento(a)** happy
**contestación** f. answer
**contestar** to answer
**contexto** m. context
**continente** m. continent
**continuación** f. continuation
—**a continuación** immediately afterwards

*continuar* to continue
*contra* against
— *en contra* against
*contrabando* m. contraband
*contraponerse* to counteract, set against
*contrariamente* on the contrary
*contrastado(a)* contrasted
*contraste* m. contrast
*contratista* m./f. contractor
*contrato* m. contract
*contrincante* m. opponent
*controlar* to control
*convencer* to convince
*convenio* m. pact
*convenir* to suit, agree
*conversación* f. conversation
*conversar* to converse
*convertir* to convert
— *convertirse en* to become
*convivir* to live together
*coordinación* f. coordination
*copia* f. copy
*copiar* to copy
*coraje* m. anger; bravery, courage
*corazón* m. heart
*corbata* f. tie
*cordialmente* cordially
*cordón* m. cord, string
*corona* f. crown
*corporación* f. corporation
*correcto(a)* correct
*correctamente* correctly
*correo* m. mail
*correr* to run
*corresponder* to correspond
*corrida* f. bullfight
*corrido* m. folk song
*corruptivo(a)* corrupted
*corsario* m. privateer
*cortar* to cut, cut off
*corte* f. court
*corto(a)* short
*cosa* f. thing
*cosecha* f. harvest
*coser* to sew
*costa* f. coast
*costar* to cost
— *costarle trabajo* to have difficulty
*costoso(a)* expensive
*costumbre* f. custom
*costura* f. sewing; dressmaking

— *alta costura* high fashion
*costurera* f. seamstress
*cotorra* f. parrot
*coyote* m. one who smuggles illegal aliens across the border
*coyuntura* f. joint
*creación* f. creation
*creado(a)* created
*creador(a)* creative
*creador(a)* m./f. creator
*crear* to create
*crecer* to grow
*crecido(a)* grown
*creciente* growing
*credo* m. belief
*creer* to believe
— *¡ya lo creo!* I believe it!
*creyones* m.pl. crayons
*cría* f. raising
*criar* to raise
*criado(a)* servant, maid
*crianza de ganado vacuno* f. cattle raising
*criatura* f. baby, infant
*cristal* m. window
*crítica* f. criticism
*crónico(a)* chronic
*cruzada* f. crusade
*cruzar* to cross
*cuaderno* m. notebook
*cuadra* f. block (regionalism)
*cuadrado(a)* square
*cuadro* m. picture
*cual* m./f. which, whom
— *¿cuál?* which? which one? what?
*cualificación* f. qualification
*cualquier(a)* any
*cuando* when, whenever
— *¿cuándo?* when?
— *de cuando en cuando* from time to time
*cuanto(a)* the amount, as much as
— *en cuanto a* as to, in regard to
— *¿cuánto(a)?* how much; how many
*cuarenta* forty
*cuarto(a)* fourth
*cuatro* four
*cuatrocientos* four hundred
*cubano(a)* Cuban

*cubrir* to cover
*cucaracha* f. cockroach
*cuello* m. neck
*cuenta* f. bill, check
— *darse cuenta de* to realize
*cuentista* m./f. short story writer, story teller
*cuento* m. story
*cuerpo* m. body
*a cuestas* on one's shoulders
*cuestión* f. matter, issue
*cuidado* m. care
*cuidadosamente* carefully
*cuidar* to take care of
*culminar* to culminate
*culpable* m./f. guilty person
*cultivo* m. crop; cultivation
*cultura* f. culture
*cumpleaños* m. birthday
*cumplir* to fulfill, to carry out; to keep one's word
*cuñado(a)* m./f. brother-in-law, sister-in-law
*cursiva* f. italics
*curso* m. course, class
*cuyo(a)* whose, of whom

## CH

*chansa* f. opportunity, chance (anglicism)
*chaqueta* f. jacket
*charla* f. chat
*charlar* to chat
*chavo* m. a coin
*chavón* mischievous, naughty, foolish (Puerto Rico)
*chévere* fantastic, great (Caribbean)
*chicanismo* m. state of being a chicano
*chico(a)* small
*chico(a)* m./f. boy, girl
*chisme* m. gossip
*chiquitico(a)* very small
*chiquito(a)* small
*chocar* to collide, run into
*chocita* f. shanty
*choque* m. shock
*choza* f. shack, shanty
*chupar* to suck
— *chuparse el dedo* to suck one's thumb

# D

**dado(a)** given, due to
**dale y dale** and so on
**daño** m. damage
**dar** to give; to end up; to hit
　—**dar en el clavo** to hit the nail on the head
　—**dar la mano** to shake hands
　—**dar la vuelta** to go around
　—**dar las gracias** to thank
　—**dar miedo** to frighten
　—**dar pena** to cause to feel embarassed, hurt
　—**dar rabia** to make crazy
　—**dar una rabieta** to have a temper tantrum
　—**dar vergüenza** to cause to be ashamed; to be shameful
　—**dar vueltas a algo** to turn around
**dato** m. fact
**de** of, from, about
　—**de repente** suddenly
**debatir** to debate
**deber** to owe; to be obliged to; to have to, ought to
**deber** m. duty
**deberse a** to be due to
**debido a** due to, because of
**debilidad** f. weakness
**década** f. decade
**decaimiento** m. decline
**decencia** f. decency
**decente** decent
**decidido(a)** decisive
**decidir** to decide
　—**decidirse** to make up one's mind
**decir** to tell, say
**declarar** to declare
**declinar** to decline
**decretar** to decree
**decreto** m. decree
**dedicar** to dedicate
**defender** to defend
**defensa** f. defense
**defensor(a)** defender
**deficiente** deficient
**definir** to define
**definitivo(a)** definitive
**dejar** to leave; to let, allow
　—**dejar de** +*inf.* to stop
　—**dejarse llevar** to get carried away
**del** contraction of **de** + **el** of the
**delante** in front of
**delgado(a)** thin
**delinear** to delineate
**demanda** f. demand
**demás** rest, remaining
**demasiado** too; too much
**demencia** f. madness
**democracia** f. democracy
**demógrafo(a)** m./f. demographer
**demolido(a)** demolished
**demorar** to delay; to take time
**demostrar** to demonstrate
**denominar** to name
**densamente** densely
**dentista** m./f. dentist
**dentro de** within
**denuncia** f. report
**denunciar** to denounce
**depender de** to depend on
**deportación** f. deportation
**deportado(a)** deported
**deportar** to deport
**deporte** m. sport
**deportivo(a)** sporting
**depresión** f. depression
**deprimido(a)** depressed
**derecho** m. right
**derramar** to spill
**derrota** f. defeat
**derrotado(a)** defeated
**derrotar** to defeat
**desacuerdo** m. disagreement
**desadaptado(a)** unadapted
**desahucio** m. eviction notice
**desánimo** m. depression
**desaparecer** to disappear
**desaparecido(a)** missing
**desaparición** f. disappearance
**desarraigarse** to uproot oneself
**desarraigo** m. uprooting
**desarrollar** to develop
**desarrollo** m. development
**desastre** m. disaster
**desastroso(a)** disastrous
**desatar** to unleash
**desayunar** to eat breakfast
**desayuno** m. breakfast
**descansar** to rest
**descartar** to rule out
**descender** to descend
**descolocado(a)** displaced
**desconocido(a)** unknown
**descoser** to unstitch
**describir** to describe
**descripción** f. description
**descubrimiento** m. discovery
**descubrir** to discover
**desde** since, from
**desdichado(a)** unfortunate
**desear** to desire, to want
**desembarcar** to go ashore
**desempacar** to unpack
**desempeñar un papel** to play a role
**desempleado(a)** unemployed
**desempleo** m. unemployment
**desenfado** m. relaxation
**deseo** m. desire
**desertor** m. deserter
**desesperadamente** desperately
**desesperado(a)** desperate
**desestabilizar** destabilize
**desfilar** to march
**desfile** m. march
**deshabitado(a)** uninhabited
**deshabitar** to vacate
**desierto(a)** deserted
**desilusionado(a)** disillusioned
**deslizar** to slide, to slither
**desmoralizado(a)** demoralized
**desnutrición** f. malnutrition
**desocupado(a)** unoccupied
**desolación** f. desolation
**despacho** m. office
**despedido(a)** fired
**despedirse** to say goodbye
**despertarse** to wake up
**despiadado(a)** cruel, merciless
**despierto(a)** alert, lively; clever
**desplazamiento** m. displacement
**desplazar** to displace
**desplegar** to unfold
**despojado(a)** stripped
**desposeído(a)** dispossessed
**después** afterwards
　—**después de** after
**destacado(a)** prominent
**destacarse** to stand out; to distinguish oneself
**destartalado(a)** messed up
**desterrado(a)** exiled
**destino** m. destiny

**destreza** f. skill
**desventaja** f. disadvantage
**desvergonzado(a)** impudent
**desvestirse** to undress
**detalle** m. detail
**detectar** to detect
**detención** f. arrest
**detener** to arrest; to stop
**detenido(a)** detained, arrested
**detenidamente** slowly, carefully
**determinado(a)** particular
**detrás** behind
**deuda** f. debt
**devolución** f. return, refund
**devolver** to return
**día** m. day
　—**al día** each day
**diablo** m. devil
**diafragma** m. diaphragm
**diálogo** m. dialogue
**diario** m. daily newspaper
　—**a diario** daily
**dibujado(a)** drawn
**dibujo** m. drawing
**diciembre** m. December
**dictador(a)** m./f. dictator
**dictadura** f. dictatorship
**dicho** m. saying
**dicho(a)** said, above-mentioned
**diecinueve** nineteen
**dieciséis** sixteen
**diente** m. tooth
**diferencia** f. difference
**diferente** different
**difícil** difficult
**dificultad** f. difficulty, problem
**dificultar** to make difficult
**dignidad** f. dignity
**digno(a)** worthy, fitting
**diminuto(a)** tiny
**dinero** m. money
**Dios** m. god
**dirección** f. direction; address
**directo(a)** direct
**dirigir** to direct
　—**dirigirse (a)** to go
**disco** m. record
**disco** f. discotheque (regionalism)
**discriminación** f. discrimination
**discriminatorio(a)** discriminatory
**discutir** to discuss
**diseñador(a)** m./f. designer
**diseño** m. design

**disfrutar de** to enjoy
**disminución** f. decrease
**disminuir** to decrease, diminish
**dispersar** to disperse
**disponer** to make available
**disponible** available
**dispuesto(a)** willing
**distancia** f. distance
**distinguirse** to distinguish oneself
**distinto(a)** different
**distraerse** to be distracted; to entertain oneself
**distraído(a)** distracted
**distrito** m. district
**divertido(a)** amusing, enjoyable
**dividido(a)** divided
**dividir** to divide
**divorcio** m. divorce
**doblarse** to give in
**doble** double
**doce** twelve
**doctor(a)** m./f. doctor
**doctorado** m. doctorate
**documento** m. form, document
**dólar** m. dollar
**doler** to hurt, ache
**dolombrado(a)** depressed (regionalism)
**dolor** m. pain, ache
　—**dolor de barriga** stomachache
　—**dolor de oído** earache
**doloroso(a)** painful
**doméstico(a)** domestic, household
**dominación** f. domination
**dominado(a)** dominated
**dominar** to dominate
**domingo** m. Sunday
**dominio** m. domination
**donde** where
　—**¿dónde?** where?
**dormir** to sleep
　—**dormirse** to fall asleep
**dormitorio** m. dormitory, bedroom
**dos** two
**doscientos** two hundred
**dramaturgo(a)** playwright
**duda** f. doubt
**dudoso(a)** doubtful
**dueño(a)** owner

**dulce** sweet
**duplicar** to duplicate, repeat
**durante** during
**durar** to last
**duro(a)** hard


**E**

**eco** m. echo
**economía** f. economy
**económico(a)** economic
**echar** to throw; to throw out; to send forth
　—**echar de menos** to miss
**edad** f. age
**edificio** m. building
**editorialista** m./f. editorial writer
**educación** f. education
**educado(a)** educated
**educar** to educate
**educativo(a)** educational, educative
**efecto** m. effect
**efectuar** to bring about
**eficazmente** efficiently
**ejemplo** m. example
**ejercer** to practice
**ejercicio** m. exercise
**ejército** m. army
**ejido** m. communal grazing pasture
**el** the
**él** he; him, it; his
**elaborar** to elaborate, make
**elección** f. election
**electorado** m. electorate
**eléctrico(a)** electric
**electrodoméstico** m. electrical household appliance
**elegante** elegant
**elegido(a)** elected
**elegir** to elect, select
**elemento** m. element
**elemental** elementary
**elevado(a)** high
**ella** she; her, it; hers
**embajada** f. embassy
**embarazada** f. pregnant
**embarazo** m. pregnancy
**embarcación** f. boat, craft
**embarcar** to embark; to set out
**embargo** m. embargo; seizure

—**sin embargo** however, nevertheless
**emblema** m. emblem
**embolsillarse** to pocket
**emborracharse** to get drunk
**emigración** f. emigration
**emigrado(a)** emigrant
**emigrante** m./f. emigrant
**emigrar** to emigrate
**eminente** eminent
**emitir** to emit
**emocional** emotional
**empacar** to pack
**empapado(a)** drenched
**empeñarse en** to insist on
**empeorar** to worsen
**empezar** to begin, start
**empleado(a)** employee
**emplear** to employ
**empleo** m. employment, job
**empresa** f. industry
**en** in; on; at
   —**en pos de** in pursuit of
   —**en pro de** in favor of
   —**en torno** around
**enajenar** to alienate
**encaminar** to walk
**encantado(a)** pleased to meet you
**encantar** to delight
**encanto** m. charm
**encarcelamiento** m. imprisonment
**encarcelar** to jail
**encargarse (de )** to take charge of, take responsibility for
**encender** to turn on, start
**encendido(a)** flaming
**encima** above, over; on top of
**encomienda** f. land and inhabitants granted to a conquistador
**encontrar** to find
   —**encontrarse** to meet; to feel
**encontronazo** m. collision
**encorvar** to bend over
**encuentro** m. meeting
   —**salir a su encuentro** to go to meet someone
**enemigo** m. enemy
**energía** f. energy
**enérgicamente** energetically
**enérgico(a)** energetic
**enero** m. January

**énfasis** m. emphasis
**enfermarse** to become ill
**enfermedad** f. illness
**enfermero(a)** m./f. nurse
**enfermo(a)** sick
**enfocar** to focus
**enfrentamiento** m. confrontation
**enfrentarse con** to confront
**enfrente de** in front of
**engordar** to gain weight; to get fat
**enjuto(a)** lean, thin
**enmienda** f. amendment
**enmudecerse** to become silent
**enojado(a)** angry
**enojarse** to become angry
**enorme** enormous
**enredarse** to become confused (regionalism)
**enrollar** to roll up
**ensabanar** to cover
**ensayar** to practice
**enseguida** at once, immediately
**enseñanza** f. education
**enseñar** to show, to teach
**entender** to understand
**entero(a)** whole
**entidad** f. entity
**entonces** then, at that time
**entrada** f. entrance
**entrante** m./f. coming, next
**entrañas** f.pl. insides, bowels
**entrar** to enter
**entre** among, between
**entregar** to hand over
**entrenado(a)** trained
**entrenamiento** m. training
**entretenerse** to amuse oneself
**entrevista** f. interview
**entrevistado(a)** interviewed
**entrevistador(a)** interviewer
**entrevistar** to interview
**entristecer** to sadden
**entusiasmado(a)** enthused, enthusiastic
**entusiasmo** m. enthusiasm
**enumerar** to enumerate
**enviado(a)** sent
**enviar** to send
**envuelto(a)** wrapped
**épico(a)** epic
**epidemia** f. epidemic
**época** f. epoch, age, time

**equilibrio** m. balance
**equiparar** to compare
**equipo** m. team
**equivocación** f. mistake, error
**ermita** f. hermitage
**erradicado(a)** eradicated
**escala** f. scale
   —**en gran escala** large scale
**escalera** f. stairs, steps
**escandalizado(a)** scandalized, horrified
**escándalo** m. scandal
**escapar** to escape
**escasez** f. shortage
**escena** f. scene
**esclavitud** f. slavery
**esclavo(a)** m./f. slave
**escoger** to choose, select
**escolar** school
**esconder** to hide
**escondido(a)** hidden
**escondite** m. hiding place
**escribir** to write
**escrito(a)** written
**escritor(a)** m./f. writer
**escritorio** m. desk
**escuadrón** m. squad
**escuchar** to listen
**escuela** f. school
**escuchar** to listen to
**esencialmente** essentially
**esforzarse (por)** to make an effort to
**esfuerzo** m. effort
**escritor(a)** writer
**ese, esa** that
   —**ése, ésa** that one
**esgrimir** to wield
**eso** that
   —**a eso de** at around
**espalda** f. back
   —**espalda mojada** wetback (Anglicism) (derrogatory)
**español** m. Spanish
**españolizar** to make Spanish
**especia** f. spice
**especial** special
**especialista** m./f. specialist
**especialización** f. specialization
**especializado(a)** specialized
**especializarse** to major
**especialmente** especially
**específico(a)** specific

*espectáculo* m.  show
*esperanza* f.  hope
*esperar*  to wait for; to hope; to expect
*espeso(a)*  heavy, thick
*espíritu* m.  spirit
*espiritual*  spiritual
*esposo(a)* m./f.  husband; wife
*esquina* f.  corner
*estabilidad* f.  stability
*establecer*  to establish
*establecerse*  to settle
*establo* m.  stable
*estación* f.  station
*estacionamiento* m.  parking
*estacionar*  to park
*estadidad* f.  statehood (Puerto Rican)
*estadística* f.  statistic
*estado* m.  state
 —*estado civil*  marital status
 —*estar en estado*  to be pregnant
*estallar*  to break out; to get rid of
*estante* m.  shelf
*estar*  to be
 —*estar a favor de*  to be in favor of
 —*estar atrasado*  to be behind
 —*estar de acuerdo*  to agree
 —*estar embarazada*  to be pregnant
 —*estar en estado*  to be pregnant
 —*estar en pro de*  to be in favor of
 —*estar inquieto(a)*  to be restless, fidgety
 —*estar listo(a)*  to be ready
 —*para eso están*  that's what they're here for
*estatal*  state
*estatalidad* f.  statehood
*estatua* f.  statue
*estatura* f.  height
*este* m.  east
*este, esta*  this
 —*éste, ésta*  this one
*estigma* m.  stigma
*estimular*  to stimulate
*estómago* m.  stomach
*estratégico(a)*  strategic
*estrato* m.  stratum

*estrecho(a)*  close, narrow
*estrella* f.  star
*estremecer*  to tremble
*estribillo* m.  refrain
*estrofa* f.  stanza, verse
*estrujado(a)*  crumpled
*estudiar*  to study
*estudio* m.  study
*etapa* f.  stage
*eternidad* f.  eternity
*ética* f.  ethics
*étnico(a)*  ethnic
*europeo(a)*  European
*evaluación* f.  evaluation
*evaluar*  to evaluate
*eventualmente*  eventually
*evidente*  evident
*evidentemente*  evidently
*evolucionar*  to evolve
*evolucionario(a)*  evolutionary
*exactamente*  exactly
*exacto(a)*  exact, accurate
*exagerar*  to exaggerate
*examen* m.  exam; examination
 —*examen de audición*  hearing examination
 —*examen de vista*  vision examination
 —*examen físico*  physical examination
 —*examen médico*  medical examination
 —*examen psicológico*  psychological examination
*examinado(a)*  person examined
*examinar*  to examine
*exceder*  to exceed
*excluir*  to exclude
*exclusivamente*  exclusively
*exigido(a)*  demanded
*exigir*  to demand; to require
*exiliado(a)*  exiled
*exilio* m.  exile
*eximir*  to exempt
*existencia* f.  existence
*existir*  to exist
*éxito* m.  success
*éxodo* m.  exodus
*expansionista* m./f.  expansionist
*expedición* f.  expedition
*expedicionario* m.  expeditionary
*experiencia* f.  experience
*experto(a)* m./f.  expert

*explicación* f.  explanation
*explicar*  to explain
*exploración* f.  exploration
*explorador(a)* m./f.  explorer
*explorar*  to explore
*explotación* f.  exploitation
*explotar*  to exploit
*exponer*  to expose
*exportar*  to export
*expresar*  to express
*expresión* f.  expression
*extender*  to extend, hold out
*externo(a)*  external, foreign
*extirpar*  to wipe out
*extracción* f.  extraction
*extranjero(a)* m./f.  foreigner
 —*al extranjero*  abroad
*extraño(a)*  strange, unusual
*extraño(a)* m./f.  stranger
*extraordinario(a)*  extraordinary
*extremadamente*  extremely
*exuberante*  exuberant

F

*fábrica* f.  factory
*fabricante* m./f.  manufacturer
*fabuloso(a)*  fabulous
*facción* f.  faction
*fácil*  easy
*facilidad* f.  facility, assistance
*facilitar*  to facilitate
*fácilmente*  easily
*factoría* f.  factory
*fallecido(a)*  deceased
*fallido(a)*  vain, frustrated
*fallo* m.  sentence, sentencing
*falta* f.  lack
*faltar*  to be lacking, missing
*familia* f.  family
*familiar* m./f.  family member, family
*famoso(a)*  famous
*fantástico(a)*  fantastic
*farmacia* f.  pharmacy
*fase* f.  phase
*fastidio* m.  irritation
*fatigarse*  to tire
*favor* m.  favor
 —*a favor de*  in favor of
*favorecer*  to favor
*favorito(a)*  favorite
*fe* f.  faith

*febrero* m. February
*fecha* f. date
   —*fecha de nacimiento* date of birth
*fechoría* f. misdemeanor
*fecundo(a)* fruitful
*federación* f. federation
*felicidad* f. happiness
*feliz* happy
*fenómeno* m. phenomenon
*feo(a)* ugly
*ferozmente* fiercely
*ferrocarril* m. railroad
*feto* m. fetus
*fiar* to trust
*fidelidad* f. fidelity
*fideo* m. noodle
*fiebre* f. fever
*fiero(a)* fierce
*fiesta* f. holiday
   —*fiesta patronal* saint's day
*figura* f. figure
*figurar* to figure
   —*figurarse* to imagine
*fijado(a)* set
*fijarse en* to pay attention to, notice; to check
*fila* f. single line; row
*filósofo(a)* m./f. philosopher
*fin* m. end; purpose
   —*fin de semana* weekend
   —*con el fin de* so that
*final* m. end
*finca raíz* f. real estate
*firma* f. firm
*firmado(a)* signed
*firmar* to sign
*físico(a)* physical
*flojera* m. weakness
*flor* f. flower
*flotilla* f. fleet of small ships
*folleto* m. pamphlet
*fomentar* to promote
*fomento* m. promotion
*fondo* m. bottom
   —*a fondo* in depth
*forastero(a)* m./f. stranger
*forma* f. form
*formación* f. formation
*formalmente* formally
*formar* to form
*fermento* m. ferment
*formidable* terrific

*formulario* m. form
*fornido(a)* husky
*fortalecer* to fortify, strengthen
*fortaleza* f. fortress; strength
*fortuito(a)* fortuitous
*forzado(a)* forced
*foto* f. photograph
*fotocopia* f. photocopy
*fotografía* f. photograph
*fracasar* to fail
*fracaso* m. failure
*fragmento* m. fragment
*fraile* m. monk
*frase* f. sentence
*frazada* f. blanket
*frecuencia* f. frequency
   —*con frecuencia* frequently
*frecuente* frequent
*frente* m. front
   —*al frente* in front
   —*frente a* opposite, in front of
*frente* f. forehead, brow
*fresa* f. strawberry
*frijol* m. bean
*frío(a)* cold
*frito(a)* finished, done for; fried
*frontera* f. frontier, border
*frotar* to rub
*frustración* f. frustration
*frustrado(a)* frustrated
*fruta* f. fruit
*frutal* pertaining to fruit
*fuego* m. fire
*fuente* f. fountain; source
*fuera* outside
   —*fuera de sí* out of one's mind
   —*fuera de lo común* out of the ordinary, unusual
*fuerte* strong
*fuerza* f. force, power
*fuga* f. flight
*función* f. function
*funcionar* to work, run
*fundación* f. founding
*fundador(a)* m./f. founder
*fundar* to found
*furor* m. fury, rage
*futuro* m. future
*futuro(a)* future

## G

*gabinete* m. cabinet
*galardonado(a)* rewarded

*galardonar* to reward
*galvanizado(a)* galvanized
*gallina* f. hen
*ganadería* f. cattle raising
*ganado vacuno* m. cattle
*ganancia* f. earning
*ganar* to earn
*garantía* f. guarantee
*garantizar* to guarantee
*garganta* f. throat
*gasolina* f. gasoline
*gastado(a)* spent, worn out
*gastar* to spend
*gasto* m. expense
*gemir* to moan
*generación* f. generation
*generacional* generation
*general* general
   —*por lo general* generally
*generalmente* generally
*género* m. genre
*genio* m. temper
*gente* f. people
*geográfico(a)* geographic
*geólogo(a)* m./f. geologist
*geométrico(a)* geometric
*gigante* gigantic
*gimnasio* m. gymnasium
*girafa* f. giraffe
*giro* m. turn
*gitano(a)* m./f. gypsy
*gloria* f. glory
*gobernado(a)* governed
*gobernador* m. governor
*gobierno* m. government
*goloso(a)* sweet-toothed
*golpe* m. blow
   —*golpe de estado* military coup
*golpeado(a)* beaten
*golpear* to hit, beat
*gordo(a)* fat
*gotear* to drip
*gozar* to enjoy
*grabado(a)* engraved
*grabar* to engrave, impress
*gracias* thank you
*grado* m. degree; grade
*graduarse* to graduate
*gran/grande* big; great
*granja* f. farm
*grave* serious
*gritar* to shout, yell

*grito* m. cry, shout
*grupo* m. group
*guagua* f. bus (regionalism); baby (regionalism)
*guardacostas* m. Coast Guard
*guardar* to keep; put away; to store
*guardería* f. storage place
—*guardería infantil* day care center
*guardia* f. guard
—*estar de guardia* to be on guard duty
—*estar en guardia* to be on guard
*guarnición* f. garrison
*gubernamental* governmental
*guerra* f. war
*guerrillero(a)* guerrilla
*guiar* to guide; to drive
*guitarra* f. guitar
*gustar* to please, be pleasing to
*gusto* m. pleasure
—*mucho gusto* pleased to meet you

## H

*haber* to have; to be
—*hay* there is, there are
*habilidad* f. ability, skill
—*habilidad cognoscitiva* cognitive skill
—*habilidad verbal* verbal skill
*habitación* f. room
*habitante* m./f. inhabitant
*habitar* to live
*hábito* m. habit
*hablar* to speak, talk
*hace* ago
*hacendado(a)* m. rancher
*hacer* to make, to do
—*hacer mal* to do harm
—*hacer daño* to harm
—*hacerle una mala jugada* to play a dirty trick on someone
—*hacer el papel* to play the role
—*hacerse* to become
—*hacerse cargo de* to take charge of
*hacia* towards
*hacienda* f. ranch

*hallar* to find
*hambre* f. hunger
*harina* f. flour
*hasta* until; even
—*hasta entonces* until then
*hecho* m. act, deed; fact; occurrence
*hecho(a)* done, made
*hegemonía* f. hegemony, predominance, rule
*hemisferio* m. hemisphere
*heredar* to inherit
*herido(a)* wounded, injured
*herir* to hurt, wound
*hermandad* f. brotherhood
*hermano(a)* m./f. brother, sister
—*mano* brother (regionalism)
*hervir* to boil
*heterogeneidad* f. heterogeneity
*heterogéneo(a)* heterogeneous
*hidalgo(a)* noble; illustrious
*hierba* f. grass
*hígado* m. liver
*higiene* f. hygiene
*hijo(a)* son, daughter; child
—*hijo de crianza* foster child (Puerto Rican)
—*hijo único* only child
*himno* m. hymn
*hinchado(a)* swollen
*hinchar* to swell
*hipercinesis* f. hyperkinesis (hyperactivity)
*hipoteca* f. mortgage
*hispano(a)* Hispanic
*historia* f. story; history
*historiador(a)* historian
*historial* m. record
*histórico(a)* historical
*hogar* m. home
*hoja* f. leaf, sheet; form
—*hoja de vida* work history, résumé
*hola* hello
*holandés(a)* Dutch
*hombre* m. man
*hombría* f. manliness
*hombro* m. shoulder
*hongo* m. mushroom
*honorario* m. honorarium; fee
*honrar* to honor
*hora* f. hour
*horario* m. schedule

*horizonte* m. horizon
*hospitalización* f. hospitalization
*hospitalizar* to hospitalize
*hoy* today
—*hoy día* nowadays, these days
*huelga* f. strike
*hueso* m. bone
*huir* to flee
*humano(a)* human
*húmedo(a)* wet
*humillación* f. humiliation; humbling
*humillante* humiliating
*humillarse* to humble oneself; to bow down
*humor* m. humor, mood; temper
*hundimiento* m. sinking
*huracán* m. hurricane

## I

*identidad* f. identity
*identificación* f. identification
*identificar* to identify
*ideología* f. ideology
*ideológico(a)* ideological
*idioma* m. language
*ídolo* m. idol
*iglesia* f. church
*ignorancia* f. ignorance
*igual* equal; the same
—*al igual que* the same as, like
*ilegal* illegal
*ilegalmente* illegally
*ilegítimo(a)* illegitimate
*ilusión* f. illusion; happiness
*iluso(a)* deluded
*imagen* f. image, picture
*imaginariamente* imaginarily
*imaginarse* to imagine
*impaciencia* f. impatience
*impacto* m. impact
*imperio* m. empire
*impertinente* impertinent
*ímpetu* m. impetus
*implantar* to implant; to establish
*implementar* to implement
*imponer* to impose
*importación* f. importation
*importancia* f. importance
*importante* important
*importar* to be important; to import

*imposible* impossible
*imprenta* f. printing press
*improbablemente* improbably
*improvisado(a)* improvised
*impuesto* m. tax
*impulsar* to push, drive
*inapropiado(a)* inappropriate
*inaugurar* to inaugurate
*incansable* untiring
*incapacitado(a)* m./f. incapacitated, disabled
*incapacitante* incapacitating
*incapaz* incapable
*incendio* m. fire
*incentivo* m. incentive
*incidente* m. incident
*inclinar* to lean
*incluir* to include
*inclusive* even; including
*incontable* uncountable
*incorporar* to incorporate
*incremento* m. increase
*indeciso(a)* indecisive
*independencia* f. independence
*independientemente* independently
*independiente* independent
*independizarse* to become independent
*indeseable* undesirable
*indicación* f. indication
*indicar* to indicate
*indiferencia* f. indifference
*indígena* m./f. native
*indio(a)* Indian
*individualizado(a)* individualized
*individuo* m. individual (person)
*indocumentado(a)* undocumented
*indocumentado(a)* m./f. illegal immigrant
*industria* f. industry
*industrialización* f. industrialization
*industrializado(a)* industrialized
*industrializar* to industrialize
*inesperado(a)* unexpected
*inestabilidad* f. instability
*infamia* f. infamy; disgrace
*infancia* f. infancy, childhood
*infante* m. child, infant
*infantería de marina* f. marines

*infantil* infant; child's
*infarto* m. heart attack
*infección* f. infection
*infecto(a)* infected
*infeliz* unhappy
*inferioridad* f. inferiority
*inflación* f. inflation
*influencia* f. influence
*influído(a)* influenced
*influir* to influence
*información* f. information
*informar* to inform
*informativo(a)* informative; information
*informe* m. report
*infructuosamente* fruitlessly
*ingeniero* m. engineer
*ingenio* m. plantation
*inglés* m. English
*ingresar* to enter
*ingreso* m. entrance
*ingresos* m.pl. income
*inicialmente* initially
*iniciar* to iniciate, begin
*injusticia* f. injustice
*inmediatamente* immediately
*inmediato(a)* immediate
*inmigración* f. immigration
*inmigrante* m./f. immigrant
*inmigrar* to immigrate
*inmundicia* f. filth
*inocente* innocent
*inquieto(a)* restless, fidgety
*inquilino(a)* m./f. tenant
*insecto* m. insect
*inseguridad* f. insecurity
*insignificante* insignificant
*insistir (en)* to insist on
*instalación* f. installation
*instintivamente* instinctively
*instrucción* f. instruction
*instrumento* m. instrument
*insuficiente* insufficient
*insurgencia* f. insurgence
*insurgente* m./f. rebel
*insurrecto(a)* m./f. rebel
*integración* f. integration
*integrado(a)* integrated
*integrar* to make up; to integrate
*intelectual* intellectual
*inteligencia* f. intelligence

*inteligente* intelligent
*intensidad* f. intensity
*intensificar* to intensify; to worsen
*intenso(a)* intense
*intentar* to try
*intento* m. attempt
*interés* m. interest
*interesado(a)* interested
*interesante* interesting
*interesar* to interest
*interminable* endless
*internacional* international
*interno(a)* internal
*interpretación* f. interpretation
*interpretar* to interpret; to act, act out
*intérprete* m./f. interpreter
*interrogante* m. question mark
*interrumpir* to interrupt
*intervención* f. intervention
*intervenir* to intervene
*intestino* m. intestine
*intimidad* f. intimacy
*introducir* to introduce
*introducción* f. introduction
*inundación* f. flood
*invadir* to invade
*inverso* m. inverse
 —*a la inversa* reverse, the other way around
*invertir* to invert; to invest
*investigación* f. investigation, research
*investigar* to investigate
*invierno* m. winter
*invitar* to invite
*involucrado(a)* involved
*inyección* f. injection
*ira* f. anger
*ir* to go
 —*ir a + inf.* to be going to + inf.
 —*ir de mal en peor* to go from bad to worse
 —*irse* to go away
*irritación* f. irritation
*irritado(a)* irritated
*isla* f. island
*isleño(a)* islander
*izquierda* f. left
*izquierdista* m./f. leftist

## J

**jalar** to pull out
**¡jalda arriba!** uphill
**jarra** f. jug
**jazmín** m. jasmine
**jefe(a)** m./f. head, boss
**jengibre** m. ginger
**jerarca** m. high church official
**jerarquía** f. hierarchy
**jíbaro(a)** m./f. peasant; poor farmer
**jicotea** f. tortoise
**jimaguas** m./f. twins (Cuban)
**jol** m. hall (Anglicism)
**joven** m./f. young person
**joven** young
**judío(a)** m./f. Jew
**juego** m. game, sport
**juez** m. judge
**jugar** to play
—**jugar un papel** to play a role
**jugo** m. juice
**juguete** m. toy
**juguetear** to play, romp
**julio** m. July
**junio** m. June
**Junta de Educación** Board of Education
**junto(a)** near, together
**justamente** justly; just, exactly
**justicia** f. justice
**justificación** f. justification
**justificado(a)** justified
**justificar** to justify
**justo(a)** fair, just; right
**juventud** f. youth

## L

**la** the; her, it, you
**labio** m. lip
**labor** f. work
**laboral** labor, work
**lacerante** lacerating
**lado** m. side
**ladrido** m. bark
**lago** m. lake
**lágrima** f. tear
**laguna** f. pool; lagoon
**laico** m. lay person
**lamentablemente** unfortunately
**lamento** m. lament
**lámpara** f. lamp
**langosta** f. locust
**lánguido(a)** languid
**lanlor** m. landlord (Anglicism)
**lanzarse** to plunge; to nominate
**lápiz** m. pencil
**largo(a)** long
—**a lo largo** along
**lástima** f. pity, shame
**lata** f. tin
**latidor(a)** throbbing
**laxitud** f. laxity
**lazo** m. tie
**le** him, her, it, you
**leal** loyal
**lealtad** f. loyalty
**lección** f. lesson
**leche** f. milk
**lectura** f. reading
**leer** to read
**legalmente** legally
**legendario(a)** legendary
**legislativo(a)** legislative
**lejano(a)** far, distant
**lejos** far
**lema** m. slogan
**lengua** f. tongue; language
**lenguaje** m. language
**lentejuela** f. sequin
**lento(a)** slow
**lesión** f. injury; wound
**letra** f. lyrics; letter
**letrado(a)** m./f. lawyer
**letrero** m. sign
**levantamiento** m. uprising
**levantarse** to get up
**ley** f. law
**liberación** f. liberation
**liberado(a)** liberated
**liberar** to free, liberate
**libertad** f. liberty, freedom
—**libertad condicional** probation
**libra** f. pound
**libre** free
**libro** m. book
**licenciado(a)** m./f. lawyer
**líder** m. leader
**liderazgo** m. leadership
**limitar** to limit
**límite** m. limit
**limpiar** to clean (regionalism)
**límpido(a)** limpid
**limpiecito(a)** clean (regionalism)
**limpieza** f. cleanliness
**limpio(a)** clean
**lindo(a)** pretty
**línea** f. line
**lingüístico(a)** linguistic
**lisiado(a)** crippled
**liso(a)** straight
**lista** f. list
**listo(a)** ready; clever
—**estar listo(a)** to be ready
—**ser listo(a)** to be alert, clever
**literario(a)** literary
**literatura** f. literature
**lo** him, it, you
—**lo que** what, that which
**localidad** f. location
**loco(a)** crazy
**lodo** m. mud
**lograr** to manage, achieve
**lonche** m. lunch (Anglicism)
**losa** f. gravestone
**loza** f. dishes
**lucir** to shine; to stand out
**lucha** f. struggle, fight
**luchador(a)** m./f. fighter
**luchar** to struggle, fight
**luego** then; afterwards
**lugar** m. place
**lujo** m. luxury
**luna** f. moon
**lunes** m. Monday
**luz** f. light

## LL

**llamada** f. call
—**llamada telefónica** telephone call
**llamado(a)** called
**llamado** m. call, appeal
**llamamiento** m. call
**llamar** to call
—**llamar la atención** to attract attention
**llamarada** f. burst of flames
**llanto** m. crying
**llanura** f. flatness, plain
**llave** f. key
**llegada** f. arrival
**llegar** to arrive; to reach

—**llegar a ser**   to become
**llenar**   to fill; to fill in
**lleno(a)**   full
**llevar**   to take; to carry
   —**llevar a**   to lead to
   —**llevar a cabo**   to carry out
   —**llevarse bien (mal)**   to get along well (badly)
**llorar**   to cry
**lloriquear**   to whine; to sniffle
**lluvia** f.   rain

## M

**machete** m.   large knife
**macho**   male
   —**ser macho**   to be a real man
**madera** f.   wood
**madre** f.   mother
   —**madre patria**   motherland
**madrugada** f.   dawn, after midnight
**madurez** f.   maturity
**maestría** f.   Master's degree
**maestro(a)**   teacher
**magullado(a)**   battered
**maíz** m.   corn
**mal, malo(a)**   bad; sick
   —**mal de ojo**   evil eye
   —**ir de mal en peor**   to go from bad to worse
**malestar** m.   discomfort
**malicia** f.   malice; evil intention
**maloliente**   foul-smelling
**malparto** m.   miscarriage
**malvado(a)**   evil
**mami** m.   mommy
**manchado(a)**   stained
**mandamiento** m.   command
**mandar**   to send; to order
**mandato** m.   command, mandate
**mando** m.   command
   —**al mando de**   commander of
**manejar**   to manage
**manera** f.   way, manner
   —**de todas maneras**   at any rate
**manga** f.   sleeve
**manguera** f.   hose
**manifestante** m./f.   demonstrator
**manifestarse**   to show; to become apparent; to be evident

**manifiesto** m.   manifest
**mano** f.   hand
   —**mano de obra**   manual labor
   —**dar la mano**   to shake hands
   —**¡manos a la obra!**   let's get to work!
**manoseado(a)**   rumpled, handled, pawed
**mansito(a)**   gentle (regionalism)
**mantener**   to maintain
**mantenido(a)**   maintained
**mantenimiento** m.   maintenance
**manzana** f.   block
**mañana** f.   morning
**mapa** m.   map
**máquina** f.   machine
**maquinista** m./f.   machinist
**mar** m.   sea
**maravilla** f.   wonder
   —**de maravillas**   wonderfully well
**marcar**   to mark
**mareado(a)**   dizzy
**margen** m.   border, edge
   —**vivir al margen**   to live apart from the others
**marginado(a)**   marginal; rejected
**marginalidad** f.   marginality
**marginar**   to put aside; to reject
**mariposa** f.   butterfly
**marqueta** f.   market (Anglicism)
**martillo** m.   hammer
**marzo** m.   March
**más**   more
**masivo(a)**   massive
**masticar**   to chew
**mata** f.   plant
   —**mata de coco**   coconut palm
**matar**   to kill
**matrícula** f.   tuition
**matricular**   to register
**matrimonial**   matrimonial
**mayimbe** m.   person with special privileges in Cuba today; big shot (regionalism)
**mayo** m.   May
**mayor**   greater; older
**mayoría** f.   majority
**me**   me; myself
**mecánico(a)**   mechanical
**mecánico(a)** m./f.   mechanic
**medalla** f.   medal

**mediado**   half-full
   —**a mediados de**   in the middle of
**mediante**   by means of
**medicamento** m.   medication
**medicina** f.   medicine
**médico** m./f.   physician
**médico(a)**   medical
**medida** f.   measure
   —**a medida que**   at the same time as, as
**medio(a)**   half, middle
**medio** m.   environment, surroundings; means; average
**medir**   to measure
**mejor**   better; best
   —**a lo mejor**   perhaps, maybe
   —**lo mejor**   the best
**mejora** f.   improvement
**mejoramiento** m.   improvement
**mejorar**   to improve
   —**mejorarse**   to get better
**mella** f.   nick
**memoria** f.   memory
**mencionar**   to mention
**menor**   smaller; younger
**menor** m./f.   smallest; youngest; minor
**menos**   less; least; except
   —**a menos que**   unless
   —**en menos de**   in less than
   —**menos mal**   thank goodness
   —**por lo menos**   at least
**mente** f.   mind
**mentira** f.   lie
**mercadeo** m.   marketing
**mercado** m.   market
**merecerse**   to deserve
**mero(a)**   very (regionalism)
**merodear**   to roam
**mes** m.   month
**mesa** f.   table
**mesero(a)** m./f.   waiter
**mesita** f.   little table
**mesmo(a) (mismo)**   same (dialectal)
**meta** f.   goal, aim
**metáfora** f.   metaphor
**meter**   to put; to insert
   —**meterse**   to get involved
**método** m.   method
**metodología** f.   methodology

**mezclar**  to mix
**mi**  my
**mí**  me; myself
**miedo** m.  fear
**miel** f.  honey
**miembro** m.  member
**mientras**  while
   —*mientras tanto*  in the meantime, meanwhile
**miércoles** m.  Wednesday
**migra** f.  immigration authority (regionalism)
**migración** f.  migration
**migratorio(a)**  migratory
**mil**  thousand
**milagro** m.  miracle
**militante**  militant
**militar**  military
**milla** f.  mile
**millón** m.  million
**mina** f.  mine
**minero** m.  miner
**minería** f.  mining
**mínimo** m.  minimum
**ministro** m.  minister
**minoría** f.  minority
**minoritario(a)**  minority
**minuto** m.  minute
**mío(a)**  my, of mine
**mirada** f.  look, expression
**mira** f.  meter (anglicism)
**mirar**  to watch; to look; to look at
   —*mirar fijamente*  to stare
**misa** f.  (eccl.) mass
**miseria** f.  misery
**misi** f.  Miss; Mrs. (Puerto Rican)
**misil** m.  missile
**misión** f.  mission
**misionero(a)** m./f.  missionary
**mismito(a)**  same; right
**mismo(a)**  same; right
   —*hoy mismo*  this very day
**mítico(a)**  mythic
**mitad** f.  half
**mito** m.  myth
**mocho(a)**  blunt (regionalism)
**modesto(a)**  modest
**modificar**  to modify
**modista** f.  seamstress
**modo** m.  way; style
**molestia** f.  bother
**momento** m.  moment
   —*de un momento a otro*  from one minute to the next
**mondongo** m.  tripe
**monja** f.  nun
**mono** m.  monkey
**monopolizar**  to monopolize
**montaña** f.  mountain
**montar**  to start; to set up; to ride
**monte** m.  mountain
**morir**  to die
**moroso(a)**  sluggish
**mosca** f.  fly
   —*como mosca en leche*  sitting duck
**mostrar**  to show
   —*mostrarse*  to appear to be, look (like)
**motivar**  to motivate
**motivo** m.  motive, reason
**motriz**  driving
**moverse**  to move
**movilidad** f.  mobility
**movimiento** m.  movement
**muchacho(a)**  boy, girl
**muchedumbre** f.  crowd
**mucho(a)**  much; a lot; many
   —*mucho gusto*  nice to meet you
**mudanza** f.  move
**mudarse**  to move
**mueble** m.  furniture (piece of)
**muerte** f.  death
**muerto(a)** m./f.  dead person
**muestra** f.  sample
   —*muestra de orina*  urine sample
**mujer** f.  woman
**mundial**  world
**mundo** m.  world
**muñequitos** m.pl.  cartoons
**músculo** m.  muscle
**música** f.  music
**mutilado(a)**  mutilated
**mútuo(a)** m./f.  mutual
**muy**  very

**N**

**nacer**  to be born
**nacido(a)**  born
   —*recién nacido(a)*  newborn
**nacimiento** m.  birth
**nación** f.  nation
**nacional**  national
**nada**  nothing; anything
   —*no quiero nada con él*  I don't want anything to do with him
**nadie**  nobody; (not) anybody
**naranja** f.  orange
**narcomanía** f.  drug addiction
**nariz** f.  nose
**narrador(a)** m./f.  narrator
**narrar**  to narrate
**narrativa** f.  narrative, story
**natal**  birth
**naturaleza** f.  nature
**naturalización** f.  naturalization
**necesario(a)**  necessary
**necesidad** f.  necessity, need
**necesitar**  to need
**necio(a)**  foolish, stupid, stubborn
**negación** f.  negation
**negar**  to deny
**negativamente**  negatively
**negativo(a)**  negative
**negociar**  to negotiate
**negocio** m.  business
**negocito** m.  little business
**negro(a)**  black
**nene(a)** m./f.  child
**nervios** m.pl.  nerves
**nerviosismo** m.  nervousness
**nervioso(a)**  nervous
**neurología** f.  neurology
**neurológico(a)**  neurological
**ni**  nor; not even
   —*ni...ni*  neither...nor
**nieto(a)** m./f.  grandson, granddaughter
**nieve** f.  snow
**ningún, ninguno(a)**  none; any
**niñez** f.  childhood
**niño(a)** m./f.  child
**nivel** m.  level
**noche** f.  night
**nomás**  only, just (regionalism)
**nombrado(a)**  named
**nombramiento** m.  naming
**nombre** m.  name
**norte** m.  north
**norteño(a)**  northern
**nosotros(as)**  we; us, ourselves
**nota** f.  note; grade

***notar*** to note, notice
***notificar*** to notify
***novela*** f. novel
***novelista*** m./f. novelist
***noviembre*** m. November
***novio(a)*** boyfriend, girlfriend
***nube*** f. cloud
***núcleo*** m. nucleus
***nudo*** m. knot
***nuestro(a)*** our, of ours
***nuevamente*** again
***nuevas*** f.pl. news
***nueve*** nine
***nuevesito(a) (nuevecito)*** new (dialectal)
***nuevo(a)*** new
***nuez*** f. nut, walnut
***número*** m. number; issue
***numeroso(a)*** numerous
***nunca*** never, not ever

# O

***o*** or
***obedecer*** to obey
***obediencia*** f. obedience
***obispo*** m. bishop
***objetivo*** m. objective
***objeto*** m. object
***obligación*** f. obligation
***obligado(a)*** required; forced to
***obligar*** to require, to force
***obra*** f. work
 —***obra de mano*** manual labor
***obrero(a)*** m./f. worker
 —***obrero calificado*** skilled labor
***obscuro(a)*** dark
***observar*** to observe
***obsesión*** f. obsession
***obstáculo*** m. obstacle
***obstante*** obstructing
 —***no obstante*** nevertheless; despite
***obtención*** f. acquisition
***obtener*** to obtain
***ocasión*** f. occasion, time
***ocasionado(a)*** caused
***ocasionar*** to cause
***occidente*** m. west
***octubre*** m. October
***ocupación*** f. occupation

***ocupado(a)*** busy
***ocupar*** to occupy
 —***ocuparse (de)*** to take care of
***ocurrir*** to occur, to happen
***ochenta*** eighty
***odiar*** to hate
***odio*** m. hate
***oeste*** m. west
***oferta*** f. offer, offering; announcement
***oficial*** official
***oficina*** f. office
***oficinista*** m./f. office worker
***ofrecer*** to offer
***ogro*** m. ogre
***oído*** m. ear
***oír*** to hear
***ojo*** m. eye
 —***mal de ojo*** evil eye
***ola*** f. wave
***oleada*** f. waves
***oliente*** smelling
***oligarquía*** f. oligarchy
***olor*** m. odor, smell
***olvidado(a)*** forgotten
***olvidar*** to forget
 —***olvidarse (de)*** to forget
***olla*** f. pot
***once*** eleven
***opción*** f. option
***operación*** f. operation
***operante*** operating
***operario(a)*** m./f. machine operator
***opinar*** to think; to form, have or express an opinion
***oponerse (a)*** to oppose
***oportunidad*** f. opportunity
***oposición*** f. opposition
***opositor(a)*** m./f. opponent
***opresión*** f. oppression
***optar (por)*** to opt for
***opuesto(a)*** opposite
***oración*** f. sentence
***orador(a)*** m./f. speaker
***orar*** to pray
***orden*** f. order; command
 —***a sus órdenes*** at your service
 —***orden de protección*** restraining order
***orden*** m. order

***oreja*** f. ear
***oreja*** m. spy (figurative)
***orfandad*** f. orphanhood
***organismo*** m. organism
***organización*** f. organization
***organizar*** to organize
***orgullo*** m. pride
***orgulloso(a)*** proud
***orientación*** f. orientation
***orientar*** to orient
***oriente*** m. east
***origen*** m. origin
***orilla*** f. border; shore
***orina*** f. urine
***oro*** m. gold
***ortografía*** f. spelling
***oscilar*** to oscillate; to waver
***oscuridad*** f. darkness
***oscuro(a)*** dark
***otoño*** m. autumn
***otorgar*** to grant; to award
***otro(a)*** another; other

# P

***paciencia*** f. patience
***paciente*** m./f. patient
***pacificar*** to pacify
***pacífico(a)*** peaceful
***pachuco*** m. gang (regionalism)
***padrastro*** m. stepfather
***padre*** m. father
 —***los padres*** parents
***padrino*** m. godfather
***pagar*** to pay
***página*** f. page
***país*** m. country, nation
***paisaje*** m. landscape
***paja*** f. straw
***palabra*** f. word
***palacio*** m. palace
***palidecer*** to become pale
***palito*** m. little stick
***palma*** f. palm tree
***paloma*** f. dove
***pan*** m. bread
***panadería*** f. bakery
***panfleto*** m. pamphlet
***pánico*** m. panic
***pañal*** m. diaper
***pañuelo*** m. handkerchief
***papa*** f. potato

**papel** m. paper; role
**para** for
— **para eso están** that's what they're here for
— **para servirle** at your service
**paralizar** to paralyze
**pararse** to stand up; to stop
**parcela** f. plot, piece of ground
**parecer** to seem
**parecerse a** to look like
**parecido(a)** similar
**pared** f. wall
**pariente** m./f. relative
**parlamento** m. speech
**parque** m. park
**parte** f. part; place
— **en todas partes** everywhere
— **por otra parte** on the other hand
**participación** f. participation
**participar** to participate
**particular** private
**particularmente** particularly
**partidario(a)** m./f. supporter
**partido** m. political party
**partir** to split, share
**parto** m. delivery (birth)
**parra** f. grapevine
**párrafo** m. paragraph
**pasado** m. past
**pasaje** m. fare
**pasaporte** m. passport
**pasar** to pass; to happen
— **pasar la lista** to take roll
**pasear** to take a walk
**paseo** m. walk
**pasillo** m. hall
**paso** m. step
**pastel** m. pastry
**pastilla** f. pill
**pataletas** f.pl. tantrum (regionalism)
**paternalmente** paternally, in a fatherly way
**patio** m. playground
**patria** f. homeland
**patriota** m./f. patriot
**patriótico(a)** patriotic
**patrón(a)** m./f. boss; patron saint
**paz** f. peace
**pecho** m. chest, breast
**pedacito** m. little piece

**pedagogo(a)** m./f. educator
**pedir** to ask for
**pegar** to hit; to glue, stick
— **pegar los ojos** to shut one's eyes; to sleep
**pelear** to fight, quarrel
**película** f. movie
**peligro** m. danger
**peligroso(a)** dangerous
**pelo** m. hair
**pena** f. grief, sadness
— **dar pena** to cause sadness, embarrassment
**pendiente** m. slope; to be pending
**penetración** f. penetration
**penetrar** to penetrate
**pensamiento** m. thought
**pensar** to think; to plan
— **pensar en** to think about
**peor** worse
— **lo peor** the worst
**pequeñito(a)** small, little
**pequeño(a)** small, little
**percepción** f. perception
**perder** to lose
**pérdida** f. loss
**perdido(a)** lost
**peregrinación** f. pilgrimage
**perfectamente** perfectly
**perfecto(a)** perfect
**perico** m. parakeet
**periódico** m. newspaper
**periodista** m./f. reporter
**periodístico(a)** newspaper
**período** m. period
**perla** f. pearl
**permanecer** to remain
**permiso** m. permission
**permitir** to permit, allow
**pero** but
**perro** m. dog
**persecución** f. persecution
**perseguido(a)** persecuted
**persona** f. person
**personaje** m. character
**personal** m. personnel
**personalidad** f. personality
**personalmente** personally
**perspectiva** f. perspective
**pertenecer** to belong
**perturbado(a)** perturbed

**perverso(a)** perverse
**pesado(a)** heavy
**pesar** to weigh
— **a pesar de** despite, in spite of
**pesar** m. sorrow
**pescar** to catch; to fish
**peso** m. weight
**pesquero(a)** fishing
**petróleo** m. petroleum
**petrolífero(a)** petroleum
**picar** to cut, mince; to sting; to itch
**pictórico(a)** pictorial
**pie** m. foot
**piedra** f. stone
**piel** f. skin
**pierna** f. leg
**pieza** f. piece
— **por pieza** by the piece
**pila** f. pile
**pino** m. pine tree
**pintado(a)** painted
**pintar** to paint
**pintor(a)** m./f. painter
**pintura** f. paint
— **pintura de plomo** lead-based paint
**piña** f. pineapple
**pisar** to step on
**piso** m. floor, story
**pisotón** m. step on one's foot
**pizarra** f. blackboard
**pizcador(a)** m./f. picker
**pizcar** to pick
**placer** m. pleasure
**plaga** f. plague
**planchar** to iron
**planear** to plan
**planilla** f. form; document
**planta** f. plant
**plantar** to plant
**plata** f. silver
**plátano** m. plantain (banana)
**playa** f. beach
**platica** f. money (regionalism)
**plaza** f. square
**pleygraun** m. playground (Anglicism)
**plomo** m. lead
**población** f. inhabitants; town; population

**poblado(a)** populated
**poblado** m. town
**pobre** poor
**pobreza** f. poverty
**poco** little
  —**poco a poco** little by little
**poder** to be able
  —**no poder con alguien** to not be able to do anything with someone; to be unable to stand someone
  —**no poder más** to be unable to take anymore
  —**puede que** maybe, perhaps; it could be
**poder** m. power; authority
  —**poder adquisitivo** purchasing power
**poema** m. poem
**poemario** m. book of poems
**poesía** f. poetry
**poeta** m./f. poet
**policía** f. police
**política** f. politics
**políticamente** politically
**político(a)** political
**póliza** f. policy
**polvo** m. dust
**polvoriento(a)** dusty
**poner** to put, place
  —**poner atención** to pay attention
  —**poner en marcha** to start
  —**ponerse** to become
  —**ponerse a +inf.** to begin to
  —**ponerse de pie** to stand up
  —**ponerse en comunicación con** to get in touch with
  —**ponerse nervioso** to become nervous
  —**ponerse ropa** to get dressed
**poquito** a little
**por** by; for; through; during
  —**por doquier** everywhere
  —**por ejemplo** for example
  —**por ende** consequently
  —**por eso** therefore
  —**por favor** please
  —**por fin** finally
  —**por poco** almost, nearly
  —**¿por qué?** why?
**porcentaje** m. percentage

**porque** because
**portal** m. doorway
**portarse** to behave
**porvenir** m. future
**pos** then (regionalism)
  —**en pos de** in pursuit of
**posesión** f. possession
**posguerra** f. period following a war
**posibilidad** f. possibility
**posible** possible
**posiblemente** possibly
**posición** f. position
**positivamente** positively
**positivo(a)** positive
**práctica** f. practice
**practicar** to practice
**pradera** f. grazing land
**precedente** m. precedent
**preceptor** teacher
**precio** m. price
**precisamente** precisely
**preciso(a)** precise, exact; necessary
**predestinado(a)** predestined
**predilecto(a)** favorite
**predominar** to predominate
**preferencia** f. preference
**preferir** to prefer
**pregunta** f. question
**preguntar** to ask a question
**premio** m. prize
**prender** to arrest; to light; to switch on
**prendido(a)** turned on
**prejuicio** m. prejudice
**preocupación** f. worry
**preocupado(a)** worried
**preocuparse** to worry, become worried
**preparación** f. preparation
**preparado(a)** prepared
**preparar** to prepare
**presencia** f. presence
**presentado(a)** presented
**presentar** to present; to introduce
**presente** m. present
**presidencial** presidential
**presidente(a)** m./f. president
**presidio** m. garrison
**presión** f. pressure
  —**presión arterial alta** high blood pressure

**prestación** f. benefit
  —**prestaciones sociales** workers' benefits
**prestar** to provide, supply; to lend
  —**prestar atención** to pay attention
**prestigio** m. prestige
**presupuesto** m. budget
**pretender** to pretend
**prevenir** to prevent; to warn
**prever** to foresee
**previo(a)** previous
**previsto(a)** expected, anticipated
**prietecito(a)** swarthy
**primario(a)** primary
**primavera** f. spring
**primero(a)** first
**primo(a)** m./f. cousin
**principio** m. beginning
  —**al principio** at the beginning
**proclamación** f. proclamation
**proclamar** to proclaim
**producido(a)** produced
**producir** to produce
**producto** m. product
**producción** f. production
**profesión** f. profession
**profesional** professional
**profesor(a)** m./f. teacher, professor
**profundamente** profoundly
**programa** m. program
**prohibir** to prohibit
**promedio** m. average
  —**promedio de vida** life expectancy
**prometer** to promise
**promisión** f. promise
  —**la tierra de promisión** the promised land
**promover** to promote; to cause
**pronto** soon
  —**de pronto** suddenly
  —**tan pronto como** as soon as
**prioridad** f. priority
**prisa** f. hurry
  —**ir de prisa** to be in a hurry
**prisionero(a)** m./f. prisoner
**privado(a)** private
**privilegiado(a)** privileged
**probar** to prove; to try

—*no probar bocado* not to eat a bite
***problema*** m. problem
***procedente de*** coming from
***procesión*** f. procession
***proceso*** m. process
***protesta*** f. protest
***protestar*** to protest
***provocar*** to provoke; to cause
***proximidad*** f. proximity
***próximo(a)*** m./f. next, coming
***proyecto*** m. project
***prueba*** f. test; proof
***psicología*** f. psychology
***psicólogo(a)*** m./f. psychologist
***psicoterapia*** f. psychotherapy
***psiquiatra*** m./f. psychiatrist
***psiquiatría*** f. psychiatry
***psiquiátrico(a)*** psychiatric
***publicado(a)*** published
***publicar*** to publish
***publicidad*** f. advertising
***público(a)*** public
***pueblo*** m. nation, people; town
***puerta*** f. door
***puerto*** m. port, harbor
***pues*** well; because
***puesto*** m. job, position
***pulgada*** f. inch
***pulmón*** m. lung
***punta*** f. tip
***punto*** m. point; stitch
—*punto de arranque* starting point
—*punto de partida* starting point
—*punto de vista* point of view
***puntualidad*** f. punctuality
***pupitre*** m. desk
***pupusa*** f. turnover (regionalism)
***puro(a)*** pure
***puro*** m. cigar
***puyarse*** to inject (regionalism)

## Q

***que*** that, which, what, whom; than
—*¿qué?* what?; which?
—*¡qué...!* what (a) ...!
—*¡qué barbaridad!* good grief!; amazing!
—*¡qué bien!* great!
—*Que le vaya bien* May all go well for you; Good luck
—*¡qué va!* no way!
***quebrantar*** to break
***quedar*** to remain; to be left
—*quedarse* to remain; to turn out
***queja*** f. complaint
***quejarse*** to complain
***querer*** to want; to wish; to love
—*querer decir* to mean
***querido(a)*** dear, dear one; beloved
***quesadilla*** f. tortilla with cheese filling
***quien*** who, whom
—*¿quién?* who? whom?
***quieto(a)*** still
***quince*** fifteen
***quinientos*** five hundred
***quinto(a)*** fifth
***quitar*** to take away, remove
—*quitarse* to take off

## R

***rabia*** f. anger
***rabieta*** f. temper tantrum
***rácimo*** m. bunch
***racismo*** m. racism
***radicalización*** f. radicalization
***raíz*** f. root
—*a raíz de* due to, because of
***rajar*** to crack
—*rajarse* to fail; to cop out (regionalism)
***ramo*** m. bouquet
***rancho*** m. ranch
***rápidamente*** quickly
***rapidez*** f. rapidity, speed
—*con rapidez* quickly
***rapidito(a)*** quickly (regionalism)
***rápido(a)*** fast, quick
***rascar*** to scratch
***ratito*** m. short time (regionalism)
***rato*** m. short time
***ratón*** m. mouse
—*un ratón te comió la lengua* the cat's got your tongue
***rayado(a)*** scratched
***raza*** f. race
—*La Raza* our race; the race (used by Chicanos to refer to their own ethnic group)
***razón*** f. reason
—*por razón de* because of, due to
***reacción*** f. reaction
***reaccionar*** to react
***reafirmar*** to reaffirm
***realidad*** f. reality
***realizar*** to carry out, realize (dreams, goals, plans)
—*realizarse* to fulfill oneself
***realmente*** really
***rebeldía*** f. rebelliousness
***rebelión*** f. rebellion
***recepcionista*** m./f. receptionist
***recibir*** to receive
***recién*** newly, recently
—*recién llegado* m. new arrival
—*recién nacido* m. newborn baby
***reciente*** recent
***recientemente*** recently
***recio(a)*** strong
***reclamar*** to demand, claim
***reclutamiento*** m. recruitment
***reclutar*** to recruit
***recoger*** to pick up; to pick, harvest
***recogida*** f. collection
***recomendación*** f. recommendation
***recomendar*** to recommend
***reconocer*** to recognize
***reconocido(a)*** recognized
***recopilado(a)*** collected; compiled
***recopilar*** to collect; to compile
***recordar*** to remember; to remind
***recorrido*** m. trip
***recreo*** m. recess
***rectificar*** to rectify
***recto(a)*** straight
***recuerdo*** m. memory; reminder
***recuperar*** to recuperate
***recurso*** m. means; recourse
***rechazar*** to reject
***redondo(a)*** round
***reducido(a)*** reduced
***reducir*** to reduce

**reemplazar**  to replace
**referencia** f.  reference
**referirse(a)**  to refer to
**refinamiento** m.  refining
**reflejar**  to reflect
**reflejo** m.  reflection
**reforma** f.  reform
**refrán** m.  saying
**refrescos** m.pl.  refreshments
**refrigeración** f.  refrigeration
**refugiado(a)** m./f.  refugee
**refugiarse**  to take refuge
**refugio** m.  refuge
**régimen** m.  régime
**regir**  to be in effect
**reglamento** m.  rule
**regresar**  to return
**regreso** m.  return
**reguero** m.  mess
**rehusado(a)**  rejected
**rehusar**  to refuse
**reír**  to laugh
**relación** f.  relation
—**relaciones exteriores**  foreign relations
**relacionado(a)**  related
**relacionar**  to relate
**relatar**  to tell
**relato** m.  story; account
**relegado(a)**  relegated
**religioso(a)**  religious
**remar**  to row
**remediar**  to remedy
**remedio** m.  medicine, remedy; solution, recourse
**remontarse (a)**  to go back
**remunerado(a)**  paid
**rendir**  to contribute; to produce
**renovar**  to renew
**renuncia** f.  refusal, renunciation
**reparar**  to repair, to restore
**repartir**  to distribute, to give out
**repaso** m.  summary
**repercusión** f.  repercussion
**repercutir**  to rebound; to have effects on
**repetidamente**  repeatedly
**repetir**  to repeat
**reportero(a)**  reporter
**representación** f.  representation; performance
**representante**  representative
**representar**  to represent

**represión** f.  repression
**represivo(a)**  repressive
**reprimir**  to repress
**requerir**  to require
**requisito** m.  requirement
**res** f.  head of cattle, beef
**resfriado** m.  cold
**residencia** f.  residence
**residente** m./f.  resident
**residir**  to reside, to live
**resolución** f.  resolution
**resolver**  to solve
**respaldar**  to back
**respeto** m.  respect
**responder**  to answer, respond
**responsabilidad** f.  responsibility
**responsable**  responsible
**respuesta** f.  answer
**restaurante** m.  restaurant
**restaurar**  to restore
**resto** m.  the rest
**restricción** f.  restriction
**resuelto(a)**  resolved
**resultado** m.  result; outcome; score
**resultar**  to turn out
**resumen** m.  summary
**resumir**  to summarize
**retener**  to retain
**reto** m.  challenge
**retorno** m.  return
**retortijón** m.  cramp
**retrato** m.  portrait
**reunido(a)**  joined; assembled; reunited
**reunificación** f.  reunification
**reunión** f.  meeting
**reunirse**  to get together
**revalidar**  to confirm; to ratify
**revés** m.  reverse
—**al revés**  the other way around
**revista** f.  magazine
**revitalizar**  to revitalize
**revolcarse**  to turn around; to wallow
**revolución** f.  revolution
**revolucionario(a)**  revolutionary
**rico(a)**  rich
**riego** m.  irrigation
**riesgo** m.  risk
**rígido(a)**  rigid
**rincón** m.  corner
**riñón** m.  kidney

**río** m.  river
**riquezas** f.pl.  riches
**risa** f.  laughter
**ritmo** m.  rhythm
**robado(a)**  robbed
**robar**  to rob
**robo** m.  robbery
**rodante**  rolling; traveling
**rodeado(a)**  surrounded
**rodear**  to surround
**rodilla** f.  knee
**roído(a)**  eaten away; worried, tormented (figurative)
**rojo(a)**  red
**romper**  to break
**ropa** f.  clothing
**rosado(a)**  pink
**rosal** m.  rosebush
**roséola** f.  roseola
**rostro** m.  face
**roto(a)**  broken
**rozar**  to rub
**ruido** m.  noise
**ruidoso(a)**  noisy
**ruina** f.  ruin
**rumbo** m.  route; direction
—**rumbo a**  heading for
**ruta** f.  route

## S

**sábado** m.  Saturday
**saber**  to know; to taste like
**sabio(a)**  wise
**saborear**  to savor
**sabotaje** m.  sabotage
**sabroso(a)**  delicious, tasty
**sacar**  to take out
**sacerdote** m.  priest
**sacrificio** m.  sacrifice
**sala** f.  large room
—**sala de espera**  waiting room
**salario** m.  salary
**salida** f.  exit, leaving
—**salida del sol**  sunrise
**salir**  to leave; to go out
—**salir a flote**  to stand out
—**salir adelante**  to get ahead
—**salir bien (mal)**  to turn out well (badly)
**salón** m.  large room; living room
—**salón de recursos**  resource room
**saltar**  to jump

**salud** f. health
—**salud mental** mental health
**saludar** to greet
**salvaje** savage
**sangre** f. blood
**sano(a)** healthy
**santuario** m. sanctuary
**sarampión** m. measles
**satírico(a)** satirical
**satisfacer** to satisfy
**satisfactorio(a)** satisfactory
**saturnismo** m. lead poisoning
**seco(a)** dry
**sección** f. section
**secretaria** f. secretary
**secreto** m. secret
**secundario(a)** secondary
**seguidito(a)** followed (regionalism)
**seguido(a)** followed
**seguir** to follow; to continue
—**seguir adelante** to go ahead
—**seguir al pie de la letra** to follow exactly
**según** according to
**segundo(a)** second
**seguramente** surely
**seguro(a)** safe; certain
**seguro** m. insurance
—**seguro médico** medical insurance
—**seguro social** Social Security
**seis** six
**seiscientos** six hundred
**semana** f. week
**semanal** weekly
**sembrar** to sow
**semejanza** f. similarity
**senado** m. senate
**senador** m. senator
**sencillamente** simply
**sencillo(a)** simple
**sendero** m. path
**sensación** f. sensation
**sentado(a)** seated
**sentarle bien** to fit well
**sentarse** to sit down
**sentencia** f. sentence; decision; saying
**sentido** m. sense
**sentimiento** m. feeling
**sentir** to feel; to sense; to be sorry
—**sentirse** to feel (oneself as)

**señal** f. signal
**señalar** to point, to indicate, to point out
**señora** f. Mrs.
**separación** f. separation
**separado(a)** separated
**separarse** to separate; to become separated
**septiembre** m. September
**sepulturero(a)** m./f. gravedigger
**sequía** f. drought
**ser** to be
**ser** m. being
**serenata** f. serenade
**serenidad** f. serenity
**sereno(a)** serene
**serie** f. series
**serio(a)** serious
**servicio** m. service
**servir** to serve
—**no servir para nada** to be useless
—**para servirle** at your service
—**servir de** to serve as, act as
**sesenta** sixty
**sesión** f. session
**setenta** seventy
**sexo** m. sex
**sexto(a)** sixth
**si** if
**sí** yes
**siempre** always
—**lo de siempre** the same old thing
**sierra** f. mountain range
**siete** seven
**siglo** m. century
**significado** m. significance, meaning
**significar** to mean
**significativo(a)** significant
**siguiente** following
**silbido** m. whistle
**silencio** m. silence
**silla** f. chair
**símbolo** m. symbol
**similitud** f. similarity
**simpatía** f. sympathy; liking
**simpático(a)** nice
**sin** without
**sincerarse** to confide in
**sincero(a)** sincere, honest
**sindicato** m. union

**sino** but, but rather
**sinónimo** m. synonym
**síntoma** m. symptom
**sinvergüenza** m./f. good-for-nothing, shameless person
**sistema** m. system
**sistemático(a)** systematic
**sitio** m. place
**situación** f. situation; location
**situado(a)** located
**situar** to locate, to place
**soberanía** f. sovereignty
**sobrar** to be left over, be in excess
**sobre** m. envelope
**sobre** about, on, over
**sobrepasar** to outnumber; to exceed
**sobresaliente** outstanding; excellent
**sobresalir** to stand out; to be excellent
**sobresaltarse** to jump; to be startled
**sobreviviente** surviving
**sobreviviente** m./f. survivor
**sobrevivir** to survive
**socialización** f. socialization
**sociedad** f. society; company
**socioeconómico(a)** socioeconomic
**sociología** f. sociology
**sociólogo(a)** m./f. sociologist
**sociopolítico(a)** sociopolitical
**sofocado(a)** suffocated; stifled, worked up
**sofocante** suffocating
**sol** m. sun
**solamente** only
**soldado** m. soldier
**soledad** f. solitude
**soler + inf.** to be accustomed to doing something
**solicitar** to apply for, to request
**solicitud** f. application form
**solito(a)** alone; lone
**solo(a)** alone; lone
—**a solas** alone
**sólo** only
**soltarse** to let go, to let loose
**soltero(a)** m./f. bachelor
**solución** f. solution
**sollozar** to sob

**sombra** f. shadow
**sombrero** m. hat
**someter** to put through; to cause to undergo
**sonar** to sound
**sonido** m. sound
**sonreír** to smile
**sonriente** smiling
**sopa** f. soup
**soplar** to blow
**sorpresa** f. surprise
**sorpresivo(a)** surprising
**sospechar** to suspect
**sostener** to sustain, support
**su** his, her, their, its, your
**suave** soft; gentle; great (regionalism)
**suavecito(a)** soft; gentle
**subir** to go up
**subirse** to get on; to get in
**subsistencia** f. subsistence
**suburbio** m. suburb
**subversivo(a)** subversive
**suceder** to happen, occur
**suceso** m. event
**suciedad** f. dirt, filth
**sucio(a)** dirty
**sudar** to sweat, perspire
**sudor** m. sweat, perspiration
**sudoroso(a)** sweaty, perspiring
**suegro(a)** m./f. father-in-law; mother-in-law
**sueldo** m. salary
**suelo** m. floor; ground; earth
**suelto(a)** loose
**sueño** m. dream
**suerte** f. luck
**suficiente** sufficient
**sufrimiento** m. suffering
**sufrir** to suffer
**sugerencia** f. suggestion
**sugerir** to suggest
**sujetar** to hold
**sumido(a)** sunken, absorbed in
**suministrado(a)** provided, supplied
**suministrar** to supply
**suntuoso(a)** sumptuous; rich
**super** m. building superintendent (anglicism)
**suplementario(a)** supplementary
**suponer** to suppose
—**por supuesto** of course, naturally
**supremo(a)** supreme
**sur** m. south
**surco** m. furrow
**sureño(a)** southern
**surgimiento** m. emergence, appearance
**surgir** to emerge
**suroeste** m. southwest
**suspender** to fail, flunk; to suspend
**suspirar** to sigh
**sustantivo** m. noun
**sustituir** to substitute
**susto** m. scare
**susurrar** to whisper
**suyo(a)(s)** his, hers, yours, theirs

# T

**tabaco** m. tobacco
**tal** such
—**¿qué tal ___?** How about ___? How is(was)(are) ___?
—**tal vez** perhaps
**talento** m. talent
**taller** m. workshop
**también** also
**tan** so; such; as
**tanque** m. tank
**tanto(a)** so much; so many
—**al tanto** up to date; aware of
—**por lo tanto** therefore
—**tanto...como** both...and
**tapar** to cover
**tararear** to hum
**tarde** f. afternoon; early evening
**tarde** late
**tardecito** late (regionalism)
**tarea** f. task, work
**tarjeta** f. card
**tasa** f. rate
—**tasa adquisitiva** spending rate
—**tasa de desempleo** rate of unemployment
—**tasa de nacimiento** birthrate
**teatro** m. theatre
**tecato** m. drug addict (regionalism)

**técnico(a)** technical
**técnico(a)** m./f. technician
**techo** m. ceiling; roof
**teléfono** m. telephone
—**por teléfono** by telephone
**tema** m. topic; theme
**temer** to fear
**temor** m. fear
**temperatura** f. temperature
**templo** m. temple
**temporada** f. period of time, season
**temprano** early
**tenaz** tenacious
**tendencia** f. tendency
**tender** to stretch out; to tend
**tener** to have
—**tener (algo, mucho, nada) que ver con** to have (something, a great deal, nothing) to do with
—**tener confianza** to have confidence; to trust
—**tener conocimiento** to know about; to find out
—**tener en cuenta** to consider
—**tener éxito** to be successful
—**tener hambre** to be hungry
—**tener lugar** to take place
—**tener los nervios de punta** to be very nervous
—**tener que +inf.** to have to do something
—**tener razón** to be right
**teología** f. theology
**terapeuta** m./f. therapist
**terapia** f. therapy
**tercer(a)** third
**terminar** to finish
**término** term; end
—**al término de** at the end of
**terriblemente** terribly
**territorio** m. territory
**tesorería** f. treasury
**testigo(a)** m./f. witness
**texano(a)** Texan
**texto** m. text
**tiempo** m. time
—**al tiempo** at the same time
—**el tiempo es oro** time is money
**tienda** f. store

*tierra* f. land
—*tierra natal* birthplace
—*tierra de promisión* promised land
—*a la tierra que vayas haz lo que vieras* When in Rome, do as the Romans do.
*timbre* m. doorbell
*tinta* f. ink
*tío(a)* m./f. uncle, aunt
*típico(a)* typical
*tipo* m. type, kind; guy
*tirada* f. circulation
*tirado(a)* thrown down; lying down
*tiranía* f. tyranny
*tirar* to throw
*titulado(a)* entitled
*título* m. title; degree
—*título de propiedad* land title, deed
*tobillo* m. ankle
*tocar* to touch; to ring; to play
—*tocarle a uno* to be one's turn
*todavía* still, yet
*todo(a)* all, entire; total (regionalism)
*todo* everything
*toíto* all; everything; total (regionalism)
*tolerar* to tolerate
*tomar* to take; to eat; to drink
—*tomar algo en serio* to take something seriously
—*tomar en cuenta* to take into account
*toser* to cough
*tono* m. tone
*torero* m. bullfighter
*tormenta* f. storm
*toro* m. bull
*tortura* f. torture
*totalmente* totally
*trabajador(a)* m./f. worker
*trabajar* to work
*trabajo* m. work, job
*tradición* f. tradition
*tradicionalmente* traditionally
*traducción* f. translation
*traducir* to translate
*traductor(a)* m./f. translator

*traer* to bring; to carry
*tráfico* m. traffic
*tragar* to swallow
*trágico(a)* tragic
*traición* f. betrayal; treachery, treason
*traidor(a)* m./f. traitor
*traje* m. suit
*tranquilidad* f. calm, tranquility
*tranquilizar* to calm down
*tranquilo(a)* calm, quiet, tranquil
*transcender* to transcend
*transformación* f. transformation
*transición* f. transition
*transparente* transparent
*transporte* m. transportation
*tras* behind; after
*trasladar* to transfer
*trastorno* m. disorder
—*trastorno mental* mental disorder
*tratado* m. treaty
*tratado(a)* treated
*tratamiento* m. treatment
—*tratamiento psiquiátrico* psychiatric treatment
*tratar* to treat; to deal with
—*tratar (de)* to try to
—*tratarse (de)* to be about
*trato* m. treatment; dealing
*traumático(a)* traumatic
*través* slant, inclination
—*a través de* through, across; by means of
*trayectoria* f. course, path
*trazar* to draw
*treinta* thirty
*tren* m. train
*trepar* to climb
*tres* three
*tribunal* m. court
*trigueño(a)* dark-complexioned
*trillo* m. path (regionalism)
*triplemente* threefold
*trompeta* f. trumpet
*triste* sad
*tristeza* f. sadness
*triunfar* to triumph
*triunfo* m. triumph
*trompeta* f. trumpet
*tronar* to thunder
*tropa* f. troop
*tropezar (con)* to bump into

*trozo* m. piece
*tubo* m. tube
*tufo* m. stench
*turismo* m. tourism
*turista* m./f. tourist
*turístico(a)* tourist
*turnarse* to take turns
*turno* m. turn

**U**

*ujú* uh-huh (Puerto Rican)
*últimamente* lately
*último(a)* last
—*por último* lastly
*ultraizquierdista* ultraleftist
*ultramar* overseas
*unánime* unanimous
*un, uno(a)* one; a, an
*único(a)* only; unique
*unidad* f. unity; unit
*unido(a)* united
*unir* to unite
—*unirse* to become united; to join; to merge
*universidad* f. university
*universitario(a)* university
*uña* f. fingernail
*urbanismo* m. urban development; city planning
*urbanístico(a)* urban
*urbanización* f. real estate development, housing development
*urbano(a)* urban
*urgente* urgent
*usado(a)* used
*usar* to use
*uso* m. use
*útero* m. uterus
*útil* useful
*utilizar* to use
*uva* f. grape

**V**

*vacaciones* f.pl. vacation
*vacilar (en) +inf.* to hesitate to
*vacío(a)* empty
*vacuna* f. vaccination, vaccine
*vagoneta* f. light truck
*validez* f. validity
*válido(a)* valid
*valiente* brave

*valientemente* bravely
*valle* m. valley
*vaquería* f. cattle ranching
*vaquero* m. cowboy
*variación* f. variation
*varios(as)* several; various
*varicela* f. chicken pox
*vaso* m. glass
*vasto(a)* vast
*vecindario* m. neighborhood
*vecino(a)* m./f. neighbor
*vegetación* f. vegetation
*veinticinco* twenty-five
*vena* f. vein
*vencedor(a)* m./f. winner
*vencer* to overcome, to defeat
*vencido(a)* defeated; expired
*venda* f. bandage
*vendedor(a)* m./f. salesman, saleswoman
*vender* to sell
*venir* to come
   —*venirse abajo* to collapse
   —*venirse de cabeza* to fall head first
*venta* f. sale
*ventaja* f. advantage
*ventana* f. window
*ventanilla* f. small window
*ver* to see
   —*a ver* let's see
*veraneante* m./f. vacationer; summer vacationer
*verano* m. summer
*verbo* m. verb
*verdad* f. truth
   —*¿verdad?* right? isn't that so?
   —*verdad que sí* it is true
*verdaderamente* truly, really
*verdadero(a)* real
*verde* green
*verdor* m. greenness
*vergüenza* f. shame
   —*darle vergüenza* to make one feel ashamed, embarrassed

*verso* m. verse
*vestido(a)* dressed
*vestir* to wear
*veterano* m. veteran
*vez* f. time, occasion
   —*a la vez* at the same time
   —*a veces* sometimes
   —*de vez en cuando* from time to time
   —*en vez de* instead of
*vía* f. road
*viajar* to travel
*viaje* m. trip
*viajero(a)* m./f. traveler
*vicepresidente(a)* m./f. vice-president
*víctima* f. victim
*victimizar* to victimize
*victoria* f. victory
*victorioso(a)* victorious
*vida* f. life
*vidala* f. folksong
*vidrio* m. glass; window
*vieja* f. old lady, wife (slang)
*viejita* f. old lady, wife (slang)
*viejo(a)* old
*viento* m. wind
*viernes* m. Friday
*vigente* existing, in force
*vigilancia* f. vigilance
   —*agente judicial de vigilancia* probation officer
*vinícola* wine
*viña* f. vineyard
*violación* f. violation
*violencia* f. violence
*violento(a)* violent
*virar* to turn
*virginidad* f. virginity
*visado* m. visa
*visita* f. visit
*visitar* to visit
*víspera* f. day before, evening before
   —*en vísperas de* on the eve of

*vista* f. eyesight
   —*en vista de* in view of
*vitalidad* f. vitality
*vivamente* vividly, sharply
*vivienda* f. housing
*vivir* to live
*vivo(a)* alive
*vocabulario* m. vocabulary
*volante* m. steering wheel; leaflet
*volar* to fly
*volcán* m. volcano
*voluntario(a)* m./f. volunteer
*volver* to return
   —*volver a +inf.* to do something again
   —*volverse* to become; to turn around
   —*volverse loco(a)* to go crazy
*vomitar* to vomit
*votante* m./f. voter
*votar* to vote
*voto* m. vote
*voz* f. voice
*vuelo* m. flight
*vuelta* f. return
   —*a la vuelta de* just around the corner from; upon returning from

## Y

*y* and
*ya* already; now
   —*¡ya lo creo!* You don't say!
   —*ya que* since, now that
*yacimiento* m. deposit
*yo* I

## Z

*zapato* m. shoe
*zona* f. zone
*zumbido* m. buzz
*zurdo(a)* left-handed

# APÉNDICE B
# *Bibliografía*

Acosta Belén, Edna. *La mujer en la sociedad puertorriqueña*. Puerto Rico: Ediciones Huracán, 1980.

Aldaraca, Bridget, et al. *Nicaragua in Revolution: The Poets Speak*. Minnesota: Marxist Educational Press, 1981.

Alegría, Ricardo E. *Descubrimiento, Conquista y Colonización de Puerto Rico 1493 - 1599*. Puerto Rico: Editorial Edil, 1969.

Alers, José Oscar. *Puerto Ricans and Health*. New York: Hispanic Research Center, 1978.

Algarín, Miguel and Miguel Piñero. *Nuyorican Poetry*. New York: William Morrow and Co., Inc., 1975.

American Council on Education. *Minorities in Higher Education 2nd Annual Status Report*. n.p.: n.d.

Americas Watch Committee and the American Civil Liberties Union. *Report on Human Rights in El Salvador*. New York: Vintage Books, 1982.

Andrade, Sally J., editor. *Latino Families in the United States*. n.p.: Planned Parenthood of America, 1983.

Argüelles, Lourdes. "El Suroeste de los Estados Unidos," *Areíto*, Abril 1981, pp. 30–37.

Babin, María Teresa, and Stan Steiner, ed. *Borinquen: An Anthology of Puerto Rican Literature*. New York: Vintage Books, 1974.

Badillo Ghali, Sonia. "Culture Sensitivity and the Puerto Rican Client," *Social Casework*, vol. 58 no. 8., October 1977, pp. 459–468.

Barradas, Efraín. "De lejos en sueños verla...visión mítica de Puerto Rico en la poesía neoyorrican," *Revista Chicano-Riqueña*. vol. 11 no. 3, Verano 1979, pp. 46–55.

——and Rafael Rodríguez, ed. *Herejes y mitificadores: muestra de poesía puertorriqueña en los Estados Unidos*. Puerto Rico: Ediciones Huracán, 1980.

——. "Puerto Rico acá, Puerto Rico allá," *Revista Chicano-Riqueña*, vol. 3 no. 2, primavera 1980, pp. 43–49.

Becerra, Rosina M., Marvin Karno and Javier I. Escobar, ed. *Mental Health and Hispanic American Clinical Perspectives*. New York: Grune and Stratton, 1984.

Bergman, Lincoln, et al. *Puerto Rico, The Flame of Resistence*. San Francisco: People's Press, 1977.

Bloch, Peter. *La-Le-Lo-Lai: Puerto Rican Music and its Performers*. New York: Plus Ultra, 1973.

Burkholz, Herbert. "The Latinization of Miami," *The New York Times Magazine*, September 21, 1980, pp. 44–46, 84–100.

Camarillo, Albert. *Chicanos in a Changing Society*. Cambridge: Harvard University Press, 1979.

Canino, Glorisa. "Psychological Assessment of Hispanic Children," *Hispanic Report on Families and Youth*, October 12 - 15, 1978, pp. 43–51.

Canino, Ian A., Brian F. Earley and Floyd H. Rogler. *The Puerto Rican Child in New York City: Stress and Mental Health*. New York: Hispanic Research Center, 1980.

Carr, Raymond. *Puerto Rico: A Colonial Experiment*. New York: Vintage Books, 1984.

Carrillo, Carmen. "Changing Norms of Hispanic Families: Implications for Treatment," *Minority Mental Health*. Enrico E. Jones and Sheldon J. Korchin, ed. New York: Praeger, 1982, pp. 250–259.

Castañeda Shular, Antonia, Tomás Ybarra-Frausto, and Joseph Sommers, ed. *Literatura chicano: texto y contexto*. New Jersey: Prentice-Hall, 1972.

Castro, Angel A. *Cuentos del exilio cubano*. New York: Lectorum, 1970.

Central Massachusetts Legal Services and Center for Law and Education. *Los padres, la educación bilingüe*. Boston: Center for Law and Education, 1981.

Chicano Architectural Students Association. *Our Barrios: Past, Present and Future*. Berkeley: Chicano Architectural Students Association, 1983.

Christenen, Edward W. "When Counseling Puerto Ricans," *Personnel and Guidance Journal*, March 1977, pp. 412–415.

COSSMHO. "Hispanic Mental Health Research," *The COSSMHO Reporter*, vol. 8 no. 6, September/October 1983, pp. 3–6.

——. *Hispanic Report on Families and Youth*. Texas: COSSMHO, 1980.

Corrada del Río, Baltasar. "Puerto Rico: Reflexiones sobre su status político," *Opiniones Latinoamericanas*, July 1979, pp. 56–58.

Cox, Robert. " Argentina's Democratic Miracle," *The New Republic*, Issue 3,609. March 19, 1984, pp. 18–23.

Crescioni Neggers, Gladys. *Breve introducción a la cultura puertorriqueña*. Madrid: Playor, 1978.

Datta, L.E. "Parent Involvement in Early Childhood Education: A Perspective for the U.S." Paper presented at the Conference on Early Childhood Education. Paris: Center for Educational Research and Innovation, 1973.

Delgado, Melvin. "Puerto Rican Spiritualism and the Social Work Profession," *Social Casework*, vol. 58 no. 8, October 1977, pp. 451–458.

——. "Social Work and the Puerto Rican Community," *Social Case-Work*, vol. 55 no. 2, February 1974, pp. 117–123.

Díaz Valcarcel, Emilio. *Harlem todos los días*. México: Editorial Nueva Imagen, 1978.

Diskin, Martin, ed. *Trouble in Our Backyard: Central America and the United States in the Eighties*. New York: Pantheon Books, 1983.

Duran, Octavio. "Memorias de Romero," *Revista Maryknoll*, vol. 5 no. 3, (March 1984), pp. 8–12.

Duran, Richard P., ed. *Latino Language and Communicative Behavior*. New Jersey: Norwood, 1981.

Elasser, Nan, Kyle MacKenzie and Yvonne Tixier y Vigil. *Las mujeres*. New York: The Feminist Press, 1980.

*Explotación y Resistencia*. Seminario sobre la situación de las comunidades negra, chicana, cubana, india y puertorriqueña en E.E.U.U. *Areíto*, vol. 11 no. 29, 1982, pp. 4–22.

Fagen, Richard R. *The Transformation of Political Culture in Cuba*. Stanford: Stanford University Press, 1969.

Fitzpatrick, Joseph P. and Douglas T. Gurak. *Hispanic Intermarriage in New York City*: 1975. New York: Hispanic Research Center, 1979.

Fuentes, Dagoberto and José A. Lopez. *Barrio Language Dictionary*. California: Sunburst Enterprises, 1974.

Galindez Suárez, Jesús. *Puertorriqueños en Nueva York*. Buenos Aires: Tiempo Contemporáneo, 1969.

Gamio, Manuel. *Mexican Immigration to the United States*. New York: Dover Publications, 1971.

García, A.B. and B.J. Zimmerman. "The effect of examiner ethnicity and language on the performance of bilingual Mexican-American first graders," *Journal of Social Psychology*, vol. 87 1972, pp. 3–11.

García-Passalacqua, Juan M. "Puerto Rico: Equality or Freedom? Rebirth of the Status Issue," *Caribbean Review*, vol. XIII no. 1, Winter 1984, pp. 8–12.

Garrett, Annette. *Interviewing: Its Principles and Methods*. 2nd Edition. New York: Family Service Association of America, 1970.

Gaw, Albert, ed. *Cross-cultural Psychiatry*. Boston: John Wright, 1982.

Glazer, Nathan and Daniel Patrick Moynihan. *Beyond the Melting Pot*. Cambridge, Massachusetts: M.I.T. Press, 1963.

Gómez, Alma, Cherríe Moraga and Mariana Romo-Carmona. *Cuentos: Stories by Latinas*. New York: Kitchen Table Women of Color Press, 1983.

González Echevarría, Roberto, ed. *Hispanic Caribbean Literature*. In *Latin American Literary Review*, VIII no. 16, Spring-Summer, 1980, pp. 1–272.

Griego y Maestas, José and Rudolfo A. Anaya. *Cuentos—Tales from the Hispanic Southwest*. Santa Fe: Museum of New Mexico Press, 1980.

Grupo Areíto. *Contra viento y marea*: La Habana: Casa de las Américas, 1978.

Guatemala Human Rights Commission/USA. *Information Bulletin*. April 26, 1984.

Harth, Dorothy E. and Lewis M. Baldwin, ed. *Voices of Aztlán: Chicano Literature of Today*. New York: Mentor, 1974.

Hauberg, Clifford A. *Puerto Rico and the Puerto Ricans*. New York: Hippocrene Books, Inc., 1974.

Heath Hoeffel, Paul. "The Eclipse of the Oligarchs," *The New York Times Magazine*, September 6, 1981, pp. 21–23, 26–32.

Hernández, Leodoro and Karen Carlquist-Hernández. "Insights for Counseling Bilingual Students," *Bilingual Journal*, vol. III no. 3, Spring 1979, pp. 14–18.

Hernández Cruz, Victor. *By Lingual Wholes*. San Francisco: Momo's Press, 1982.

———. *Mainland Poems*. New York: Random House, 1973.

Hernández-Miyares, Julio E. *Narradores cubanos de hoy*. Miami: Ediciones Universal, 1975.

Hersh, Kathy Barber. "Sanctuary for Central Americans," *Caribbean Review*, vol. XII no. 1, Winter 1983, pp. 16–19.

Hijuelos, Oscar. *Our House in the Last World*. New York: Persea Books, 1983.

Jacoby, Susan. "Miami sí, Cuba no," *The New York Times Magazine*, September 29, 1974, pp. 28, 103–123.

Kanellos, Nicolás, ed. *A Decade of Hispanic Literature*. In *Revista Chicano-Riqueña*, vol. X, invierno-primavera 1982.

Keller, Gary D. and Francisco Jiménez, ed. *Hispanics in the United States: An Anthology of Creative Literature Vol. I.* Michigan: Bilingual Press, 1980.

———. *Hispanics in the United States: An Anthology of Creative Literature Vol. II.* Michigan: Bilingual Press, 1982.
Kjolseth, R. "Bilingual education programs in U.S.: for assimilation or pluralism," *Bilingualism in the Southwest.* Tucson: University of Arizona Press, 1973, p. 50.
Lamb, Ruth S. *Mexican-Americans: Sons of the Southwest.* California: Ocelot Press, 1970.
León de, Shirley. *The Puerto Ricans in America.* Chicago: Claretian Publications, 1974.
Lewis, Oscar. *Five Families.* New York: Mentor, 1959.
———. *La Vida—A Puerto Rican Family in the Culture of Poverty-San Juan and New York.* New York: Vintage Books, 1965.
Lewis, Oscar. *The Children of Sánchez.* New York: Vintage Books, 1961.
López y Rivas, Gilberto. *The Chicanos: Life and Struggles of the Mexican Minority in the United States.* New York: Monthly Review Press, 1973.
McNett, Ian. *Demographic Imperatives: Implications for Educational Policy.* Report of the June 8, 1983 Forum on "The Demographics of Changing Ethnic Populations and their Implications for Elementary, Secondary and Postsecondary Educational Policy."
Maldonado-Denis, Manuel. "El problema de las nacionalidades," *Revista Chicano-Riqueña*, vol. X, no. 4, Fall 1982, pp. 39–45.
———. *The Emigration Dialectic.* New York: International Publishers, 1980.
Márquez, Robert, ed. *Latin American Revolutionary Poetry.* New York: Monthly Review Press, 1974.
Martínez, Al. *Rising Voices.* New York: Signet, 1974.
Matilla, Alfredo and Iván Silén, ed. *The Puerto Rican Poets/Los poetas puertorriqueños.* New York: Bantam Books, 1972.
Meadow, Arnold. "Psychopathology and the Mexican-American Patient," *Minority Mental Health.* Ed. Enrico E. Jones and Sheldon J. Korchin. New York: Praeger, 1982, pp. 331–361.
Mental Health Association of Westchester. *Domestic Abuse Information*, n.d.
Mirandé, Alfredo and Evangelina Enríquez. *La Chicana: The Mexican-American Woman.* Chicago: University of Chicago Press, 1979.
Mizio, Emelicia. "Commentary: Additional thoughts are presented regarding the need for knowledge of, and sensitivity to, cultural factors in relation to Puerto Rican clients," *Social Casework*, vol. 58 no. 8. October 1977, pp. 469–474.
———. "Impact of external systems on the Puerto Rican family," *Social Casework*. vol. 55 no. 2. February 1974, pp. 76-83.
Moldes, Rhyna. *Música Folklórica Cubana.* Florida: Editors and Printers, 1975.
Montalvo, Braulio. "Home-school conflict and the Puerto Rican child," *Social Casework*, vol. 55 no. 2. February 1974, pp. 100–110.
Morain, Genelle G. *Language in Education: Theory and Practice of Kinesics and Cross-cultural Understanding.* Virginia: Center for Applied Linguistics, 1978.
Morales, Alejandro. *Caras viejas y vino nuevo.* México: Joaquin Mortiz, 1975.
———. *La verdad sin voz.* México: Joaquin Mortiz, 1979.
Morris, Jan. "Miami libre," *Vanity Fair*, vol. 46 no. 4, June 1983, pp. 71–76.
New York State Education Department. *El derecho de su niño a una educación.* New York: State Education Department, n.d.
Nine Curt, Carmen Judith. *Non-Verbal Communication.* Cambridge: National Assessment and Dissemination Center, 1979.
Oppenheim, Barry J. *Guía para los problemas de inmigración.* New York: n.p., 1978.

Ortego, Philip D., ed. *We are Chicanos: An Anthology of Mexican-American Literature*. New York: Pocket Books, 1973.
Padilla, A. and Ruiz, R.A. *Latino Mental Health: A Review of the Literature*. Maryland: National Institute of Mental Health, 1973.
Paz, Octavio. *El laberinto de la soledad*. México: Fondo de Cultura Económica, 1959.
Pedreira, José Enrique, ed. *Puerto Rico Sings*. New York: Belwin Mills Publishing Corporation, n.d.
Philipson, Louis and Rafael Llerena. *Freedom Flights*. New York: Random House, 1980.
Pietri, Pedro. *Puerto Rican Obituary*. New York: Monthly Review Press, 1973.
Portes, Alejandro. "Notes on the Reconquest: The Latin Americanization of the United States?" *Caribbean Review*, vol. XII no. 3, Summer 1983, pp. 22–25, 49–51.
Prewitt Diaz, Joseph O. "Home-School Discrepancies and the Puerto Rican Student," *Bilingual Journal*, vol. V no. 2, Winter 1980, pp. 9–12.
Ralston, Nancy C. and G. Patience Thomas. *The Adolescent: Case Studies for Analysis*. New York: Chandler, 1974.
Reisman, Michael W. *Puerto Rico and International Process: New Roles in Association*. October 1973.
*Report on the Americas—El Salvador 1984*. NACLA, vol. XVIII no. 2, March/April 1984, pp. 13–47.
Reyna, José R. *Raza Humor: Chicano Joke Tradition in Texas*. San Antonio: Penca Books, 1980.
Ribes Tovar, Federico. *El libro puertorriqueño de Nueva York*. New York: Plus Ultra, 1970.
Rice, Roger. "Recent Legal Developments in Bilingual Bicultural Education," *Inequality in Education*, no. 19, February 1975, pp. 51–53.
Rivero, Eliana. "La mujer y la raza," *Areíto*, vol. V nos. 19–20, 1979, pp. 32–37.
Rodríguez, Richard. *Hunger of Memory*. Toronto: Bantam Books, 1983.
Rogler, Lloyd. "Help Patterns, the Family, and Mental Health: Puerto Ricans in the United States," *International Migration Review*, vol. 12 no. 2, 1978, pp. 248–259.
Rogovin, Janice. *A Sense of Place/Tu Barrio*. n.p.: Mercantile Press, 1981.
Rosario, Rubén del. *Vocabulario puertorriqueño*. Puerto Rico: Editorial Edil, Inc., 1980.
Ruiz, Albor. "Miami: la realidad y el espejismo," *Areíto*, vol. IX no. 33, 1983, pp. 7–17.
Ruiz, Rene A. and Amado M. Padilla. "Counseling Latinos," *Personnel and Guidance Journal*, March 1977, pp. 401–408.
Rumbant, Rubén G. "Experiencia del exilio," *Areíto*, vol. IX no. 36, 1984, pp. 37–39.
Russell, George. "Hispanic Americans Soon the Biggest Minority," *Time Magazine*, October 16, 1978, pp. 48–61.
Samora, Julian and Patricia Vandel Simon. *A History of the Mexican-American People*. Notre Dame: University of Notre Dame Press, 1977.
Sánchez, Luis Rafael. *La guaracha del macho camacho*. Buenos Aires: Ediciones de la Flor, 1976.
Schey, Peter A. *Manual de defensa en inmigración para asistentes legales*. n.p.: Legal Services Corporation, 1979.
Schumacher, Edward. "Defending Argentina's New Democracy," *The New York Times Magazine*, June 10 1984, pp. 26–28, 72–77.
Sidel, Ruth. *Urban Survival—The World of Working-class Women*. Boston: Beacon Press, 1978.

Silén, Iván, ed. *Los paraguas amarillos—Los poetas latinos en Nueva York*. Hanover, N.H.: Ediciones del Norte, 1983.

Simmen, Edward, ed. *Pain and Promise: The Chicano Today*. New York: Mentor, 1972.

Sissons, Peter L. *The Hispanic Experience of Criminal Justice*. New York: Hispanic Research Center, 1979.

Soto, Pedro Juan. *Spiks*. Puerto Rico: Editorial Cultural, 1970.

Steiner, Stan. *La Raza—The Mexican-Americans*. New York: Harper Colophon Books, 1970.

———. *The Islands: The Worlds of the Puerto Ricans*. New York: Harper and Row, 1974.

Sue, Donald Wing and David. "Barriers to Affective Cross-cultural Counseling," *Journal of Counseling Psychology*, vol. 24 no. 5, 1977, pp. 420–429.

Tatum, Charles M. ed. *Chicano Literature*. In *Latin American Literary Review*, vol. V no. 10. Spring-Summer 1977, pp. 1–206.

"The Murder of Chile," *Westcoast Review of Books*, vol. 8 no. 8, July 1982, pp. 50–73.

Thomas, Piri. *Down These Mean Streets*. New York: Vintage Books, 1974.

Thomas, Piri. *Stories From El Barrio*. New York: Avon, 1978.

Timerman, Jacobo. "Return to Argentina," *The New York Times Magazine*, March 11, 1984, pp. 36–42, 95–98.

U.S. Commission on Civil Rights. *Puerto Ricans in Continental U.S.* Washington, D.C.: GPO, 1976.

U.S. Department of Commerce, Bureau of the Census. *Persons of Spanish Origin in the United States: March 1980 (Advance Report)*, series P-20, no. 361. Washington, D.C.: GPO, 1981.

Valdez, Luis and Stan Steiner. *AZTLÁN: An Anthology of Mexican-American Literature*. New York: Vintage Books, 1972.

Vásquez, Richard. *Another Land*. New York: Avon, 1982.

———. *Chicano*. New York: Avon, 1970.

Velázquez, José M. and José Luis González de Alameda. *Manual de psicología elemental*. New York: Minerva Books, 1969.

Villanueva, Tino, ed. *Chicanos: Antología histórica y literaria*. México: Fondo de Cultura Económica, 1980.

Villanueva, Tino. *Hay otra voz*. New York: Colección mensaje, n.d.

Villareal, José Antonio. *Pocho*. New York: Doubleday, 1959.

Wagenheim, Kal. *Puerto Rico: A Profile*. 2nd Edition. New York: Praeger, 1975.

Werner, David. *Donde no hay doctor*. n.p.: n.p., 1973.

Westfall, Loy Glenn. "Los Inmigrantes y la ayuda mutua," *Américas*, vol. 34 no. 4, julio-agosto 1982, pp. 41–45.

Wheelock, Warren. *Ilustres hispanos de los E.E.U.U.* Minnesota: EMC Corporation, 1976.

White, Richard Alan. *The Morass: United States Intervention in Central America*. New York: Harper and Row, 1984.

Wohl, Gary and Carmen Cadilla Ruibal. *Hispanic Personalities—Celebrities of the Spanish-speaking World*. New York: Regents Publishing Co., 1978.

# *Text Credits*

*Lamento borincano* lyrics by Rafael Hernández. By permission.
*El negrito bonito* music and lyrics by Roy Brown, Paredón Records. By permission.
*Another Poem for García Lorca* by Noel Rico in "Bilingual Review," vol. IV, September-December 1977. By permission.
*Rubbish* by Luz María Umpierre in "En el país de las maravillas," Indiana University: Third Woman Press, 1982. By permission.
*Clase de Historia* by Tino Villanueva. By permission of the author.
*Cajas de cartón* by Francisco Jiménez in "Bilingual Review," vol. IV, January-August 1977. By permission.
*El silencio* by José Sánchez Boduy in "Hispanics in the United States," Vol. II, 1982. By permission.
*Posibilidad de los sueños* by Gioconda Belli in "Revista literaria de El Tecolote," vol. IV, no. 1, September-October 1983. By permission
*Visión de la ventanilla azul* by Ernesto Cardenal in "Revista literaria de El Tecolote," Vol. IV, No. 1, September-October 1983. By permission.
*Serenata para la tierra de uno* by María Elena Walsh in "Juguemos en el mundo," Editorial Sudamericana, Buenos Aires, 1970. By permission.
*Mi nación y los sistemas de correo* by Marjorie Agosín. By permission of the author.
*A las Locas de la Plaza de Mayo* by Marjorie Agosín. By permission of the author.
*Harlem todos los días* by Emilio Díaz Valcárcel. Editorial Nueva Imagen, México, 1978.
*Como tú* by Roque Dalton in "Areíto," vol. VI, no. 24, 1980.
*Poema* by Lourdes Casal in "Areíto," vol. VII, no. 26, 1981.
*Puerto Ricans and Health* by José Oscar Alers, Hispanic Research Center, New York, 1978.
*Minorities in Higher Education: 2nd Annual Status Report* by the American Council on Education. n.p.:n.d.
*Latino Families in the United States* by Sally J. Andrade, Planned Parenthood of America, n.p.; 1983.
*Culture Sensitivity and the Puerto Rican Client* by Sonia Badillo Ghali in "Social Casework," vol. 58, no. 8, October 1977.
*Mental Health and Hispanic American Clinical Perspectives* by Rosina M. Becerra, Marvin Karno and Javier I. Escobar, Grune and Stratton, New York, 1984.
*Psychological Assessment of Hispanic Children* by Glorisa Canino in "Hispanic Report on Families and Youth," October 1978.
*The Puerto Rican Child in New York City: Stress and Mental Health* by Ian A. Canino, Brian F. Earley and Lloyd H. Rogler, Hispanic Research Center, New York, 1980.
*Changing Norms of Hispanic Families: Implications for Treatment* by Carmen Carillo in "Minority Mental Health," Praeger, New York, 1982.
*Our Barrios: Past, Present and Future* by the Chicano Architectural Students Association, Berkeley, 1983.
*Hispanic Intermarriage in New York City* by Joseph P. Fitzpatrick and Douglas T. Gurak, Hispanic Research Center, New York, 1979.
*Psychopathology and the Mexican-American Patient* By Arnold Meadow in "Minority Mental Health," Praeger, New York, 1982.
*La Chicana: the Mexican-American Woman* by Alfredo Mirandé and Evangelina Enríquez, University of Chicago Press, Chicago, 1979.
*Commentary: Additional thoughts are presented regarding the need for knowledge of, and sensitivity to, cultural factors in relation to Puerto Rican clients* by Emelicia Mizio in "Social Casework," vol. 58, no. 8, October 1977.
*Impact of external systems on the Puerto Rican family* by Emelicia Mizio in "Social Casework," vol. 55, no. 2, February 1974.
*Non-verbal communication* by Carmen Judith Nine Curt, National Assessment and Dissemination Center, Cambridge, 1979.
*Latino Mental Health: A Review of the Literature* by A. Padilla and R.A. Ruiz, National Institute of Mental Health, Maryland, 1973.
*El laberinto de la soledad* by Octavio Paz, Fondo de Cultura Económica, México, 1959.
*Help Patterns, the Family, and Mental Health: Puerto Ricans in the United States* by Lloyd Rogler in "International Migration Review," vol. 12, no. 2, 1978.
*Counseling Latinos* by René A. Ruiz and Amado Padilla in "Personnel and Guidance Journal," March 1977.
*The Hispanic Experience of Criminal Justice* by Peter L. Sissons, Hispanic Research Center, New York, 1979.
*Barriers to Affective Cross-cultural Counseling* by Donald Wing Sue and David Sue in "Journal of Counseling Psychology," vol. 24, no. 5, 1977.
*Versos sencillos* by José Martí in "Poesía hispanoamericana desde el modernismo," Eugenio Florit and José Olivio Jiménez, eds., Prentice Hall, New Jersey, 1968.
*Spanish-English Bilingual Education in the United States* by Manuel Ramírez, Ronald K.S. Maccoby et al., United States Center for Applied Linguistics, n.p., 1978.
*Zamora speaks on Bilingual Education* by Gloria L. Zamora in "Bilingual Journal," Summer, 1983.

## Photo Credits

### Unit 1

1. (Opener) © Barbara Rios / Photo Researchers, Inc.
2. © Barbara Ríos / Photo Researchers, Inc.
3. © Ulrike Welsch
4. © Barbara Ríos / Photo Researchers, Inc.
5. © Erika Stone
6. © Victoria Arlak
7. Marion Bernstein
8. © Barbara Ríos / Photo Researchers, Inc.
9. Marion Bernstein
10. © Sybil Shelton / Peter Arnold, Inc.
11. Bill Anderson / Monkmeyer Press Photo Service
12. Historical Pictures Service, Inc.
13. Charles Steiner / Sygma
14. Culver Pictures, Inc.
15. © Ulrike Welsch
16. © Tom Hollyman / Photo Researchers, Inc.
17. © Jim Anderson / Woodfin Camp and Associates
18. © Catherine Ursillo
19. © Barbara Ríos / Photo Researchers, Inc.

### Unit 2

20. (Opener) © David Kupferschmid
21. © Robert Burroughs / Jeroboam Inc.
22. © Rose Skytta / Jeroboam Inc.
23. © Janice Fullman / The Picture Cube
24. © Ana María Garretón / Chile
25. © María Ramas
26. The Bettman Archive, Inc.
27. Peter Menzel / Stock, Boston, Inc.
28. The Bettman Archive, Inc.
29. © Baldwin / Watriss / Woodfin Camp and Associates
30. © David Kupferschmid
31. Paul Conklin / Monkmeyer Press Photo Service
32. Clay Templin / Jeroboam Inc.
33. Christopher Brown / Stock, Boston, Inc.
34. Marion Bernstein

### Unit 3

35. (Opener) © Barbara Ríos / Photo Researchers, Inc.
36. © Billy E. Barnes / Jeroboam Inc.
37. © Michal Heron / Woodfin Camp and Associates
38. Paul Conklin / Monkmeyer Press Photo Service
39. Janice Fullman / The Picture Cube
40. Bill Anderson / Monkmeyer Press Photo Service
41. © Bohdan Hrynewych / Southern Light
42. © Peter Menzel / Stock, Boston, Inc.
43. © Bohdan Hrynewych / Southern Light
44. © Michal Heron / Woodfin Camp and Associates
45. © Bohdan Hrynewych / Stock, Boston, Inc.
46. Snark International / Art Resource, N.Y.
47. The Bettman Archive, Inc.
48. Henriques / Magnum
49. UPI / Bettman Archive
50. © Michal Heron / Woodfin Camp and Associates
51. Antonio Mendoza / The Picture Cuba

## Unit 4

52. (Opener) © Arthur Tress / Photo Researchers, Inc.
53. © Joel Gordon
54. ©Catherine Ursillo
55. James T. Cott / Jeroboam Inc.
56. © Bob Nickelsberg / Woodfin Camp and Associates
57. Claude Urraca / Sygma
58. Owen Franken / Sygma
59. © Cinecom International Films
60. Owen Franken / Sygma
61. © Ulrike Welsch
62. Owen Franken / Stock, Boston, Inc.
63. © Irene Bayer / Monkmeyer Press Photo Service
64. © Owen Franken / Stock, Boston, Inc.
65. Carrion / Sygma
66. © Enrique Shore / Woodfin Camp and Associates